Jordanes

Die Geschichte der Goten

Übersetzt und eingeleitet von

Robert Sturm

Vorwort ■

I n der Antike wurden zahlreiche historiografische Schriftwerke verfasst, welche uns Daten zu den geschichtlichen Ereignissen in alter Zeit liefern. Thukydides etwa schrieb die Geschehnisse des Peloponnesischen Krieges nieder, Polybios und Titus Livius widmeten sich in ihren Werken den Auseinandersetzungen zwischen Römern und Karthagern und Ammianus Marcellinus schilderte die historischen Höhepunkte der mittleren und späten Kaiserzeit. Auch der im 6. Jahrhundert nach Christus tätige Jordanes galt als bedeutender Geschichtsschreiber, der sich mit den Ereignissen im Römischen Reich befasste, seine meiste Energie jedoch in die Abfassung einer umfangreichen Gotengeschichte investierte. Diese sogenannten *Getica*, deren ausführlicher Titel *De origine actibusque Getarum* lautet, gelten heute nach wie vor als bedeutendste schriftliche Quelle bezüglich der Historie des gotischen Volkes und seiner ständigen Konflikte mit den Römern und anderen kriegerischen Parteien.

Trotz ihrer Bedeutung für die spätantike und frühmittelalterliche Geschichte haben die *Getica* des Jordanes bislang nur eine begrenzte Anzahl von editorischen Bearbeitungen erfahren. Hierbei hat sich die Klassische Philologie des deutsch- und englischsprachigen Raumes gleichermaßen verdient gemacht. Der noch heute weitgehend akzeptierten Textedition des Theodor Mommsen, welche im Rahmen der Reihe *Auctores antiquissimi* im Jahre 1882 ihre Veröffentlichung fand, steht eine grammatikalisch vereinfachte Version von Theedrich Yeat aus modernerer Zeit gegenüber. Neben den etwas „betagteren" Übersetzungen von Wilhelm Martens (1884, deutsch) und Charles Christopher Mierow (1913, englisch) gibt es auch einige neuere Translationen, unter denen beispielsweise jene von Lenelotte Möller einige neue Aspekte aufwirft. Insgesamt ist hier festzuhalten, dass die Befassung mit den *Getica* – sei es in sprachlicher oder historischer Hinsicht – noch längst nicht als ausgereizt gelten kann.

Das vorliegende Buch stellt einen Übersetzungsvorschlag dar, dessen Hauptaugenmerk auf der leichten und flüssigen Lesbarkeit des deutschen Textes liegt. Einem aus drei Kapiteln bestehenden Übersichtsteil folgt der Translationsteil mit direkt gegenübergestelltem lateinischen (aus Latin Library) und deutschen Text. Die Monografie richtet sich gleichermaßen an Experten und Laien, die ihr Interesse an der Gotengeschichte bekunden. ■

Robert Sturm, Herbst 2018

Inhalt ■

■■■

1 Einleitung ■

1.1 Jordanes – Herkunft und Leben

Jordanes (auch Jordanis oder fälschlicherweise Jornandes) war ein römischer Gelehrter und Geschichtsschreiber des 6. Jahrhunderts nach Christus. In seiner Gotengeschichte (Getica, 266) liefert er einige spärliche Hinweise zu seiner Abstammung. Demnach war Jordanes selbst ein Gote alanischer Abkunft, wobei er Alanoviiamuth als seinen Vater und Paria als seinen Großvater anführt. Bereits in der von Theodor Mommsen im Jahre 1882 veröffentlichten Textedition zu den *Getica* wird darauf verwiesen, dass der ungewöhnlich lange Name des Vaters in zwei Teile aufgespalten werden sollte. Dadurch ergibt sich die Bezeichnung Alanovii Amuthis, die zwei nacheinander gestellte Genitive repräsentiert. Die gegenwärtige Interpretation dieses Namens deutet vermehrt darauf hin, dass Jordanes' Vater Amuth hieß und dem Stamm der Alanen angehörte. Der Großvater Paria war als notarius (Sekretär) von Candac, dem dux Alanorum, tätig.[1]

Wie sein Großvater übte auch Jordanes selbst das Amt des notarius aus, welches zu den höheren Stellen des Dienstadels gehörte. Sein Vorgesetzter war Gunthigis Baza, *magister militum* und Neffe des Candac, der dem Klan der Ostgoten zugehörig war. Die Ostgoten wiederum entwickelten sich im Laufe der Jahrzehnte zur führenden Schicht der sogenannten Amaler. Die Stellung des Jordanes bei einem gotischen Fürsten erklärt das Interesse des Gelehrten für die Goten insgesamt und somit das Hauptgebiet seiner schriftstellerischen Tätigkeit. Die Zeitspanne der Betätigung als Sekretär lässt sich heute nicht mehr exakt eingrenzen, fällt jedoch mit einiger Wahrscheinlichkeit in die ersten vier Jahrzehnte des 6. Jahrhunderts.[2]

Nach seiner Notariatsarbeit erfuhr Jordanes eine sogenannte *conversio*, worunter vermutlich der Eintritt in den geistigen Stand zu verstehen ist. Sowohl der Zeitpunkt als auch die Art und detaillierte Beschreibung dieses Übertritts bleiben uns verborgen. Es ist lediglich bekannt, dass sich die Goten bereits unter ihrem Bischof Ulfilas zum Arianismus bekannten, der keine Wesensgleichheit von Christus und Gott, sondern deren Wesensähnlichkeit lehrte. Nach Meinung vereinzelter Forscherkreise könnte die genannte *conversio* die Abkehr des Jordanes von der arianischen hin zur nizäischen Glaubenslehre bezeichnen. Dies würde freilich den in einigen Passagen der Getica (132, 133, 138) zum Ausdruck gebrachten Anti-Arianismus erklären. Eine alternative Interpretation der *conversio* deutet darauf hin, dass Jordanes dem katholischen Mönchstum beitrat und damit zu einem Mitglied des westlichen Klerus wurde. Aus einigen frühmittelalterlichen Manuskripten geht hervor, dass er Bischof war und möglicherweise sogar das Episkopat der Stadt Ravenna innehatte. Der Name Jordanes findet jedoch in den Bischofslisten von Ravenna keine Erwähnung.[3]

Während der Niederschrift seiner im nächsten Abschnitt zu behandelnden Werke hielt sich Jordanes mit einiger Wahrscheinlichkeit im noch intakten oströmischen Reich auf. Darauf deuten insbesondere relativ detaillierte geografische Angaben in seinen Schriften hin, welche ohne genauere Ortskenntnisse nicht möglich gewesen wären (*Romana*, 388; *Getica*, 38, 119). Der Autor verfügt für diese Gegend auch über ein gehobenes zeitgeschichtliches Wissen, wenn er etwa über eine im Ostreich wütende Pestepidemie im Jahre 542 berichtet (*Getica*, 104). Theodor Mommsen verortet in seiner bereits erwähnten Textedition der *Getica* den Aufenthaltsort des Jordanes im Grenzbereich zwischen Thrakien und Illyrien, wobei er weiter in Tomi oder Marcianopolis oder Anchialos dessen genaue Wohnlokalität sehen will. Andere etwa zeitgleich mit Mommsen publizierende Autoren denken eher an einen Aufenthalt des Historiografen in Illyrien, wo jener vermutlich nur am Rande mit Goten zu tun hatte. Gemäß J. Friedrich lässt Jordanes in seinen *Romana* (315) eine besondere Verehrung für den Bischof Ascholius erkennen, welche eigentlich bloß durch eine persönliche Beziehung zu ihm erklärt werden kann. Damit würde sich der Aufenthaltsort des Schriftstellers im Gegensatz zu den zuvor genannten Theorien in Thessaloniki befinden, wo Ascholius als Heiliger verehrt wurde. Als zusätzliche Indizien, welche diese Theorie unterstützen, gelten die Hervorhebung Thessalonikis in den Getica (111) und die teils vorzügliche Kenntnis der Chronik und Reichspolitik durch den Autor, wie sie nur in einer so großen und bedeutenden Stadt erworben werden konnte.[4]

Über die Lebensumstände des Jordanes jenseits der schriftstellerischen Tätigkeit ist uns praktisch gar nichts bekannt. Es darf jedoch vermutet werden, dass Gebet, Schriftstudium und Askese im Zentrum seines irdischen Daseins standen und er sich im strengen Sinne dem christlichen Glauben verbunden fühlte. Der Todeszeitpunkt des Jordanes wird heute allgemein nach 552 angenommen, womit er noch einen Großteil der justinianischen Kaiserära miterlebte.[5] ∎

1.2 Schriftstellerische Tätigkeit des Jordanes

Wir besitzen gegenwärtig Kenntnis von zwei Schriften des Jordanes, welche die Kurzbezeichnungen *Romana* und *Getica* tragen. Althistorische Untersuchungen lassen darauf schließen, dass der Historiograf zuerst an den *Romana* schrieb, seine Arbeit jedoch nach einer gewissen Zeit zugunsten der *Getica* unterbrach und schließlich beide Werke etwa zeitgleich vollendete. Für die Fertigstellung der zwei Schriften wird gemeinhin das Jahr 551 angenommen, da noch aktuelle Geschehnisse wie der Tod des Germanus (550), die Einfälle der Slaven und Anten (550) und die Siege der Langobarden über die Gepiden (551) in die Texte einflossen, während der Zug des Narses nach Italien (April 551) keine Erwähnung mehr fand.[6]

Bei den *Romana* (*Historia Romana*) handelt es sich um eine Weltchronik, welcher eine römische Geschichte von der Zeit des Augustus bis zum 24. Regierungsjahr des Kaisers Justinian folgt. Ältere wissenschaftliche Studien gehen davon aus, dass das *Chronicon* des hl. Hieronymus dem Schriftwerk als Grundlage diente, da es der Autor selbst als Quelle angibt (*Romana*, 11). Für spätere historische Ereignisse wurden vor allem Ammianus Marcellinus und eine offizielle Reichschronik als Zitierbasis verwendet. Für die römische Geschichte wurden zudem die Epitome des Florus und Werke des Avienus Rufius Festus herangezogen. Zuletzt verwertete Jordanes auch noch Schriften von Eutrop und Orosius und bezog sich für spezifische historische Darstellungen auf jüdisch-alexandrinische Quellen.[7]

Die literarische Tätigkeit des Jordanes bestand bei den *Romana* im Wesentlichen darin, die bereits vorhandene Chronik des Hieronymus mit einer Einleitung zu versehen und in mehreren Bereichen zu kürzen. Für die römische Zeit wurde das Vorgängerwerk durch Florus, Rufius Festus, Eutrop und Orosius ergänzt. Ab dem Jahr 379 nach Christus findet die Schrift ihre Fortsetzung mithilfe des Marcellinus und einer anderen Chronik, welche wiederum Marcellinus selbst als Grundlage diente. An einigen Stellen arbeitet Jordanes die Kirchengeschichte des Sokrates in seinen Text ein. Dabei besitzt der Autor jedoch durchaus eine gewisse Größe, wenn er an mancher Position seine kompilierende Tätigkeit eingesteht und sich nicht als Urheber der entsprechenden Zeilen zu erkennen gibt.[8]

Die modernere Forschung geht davon aus, dass nicht etwa der hl. Hieronymus, sondern Q. Aurelius Memmius Symmachus als Hauptquelle für die *Romana* des Jordanes anzusehen ist. Der Urenkel des berühmten Rhetorikers Q. Aurelius Symmachus Eusebius wurde im Jahre 485 zum Konsul erhoben und trug zudem den Ehrentitel eines *patricius*, wodurch er im Senat eine höchst bedeutende Stellung einnahm. Der jüngere Symmachus pflegte gute Beziehungen zum Ostgotenkönig Theoderich, wurde jedoch nach dem Tod seines Schwiegersohns im Jahre 524 des Hochverrats verdächtigt und im folgenden Jahr hingerichtet. Symmachus verfasste sieben nicht erhaltene Bücher zur römischen Geschichte, welche laut W. Enßlin zur Zeit des Jordanes über eine gewisse Bekanntheit verfügten und für den Autor demnach als in hohem Maße zitierfähig galten.[9]

Inhaltlich befassen sich die *Romana* zunächst mit bedeutenden frühgeschichtlichen Familienhäuptern von Adam bis Thara. In weiterer Folge werden die Assyrer, Meder, Perser und Griechen behandelt, wobei in letzterem Falle lediglich eine chronikartige Aufzählung der Herrscher von Alexander dem Großen und den Lagiden bis zu Kleopatra erfolgt. Jordanes nennt dabei die Jahre der jeweiligen Regierungen und führt parallel die gleichzeitigen Ereignisse aus der Geschichte der Juden an. Im 38. Kapitel seines Werks geht der Autor in aller Kürze auf die Zerstörung Trojas, die Flucht des Aeneas und dessen Ehe mit Lavinia ein, während er im 51. Kapitel den Beginn der Olympiaden, die Gründung Alba Longas sowie die Geburt und Aussetzung von Romulus und Remus beschreibt. Im unmittelbar nachfolgenden Abschnitt findet die Gründung Roms ihre Erwähnung, welche Jordanes auf das Jahr 3650 seit der Erschaffung der Welt festlegt. Im 85. Kapitel werden die Regierung des Augustus und die Geburt des Herrn dargestellt, wohingegen die nachfolgenden Abschnitte im Wesentlichen den politischen Ereignissen in der römischen Kaiserzeit gewidmet sind. Es folgt eine Aufzählung der römischen Herrscher bis zur Teilung des Reiches unter Arcadius und Honorius, den Söhnen des Theodosius. Ab diesem Zeitpunkt werden lediglich noch die oströmischen Kaiser chronologisch aufgelistet, während den Kaisern und Ereignissen im Westen eine beiläufige Erwähnung zuteilwird. Im 363. Kapitel setzt Jordanes seinen erzählerischen Schwerpunkt auf die Regierungsphase des Justinian, ehe er sich zuletzt noch dem Einfall der Bulgaren, Anten und Slaven zuwendet.[10]

Die *Getica* (*De origine actibusque Getarum*) des Jordanes gelten nach heutiger Auffassung als eine der wichtigsten Quellen zur Geschichte der Goten. Ursprünglich wurde der römische Senator Cassiodor um das Jahr 520 herum vom über die italische Halbinsel herrschenden Ostgotenkönig Theoderich dem Großen damit beauftragt, die historischen Ereignisse rund um die Goten niederzuschreiben. Das dabei entstandene Werk in 12 Büchern wurde erst nach dem Tod des für die westliche römische Welt so bedeutsamen Regenten veröffentlicht und erweckte zudem das Interesse des Jordanes, welcher dieses nach eigenen Aussagen nur drei Tage lang einsehen konnte. Von Cassiodors Werk stark inspiriert fertigte der alanische Schriftsteller seine eigene, auf wesentliche Ereignisse verkürzte Gotengeschichte an, die noch zusätzlich mit aktuellen Geschehnissen der Jahrhundertmitte ergänzt wurde. Die großpolitische Situation hatte sich in der Mitte des Säkulums insofern verändert, als der oströmische Kaiser Justinian nach zwei Kriegen gegen die Goten die Rückeroberung Italiens erreichen konnte. Während die *Getica* des Jordanes der Nachwelt zur Gänze erhalten blieben, ging die Gotengeschichte des Cassiodor vollständig verloren, fand jedoch in einigen Stellen der *Getica* ihre ausführliche Zitierung.[11]

Den Ausführungen Theodor Mommsens zufolge fungierte Cassiodor bei der Abfassung der *Getica* keineswegs als einzige Quelle. So werden von Jordanes auch Josephus, Cornelius Tacitus, Claudius Ptolemaeus, Prosper Tiro und Hieronymus zitiert. Die geografischen Notizen stützen sich zu einem guten Teil auf der Kosmografie des Julius Honorius. Mommsen ist zudem der festen Überzeugung, dass sich Jordanes die Weltkarte des Agrippa zunutze machte, weshalb im Text deutliche Parallelen zu dieser erkennbar werden. Cassiodor, die Hauptquelle der *Getica*, baute seine Gotengeschichte gemäß gegenwärtigen Erkenntnissen insbesondere auf Ablabius auf, welcher sich selbst wiederum der historischen Ausführungen anderer Autoren wie Dio Chrysostomos, Dexippus oder Priskos bediente. Gerade der zuletzt genannte Schriftsteller weilte im Jahre 448 als Gesandter am Hofe Attilas und trat demzufolge als direkter Zeuge von Ereignissen auf, welche sich rund um den Hunnenkönig abspielten. Schließlich darf keineswegs unerwähnt bleiben, dass auch die oben beschriebenen *Romana* den *Getica* in manchen Textabschnitten als unmittelbare Zitierquelle dienten. Die Erwähnung des gotischen Bischofs Ulfila (*Getica*, 266) deutet ferner auf eine Verbindung des Werks mit der Kirchengeschichte des Sokrates hin. Wie Sybel richtigerweise anmerkt, ist das Prooemium der *Getica* (1-3) aus Rufinus entlehnt und nur in wenigen Passagen abgeändert.[12]

Die genauere literaturwissenschaftliche Analyse der *Getica* wirft einige Probleme auf. So ist bei der Bewertung des Schriftwerks etwa zu berücksichtigen, dass seine Abfassung in hohem Maße einer bestimmten politischen Motivation unterlag. Bereits bei Cassiodor erfolgte nach gegenwärtiger Auffassung eine Schwerpunktsetzung der gotischen Geschichte auf die amalischen Ostgoten, welche als elitäre Gesellschaftsschicht innerhalb des gesamten Stammes galten. Jordanes übernahm diese Form der monopolisierten Darstellung großteils in sein Werk. Die *Getica* unternehmen darüber hinaus den Versuch, die gotische Historie zu einem Kapitel der römischen werden zu lassen. Dieser für das Verständnis der Schrift so bedeutende Sachverhalt spiegelt sich vor allem dadurch wider, dass Jordanes nicht etwa aus gotischer, sondern aus oströmischer Perspektive erzählt. All diese Punkte lassen letztendlich eine Verwendung der *Getica* als wissenschaftliche Quelle für die gotische Geschichte problematisch erscheinen.[13]

Diese Quellenkritik wird durch mehrere im Werk getätigte Falschbehauptungen gestützt: So stammten die Goten nicht, wie von Jordanes behauptet, ursprünglich aus Skandinavien. Sie waren auch keineswegs identisch mit dem thrakischen Volksstamm der Geten – ein Irrtum übrigens, durch welchen der Titel *Getica* erklärt werden kann. Jordanes vertrat die feste Meinung, dass die Goten dem Volk der Skythen angehörten, was sich jedoch als ein über die Jahrhunderte vermittelter systematischer Fehler der antiken Historiografie herausstellte. Der Stammbaum der Amaler (*Getica*, 79) gilt aus heutiger Sicht als eine tradierte und großteils auf Fiktion basierende Konstruktion, die vermutlich bereits bei Cassiodor ihre Verwendung fand.[14] Uneinigkeit herrscht gegenwärtig vor allem darüber, in welchem Ausmaß die Getica den Inhalt von Cassiodors Geschichtswerk wiedergeben. Während Walter A. Goffard die Getica weitgehend als Produkt des Jordanes bewertet, vertreten andere Forscher den Standpunkt, dass sich der Autor enger an die Vorlage des Cassiodor gehalten habe, als er in den *Getica* behauptet. Hier könnten zukünftige Forschungen möglicherweise zu einem zufriedenstellenderen Ergebnis führen.[15] ∎

8

2 Die Getica – Inhalt und Stilistik ■

2.1 Kurze Übersicht über den Inhalt des Werkes

Die in den Büchern I bis III (1-24) dargebotene Einleitung beinhaltet eine allgemeine Erdbeschreibung auf Basis der Weltkarte des M. Vipsanius Agrippa. Im Speziellen widmet sich Jordanes der Insel Scandza, welche als Stammland der Goten beschrieben wird. Der Autor schildert in weiterer Folge die Emigration der Goten unter Berig und deren Einwanderung in das Gebiet der Skythen unter Filimer (IV, 25-28). Daraufhin folgt eine relativ detaillierte Deskription des Skythenlandes und seiner Bewohner (V, 30-38), ehe Jordanes eine eher kurz gehaltene Übersicht über die drei Wohnsitze der Goten nach deren Wanderzug unter Filimer und über deren lokal etablierte Kultur präsentiert. Gemäß dem Schriftsteller gelten Maiotis im Skythenland, Dakien, Thrakien und Mösien sowie die Regionen oberhalb des Pontischen Meeres als Hauptsiedlungsgebiete des Volkes (V, 39-43).

Der weitere Inhalt der Gotengeschichte ist durch die Auseinandersetzungen des Stammes mit benachbarten und entlegenen Völkern gekennzeichnet. Hier findet zunächst der Krieg mit dem Ägypterkönig Vesosis seine Darstellung, wobei die beiden Tanaisflüsse und der Danaper eine eingehende Beschreibung erfahren. Jordanes wendet sich daraufhin der Entstehung der Parther, der Absonderung der kriegerischen Frauen der Goten und damit verbundenen Entstehung der Amazonen sowie der Darstellung der Kriegszüge des Amazonenvolkes zu. Daran schließt die Geschichte der Könige Telephus und Euryphilus an, welche als Herrscher von Mysien – dieses wird von Jordanes mit Mösien gleichgesetzt – letztlich zu Regenten über die Goten avancieren. Die nachfolgenden Abschnitte der *Getica* behandeln die Kriege der Perser gegen die Skythen beziehungsweise Goten unter Cyrus, Darius und Xerxes und die Auseinandersetzungen mit den Makedoniern unter Philipp und Perdikkas, wobei der letztgenannte Regent fälschlicherweise mit dem gleichnamigen Diadochen verwechselt wird (VI-X, 44-66).

In weiterer Folge erzählen die *Getica* von Burvista, der in Dakien über die Goten herrscht. Als dessen Nachfolger wiederum tritt ein Philosoph namens Coryllus auf. Nach Darlegung der Herrscherabfolge widmet sich der Autor der Beschreibung Dakiens und des Bündnisses zwischen Goten und römischem Reich. Unter Kaiser Domitian findet diese Allianz ihr vorläufiges Ende, und die beiden Völker begegnen sich in grausamen kriegerischen Auseinandersetzungen (XI-XIII, 67-78). Jordanes listet nun die Stammtafel der sogenannten Ansen auf; dabei handelt es sich um jene Heroen, welche sich im Krieg gegen die Römer in besonderem Maße auszeichneten. Diese Liste reicht vom Ende des 1. Jahrhunderts nach Christus bis herauf zur Lebenszeit des Autors (XIV, 79-81). In Kapitel 82 heißt es: *nunc autem ad id, unde digressum fecimus, redeamus doceamusque...* Jordanes zeichnet nachfolgend

9

die Geschichte des Kaisers Maximius nach, der seiner Darstellung zufolge Gote war (XV, 83-88). Es folgen die Kriege der föderierten Goten unter Ostrogotha wegen nichtbezahlter Jahresgelder, die Belagerung von Marcianopolis mit zwischengeschobener Gründungslegende der Stadt und die Kriege mit den Gepiden. Jordanes nutzt hier die Gelegenheit, um mit aller gebotenen Kürze die Geschichte der Gepiden zu referieren. Danach wendet er sich den Kriegen unter Cniva und dessen Nachfolgern zu (XVI-XX, 89-109). Unter Kaiser Maximianus kämpfen die Goten als Verbündete an der Seite der Römer. Dieser Zustand der gegenseitigen Hilfestellung wird unter den Machthabern Diokletian und Konstantin beibehalten (XXI, 110-112). Geberich etwa zieht in die Schlacht gegen die Vandalen, deren Wanderungen und Siedlungsgebiete von Jordanes einer genaueren Deskription zugeführt werden (XXII, 113-115). In der Regierungszeit des Ermanarich erfolgt der Einfall der Hunnen in Mitteleuropa. Hier ist zunächst einiges über die asiatischen Volksstamm zu erfahren, ehe die Kapitulation der Ostgoten gegenüber diesen Kriegern und ihrem König zur Darstellung gelangt (XXIII-XXIV, 116-130).

In den nachfolgenden Abschnitten erlangt man etliche Kenntnisse über die Westgoten (XXV-XXX, 131-173). Nach einer allgemeinen Beschreibung dieser Stammeslinie (131-133) widmet sich Jordanes jenen Wohnsitzen, welche die Westgoten von Kaiser Valens in Thrakien und Mösien erhalten haben (133-138). Unter ihrem König Fritigernus kämpfen sie jedoch gegen den Imperator, um kurz darauf zu *foederati* des Römischen Reichs aufzusteigen (139-145). Es folgen ausführliche Darstellungen der Westgotenkönige Alarich (146-158), Athaulf und Sigerich (158-163). Unter ihrem Regenten Wallia kämpfen die westgotischen Krieger gegen die Vandalen mit deren Oberhaupt Geiserich. Jordanes schiebt an dieser Stelle einen Exkurs über die Vandalen bis herauf zur Regierungszeit Justinians ein (164-173).

Die weiteren Kapitel der *Getica* beinhalten ein Porträt des Gotenkönigs Theoderich I. (XXXI, 174-177), die Schilderung der Immigration des Amalers Beremud, die Erzählung des Krieges mit den Römern und Hunnen und die detaillierte Darstellung des berühmten Hunnenkönigs Attila (XXXII-XL, 178-228). Jordanes beschreibt daraufhin die Entscheidungsschlacht gegen die Hunnen auf den Katalaunischen Feldern, Attilas Kriegs- und Plünderungszug nach Italien sowie dessen zweite Kampagne gegen die Goten. Abschließend werden die letzten Könige der Westgoten umfangreich porträtiert (XLI-XLVII, 229-245).

Im letzten Fünftel der *Getica* gelangt die Ära der Ostgoten unter der Hunnenherrschaft zur Präsentation. Nach Attilas Tod schildert Jordanes die Verwüstung des Hunnenreiches durch den Gepidenkönig Ardarich (XLVII-L, 246-263), ehe er sich den Ostgoten in Pannonien, den Kleingoten unter Ulfila in Mösien und den ostgotischen Königen Valamir, Thiudimir und Vidimir zuwendet (LI-LV, 264-288). Den Abschluss des Werkes bilden König Theoderich der Große und seine Nachfolger, Belisar und der letzte Ostgotenkönig Witiges (Witichis) sowie das Schlusswort (LVI-LX, 289-316).[16]

2.2 Kurze Charakterisierung des Werkes

Vor allem in den Schlusskapiteln der *Getica* lässt sich eine klare politische Tendenz des Autors herauslesen, welche sich von jener des an vielen Stellen zitierten Cassiodor deutlich unterscheidet. Moderne literarische Analysen neigen zu der Annahme, dass der römische Schriftsteller eine verherrlichende Darstellung der Amaler schuf, wohingegen Jordanes insbesondere Kaiser Justinian und dessen Feldherrn Belisar in den Mittelpunkt seiner Lobrede rückt (*Getica*, 315). Nach Auffassung des Autors liegt das Heil der Goten in einer Vereinigung mit den herrschenden Römern; nur als *foederati* ist dem Volk eine blühende Zukunft beschieden. Jordanes vermeidet bewusst eine Fortführung der Gotengeschichte nach der Besiegung und dem Tod des Witiges, wobei nachfolgende Machthaber innerhalb des Stammes zur Gänze ignoriert werden.

Neben den bereits in Kapitel 1.2 angesprochenen Ungenauigkeiten und Fehlern, bei welchen nicht ausschließlich der Autor selbst als Schuldtragender zu benennen ist, zeichnen sich die *Getica* auch durch eine Entstellung von Tatsachen zugunsten der Goten aus. Für diesen Sachverhalt ist vor allem der als Hauptquelle dienende Cassiodor verantwortlich zu machen. Erlangt etwa Fritigernus bei Jordanes noch durch persönlichen Mut die Freiheit (*Getica*, 136), so wird der Regent bei Ammianus Marcellinus als von Hinterhalt und List getriebener Mann dargestellt (XXXI,5,5). Auch die Schlacht bei Pollentia, welche noch bei Prosper (*chron. ad. a.* 402) als ein Messen zweier etwa gleich starker Kräfte beschrieben wird, erfährt bei Cassiodor (*chron. ad. a.* 402) und später bei Jordanes (*Getica*, 155) eine signifikante Verkehrung im Sinne des gotischen Stammes, der das römische Heer unter Stilicho erfolgreich in die Flucht schlug. Nach den Ausführungen des Jordanes zog Theoderich im Dienste Zenos nach Italien; den historischen Tatsachen zufolge gelangte Theoderich jedoch als Gegner des Zeno auf die italische Halbinsel. Eine deutliche Überschätzung der gotischen Stellung in der römischen Politik wird beispielsweise dadurch erzeugt, dass der Verbindung zwischen Athaulf und Placidia (*Getica*, 160), der Schwester des Honorius, eine einschüchternde Wirkung auf die Reichsfeinde beigemessen wird und man die Bedeutung der *Gothi foederati* in hohem Maße überschätzt (*Getica*, 76, 89, 146, 176).

A. Kappelmacher gelangt in seinem lexikalen Beitrag zu Jordanes zu dem Ergebnis, dass der Autor großteils an der literarischen Bewältigung des umfangreichen historischen Stoffes scheiterte und ein nur in vereinzelten Passagen gut und lebensvoll geschriebenes Werk schuf. Der Schriftsteller schei-

11

tert insbesondere daran, das ihm von den Quellen dargebotene Material auf eine für die Leserschaft verträgliche Länge zu bringen. Trotz dieser erheblichen Mängel ist Jordanes um eine feste Disposition bemüht; nach einer geografischen Einleitung legt der Autor sein Hauptaugenmerk auf die Wanderzüge und Siedlungsaktivitäten der Goten, ehe er sich der Trennung des Stammes in Ost- und Westgoten zuwendet und die Entwicklung der beiden Linien einer separaten Beschreibung unterzieht. Diese Gliederung wird leider nicht von einer chronologischen Disziplin begleitet, wodurch immer wieder zeitliche Verwerfungen entstehen, welche für das Verständnis der *Getica* abträglich sind.

Die einzelnen Abschnitte des Werkes sind durch zahlreiche Exkursionen, Einschachtelungen, Ankündigungen und Rückverweisungen gekennzeichnet, welche dem Autor gemäß Kappelmacher eine *kindliche Unbeholfenheit* bei der Bewältigung des Stoffes bescheinigen. Auch scheint es Jordanes kaum gelungen zu sein, ein Exzerpt des Cassiodor in einwandfreier Form wiederzugeben, was einerseits sein Unvermögen als Schriftsteller unterstreicht, andererseits aber auch die Ehrlichkeit und das redliche Bemühen des Verfassers um ein akzeptables Werk zum Ausdruck bringt.[17]

2.3 Stilistische Elemente der *Getica*
Folgt man den Ausführungen Theodor Mommsens, so bediente sich Jordanes in seinem Werk keineswegs einer stilisierten Sprache, wie sie etwa bei Boethius, Cassiodor oder Inschriften vornehmer Leute der damaligen Zeit vorliegt. Vielmehr verwendete der Autor die Realsprache des gemeinen Mannes, welche die große Masse der zeitgenössischen Inskriptionen kennzeichnet. Dieser Sachverhalt besitzt auch für die Orthografie des Jordanes seine uneingeschränkte Gültigkeit, wodurch die *Getica* zu einer bedeutenden Quelle für das Vulgärlatein des 6. Jahrhunderts avancierten. Im Vokalismus kann der Wechsel von *ae* beziehungsweise *oe* und *e*, von *e* und *i* sowie von *o* und *u* beobachtet werden: *Romano iurae* tritt hier beispielsweise anstelle von *Romano iure*. Auch bei der Verwendung der Konsonanten treten einige nennenswerte Abweichungen vom klassischen Latein auf: Vor regulären Vokalen und Liquiden tritt eine systematische Vertauschung von *c* und *g* auf. Das auslautende *m* verfügt über so schwachen Klang, dass der Unterschied zwischen Akkusativ und Ablativ nicht mehr rein erhalten bleibt. Jordanes bedient sich sehr häufig der zweiten anstelle der vierten Deklination. Der Genitiv der dritten Deklination geht zudem aufgrund des schwachen *s* am Wortende in den der zweiten Deklination über (z. B. *utriusque generi*).

Bei manchen Textstellen gewinnt man den Eindruck, dass Jordanes jegliches Gefühl für die Kasusbildung verloren hat. So können Wendungen wie *a corpus, foedus inito, cum paucis satellitibus et Romanos, a Lupicino Maximo-*

que Romanorum ducum oder *ductorem exercitus praeporere* aufgegriffen werden. Beim Verbum vollzieht der Autor nicht selten einen Konjugationstausch, wenn er etwa anstelle von *desinit desinet* schreibt. Auch beim Pronomen kommt es mit hoher Regelmäßigkeit zu einer Vertauschung der Formen; hier werden beispielsweise *qui* und *quem* als weibliche Fürwörter, *quae* und *quam* hingegen als deren männliche Entsprechungen angenommen. Beim genauen Studium des lateinischen Textes fällt zudem auf, dass Jordanes bei der Verwendung der Präposition *in* und der damit verbundenen Kasussyntax einige Eigenarten erkennen lässt. Auf die Frage wohin folgt auf *in* zumeist der Ablativ (statt Akkusativ), wobei diese Falschverwendung des Kasus auch im Plural beobachtet werden kann. Bei Städtenamen wird der eigentlich zu verwendende Lokativ (z. B. *Romae*) in zahlreichen Fällen durch eine eher ungewöhnliche *in*-Konstruktion (*in Roma*) ersetzt. Als weiteres dem Autor zuzuordnendes Spezifikum kann der Gebrauch von *in* + Ablativ anstelle des Instrumentalis in Wendungen wie *in matrimonio iungit* bewertet werden.

An die Seite des Ablativus absolutus treten bei Jordanes manchmal der Accusativus und Nominativus absolutus, welche im klassischen Latein keine Entsprechungen besitzen. Der Schriftsteller geht überhaupt sehr leger mit den Partizipialkonstruktionen um, wenn man etwa liest: *Theodosio... Gratianus imperator...electo...Gothus...pertimuit* oder quos *vera(m) fide(m) petentibus in perfidia declinasset*. Akkusativ und Ablativ werden ab und zu miteinander vermischt, so dass sich beispielsweise folgende Phrase ergibt: *machinis constructis omniaque genera tormentorum adhibita*. An manchen Stellen tritt zudem eine Vermengung von Ablativus und Nominativus absolutus auf: *Gothis...sperantibus, praesertim...confisi...bellum exurgit...*

Bei der Tempusbildung kommt es mitunter zur Verwendung des Präsens anstelle des Futurs und des Plusquamperfekts anstelle des Perfekts. Unter den Konjunktionen tritt *dum* nicht selten in Konkurrenz zu *cum*, so dass man hier sogar mit einer systematischen Verschreibung rechnen muss. Gemäß den literarischen Analysen Kappelmachers sind die oben erläuterten Abweichungen von der klassischen Literatursprache zwar durch eine signifikante Auftrittswahrscheinlichkeit gekennzeichnet, führen jedoch nicht zu einer vollständigen Verwischung des Bildungslateins. Das Werk des Jordanes wird in der Klassischen Philologie nicht selten als eine Synthese aus traditioneller Literatursprache auf der einen Seite und Vulgärsprache auf der anderen dargestellt. Jordanes bezeichnet sich selbst zwar als *agrammatus*, verfügte aber mit einiger Sicherheit über ein literarisches Schulwissen, welches nicht zuletzt für seine bereits eingangs erwähnte Tätigkeit als *notarius* von entsprechender Bedeutung war. Auf die Schulbildung deutet nicht zuletzt auch die dem Autor innewohnende

Kenntnis Vergils hin, der in manchen Textstellen der *Getica* bewusst zur Zitierung gelangt.

Die stilistische Gestaltung der Sprache ist linguistischen Untersuchungen zufolge vom frühchristlichen Kirchenlatein geprägt. So haben etwa Substantiva wie *iuramentum, spiramen, mercimonium, dispendium* oder *paenitudo,* Adjektive wie *antefatus, ineffabilis* oder *intransmeabilis* und Verba wie *advivere* oder *devotare* ihre Parallelen bei den Kirchenschriftstellern der Zeit. Dabei muss allerdings gerechterweise festgehalten werden, dass sich Jordanes in seinen *Romana* mit wesentlich höherer Intensität als in den *Getica* der klerikalen lateinischen Sprache bediente. X. Bergmüller hat fälschlicherweise aus Jordanes' Beziehung zum Kirchenlatein auf den geistlichen Stand des Schriftstellers geschlossen. Wie Kappelmacher hier zurecht anführt, war Jordanes als Katholik in gewissem Maße mit den Schriften der Kirchenväter vertraut, wodurch sich der Einfluss des Klerikallateins auf seine Werke ergibt. Durch seine Stellung als *notarius* war der Autor naturgemäß mit der Sprache des oströmischen Kaiserhofs konfrontiert, welcher sich seinerseits sukzessive des Kirchenlateins bemächtigte. So heißt es etwa in einem Erlaß des Kaisers Justinian (Cod. I,27): *quas gratias...domino deo nostro...exhibere debeamus; deo gratias agere valeamus...per me. ultimum servum,...deo auxiliante, iuvante...*

Jordanes verfügt über ein gewisses Geschick in der Verwendung von rhetorischen Mitteln. In regelmäßigen Abständen findet man beispielsweise die Phrasen *quid multa, quid plurimum, quid plura* oder *quid multum*. Der Autor bedient sich zudem der Paronomasie und des Homoioteleutons, wenn er etwa schreibt: *apparuit...disparuit* (*Getica*, 124), *depositis composita* (*Getica*, 288), *copia...inopia* (*Getica*, 259). Auch alliterierende Wendungen finden mit gewisser Regelmäßigkeit ihren Gebrauch: *cum timore et tremore* (*Getica*, 200), *frustratus fugatusque* (*Getica*, 213), *fortium facta* (*Getica*, 315). Zuletzt sei noch auf einen in der Einleitung auftretenden Chiasmus hingewiesen: *suscipe libens, libentissime legens* (*Getica*, 3).

Wie Kappelmacher zurecht anmerkt, kann die häufige Verwendung der ersten Person als eine in besonderem Maße hervorzuhebende Eigentümlichkeit des Autors gelten. Hierbei liegt ein klarer Widerspruch zum Schreibstil des Historiografen vor, welcher sich mit allen ihm zur Verfügung stehenden Mitteln aus dem erzählten Geschehen heraushalten möchte. Kappelmacher erklärt die Egoperspektive des Jordanes mit dessen Pedanterie bei der Disposition des Textes (siehe oben) und bietet damit einen durchaus nachvollziehbaren Ansatz. Für die partielle rhetorische Färbung der Sprache werden insbesondere das Studium der Quellen und die oben genannte Vergillektüre verantwortlich gemacht. Auch die Kanzleisprache mag ihren Teil zur künstlerischen Ausfertigung mancher Textstellen beigetragen haben.[18] ∎

3 Fortleben der Getica ■

3.1 Die Getica als Quelle neuerer historiografischer Werke

Nach Ansicht von Theodor Mommsen stützt sich Secundus von Trient in seiner Langobardengeschichte aus dem Jahre 612 in weiten Teilen auf Jordanes – eine Hypothese freilich, welche bereits Ende des 19. Jahrhunderts an-
gezweifelt wurde und bis zum heutigen Tag keine weiterreichende Unterstützung erfahren hat. Auf Mommsen geht auch die Behauptung zurück, dass
der Scholiast zu Statius Theb. XII,62 seine Bemerkungen über *strava* aus
den Getica (257) bezogen habe. Diese Feststellung darf ebenfalls als unsi-
cher bewertet werden. Gesichert ist hingegen die Benutzung des Jordanes
durch den Geographus von Ravenna, welcher den alanischen Autor insgesamt sechsmal zitiert.[19]

Im Früh- und Hochmittelalter dienten die Getica laut Mommsen und Mani-
tius unter anderem Frechulf von Lisieux (830), Widukind von Korvei (8.
Jahrhundert) sowie Paulus Diaconus (774) in dessen Langobardengeschichte als literarische Grundlage. Inwieweit Rudolf von Fulda Anleihen an diesem Geschichtswerk nahm, lässt sich heute nicht mehr mit Sicherheit sagen.
Zu späteren Autoren mit einem direkten Bezug zu den Getica zählen unter
anderem Heriger von Lobbes, Landulf (beide 11. Jahrhundert), Ekkehard
von Aura (um 1100), Hugo von Flavigny (1102) und Otto von Freising (12.
Jahrhundert). Eine Erwähnung des Jordanes ist beispielsweise für das Chro-
nicum Vedastinum und die Chronik des Reginbert von Reichenau (10. Jahrhundert) bezeugt. Die oben genannten Autoren geben klar zu erkennen,
dass sich die Getica insbesondere im deutschen und französischen Raum
einer erhöhten Beliebtheit erfreuen konnten. Dieser Umstand wird auch
durch die im Mittelalter verbreiteten Handschriften und deren Verzeich-
nung in speziellen Katalogen unterstrichen.[20]

3.2 Mittelalterliche Handschriften und neuzeitliche Textausgaben

Insgesamt kennt man bis zum heutigen Tage elf handschriftliche Editionen
von Jordanes (Romana und Getica), welche vom 8. bis zum 12. Jahrhundert
entstanden sind und die Eigenarten des Autors in Bezug auf Sprache und
Orthografie mit unterschiedlicher Reinheit wiedergeben. Als authentischste
Fassung galt gemeinhin der codex Heidelbergensis 921 aus dem 8. Jahrhundert (H), welcher jedoch einem Brand im Hause Mommsens zum Opfer fiel.
Weitere der Nachwelt erhaltene Handschriften umfassen den Vaticanus Pa-
latinus 920 aus dem 10. Jahrhundert (P), den codex Valenciennensis Nr. 88
catalogi Mangeartiani aus dem 9. Jahrhundert (V), den codex Laurentianus
aus dem 11. Jahrhundert (L), den codex Ambrosianus C. 72 aus dem 11./12.
Jahrhundert (A), die Excerpta Cheltenhamensia aus dem 9. Jahrhundert (S),
den Vaticanus Ottobonianus Nr. 1346 aus dem 10. Jahrhundert (O), den co-

dex Breslaviensis Rehdigerenus Nr. 106 aus dem 11. Jahrhundert (B), den codex Catabrigiensis (Trinity Collega O 4, 36) aus dem 11. Jahrhundert (X), den codex Berolinensis (Lat. 359) aus dem 12. Jahrhundert (Y) und den codex Atrebatensis collegiatae eccl. S. Mariae (Z).[21]
Den linguistischen Analysen Theodor Mommsens zufolge können die oben genannten Handschriften insgesamt drei Kategorien zugeordnet werden. Während das sogenannte *archetypum ordinis primi* die Schriften H, P, V, L und A umfasst, gehören zum *archetypum ordinis secundi* die Schriften S, O und B. Das *archetypum ordinis tertii* schließlich beinhaltet die Handschriften X, Y und Z. Die erste Klasse ist relativ frei von Interpolationen und scheint den Text wohl in seiner ursprünglichsten Form wiederzugeben. In den beiden verbleibenden Kategorien wurden hingegen teilweise signifikante purifizierende Konjekturen vorgenommen, die wohl der Regellosigkeit der Sprache des Jordanes (siehe Kapitel 2.2) entgegenwirken sollten. Mommsen richtet sich in seiner Edition gegen die systematische Sprachverbesserung und rät zu einer weitgehenden Hinnahme linguistischer Unregelmäßigkeiten, wodurch letztendlich eine zuverlässigere Textgrundlage als bei vorangegangenen Editionen entsteht.[22]
Bei den neuzeitlichen Textausgaben ist zuallererst auf Konrad Peutinger zu verweisen, der eine Edition mit dem Titel *Geticorum cum Pauli historia Langobardorum, Augustae Vindelicorum 1515 cura Conradi Peutingeri* veröffentlichte. Die erstmalige Verlegung einer Gesamtedition aus Romana und Getica geht auf Beatus Rhenanus (Basel, 1531) zurück. Zu den bedeutenden Ausgaben älteren Datums zählen unter anderem jene von Gruters (Hanau, 1611) sowie jene von Muratori (Mailand, 1723), wobei gerade die letztgenannte Edition über eine ausführliche Einleitung mit wertvollen Informationen für die Übersetzungsarbeit verfügt. Dies gilt auch uneingeschränkt für die bereits mehrmals erwähnte Ausgabe von Theodor Mommsen (Berlin, 1882), welche von zahlreichen Forschern nach wie vor als beste verfügbare Textgrundlage angesehen wird.[23]
Von der Gotengeschichte des Jordanes existieren nur vereinzelte Übersetzungen mit textkritischen Anmerkungen und sonstigen Erläuterungen. Bereits vom Ende des 19. Jahrhunderts stammt die von Alexander Heine herausgegebene und von Wilhelm Martens übersetzte Ausgabe der Getica (Leipzig, 1884; Nachdrucke: Leipzig, 1913; Essen/Stuttgart, 1985/86). Eine viel beachtete englische Translation der Gotengeschichte geht auf Charles Christopher Mierow zurück (London, 1915; Nachdruck: London, 2006), welcher einen ausführlichen, mit zahlreichen historischen Daten verwobenen Kommentar mitlieferte. Die aktuellste Übersetzung wurde von Lenelotte Möller (Wiesbaden, 2012) veröffentlicht, wobei hier auch moderne historische und sprachwissenschaftliche Erkenntnisse zur Diskussion gebracht werden.

16

3.3 Die „wahre" Geschichte der Goten

Wie bereits in den vorangegangenen Kapiteln mehrfach angedeutet wurde, setzte sich der gotische Stamm aus den Visigothi und den Ostrogothi zusammen, welche vom Geschichtsschreiber Cassiodor nach der Trennung der Linien in West- und Ostgoten umgedeutet wurden. Der Historiograf nennt zudem die Gepiden als dritte dem Gotenvolk zugehörige Gruppe, die ursprünglich wohl eine eigene Ethnie darstellten, sich jedoch im Zuge ausgedehnter Wanderungszüge den Goten anschlossen. Archäologischen Funden zufolge siedelten die Westgoten nördlich der Donau, die Ostgoten vor allem an der nördlichen Schwarzmeerküste und die Gepiden im Bereich der Karpaten. Während die Ostgoten über Jahrhunderte hindurch vom Adelsgeschlecht der Amaler regiert wurden, herrschte bei den Westgoten eine von zahlreichen Kleinkönigen geprägte Oligarchie vor.[24]

Entgegen den Angaben der spätantiken Geschichtsschreibung stammten die Goten ursprünglich nicht aus Skandinavien, sondern mit hoher Wahrscheinlichkeit von Gebieten östlich der Weichsel im heutigen Polen. Von dort verschoben sie ihre Siedlungsgebiete seit dem 1. Jahrhundert nach Christus langsam nach Südosten. Eine Kerngruppe des Volkes verblieb bis zum 4. Jahrhundert an der Weichselmündung und behauptete erfolgreich ihr Stammland. Manche Forschungsgruppe vertritt die Auffassung, dass die Goten durch einen Zusammenschluss unterschiedlicher Stämme entstanden seien. Dieser Theorie liegt die Annahme zugrunde, dass dem Gotentum ein besonderes Prestige anhaftete, mit welchem sich etliche Volksgruppen trotz ethnischer Abweichung vom ursprünglichen Stamm schmücken wollte. Insgesamt zeichnete sich die gotische Kultur durch den Verzicht von Waffen als Grabbeigaben aus, wodurch sie sich signifikant von den zeitgleich agierenden Germanen unterschied.[25]

Im 3. Jahrhundert nach Christus drangen die Goten in den Donauraum und an die Nordwestküste des Schwarzen Meeres vor. Einzelne Gruppen übten im Zuge dieser Expansionsbestrebungen Angriffe auf das Römische Reich aus, welche das Imperium aufgrund innenpolitischer Krisen mit voller Härte trafen. Ein Überfall der Goten und Karpen auf das römische Histria südlich der Donaumündung hatte zur Folge, dass man dem Stamm von römischer Seite her jährliche Tribute entgegenzubringen hatte. Als diese Zwangszahlung von Kaiser Philippus Arabs nach Siegen über die Karpen verwehrt wurden, erfolgte ein Einfall gotischer Kriegergruppen in Dakien, Thrakien, Mösien und Illyrien. Der neu an die Macht gekommene Kaiser Decius erlitt in mehreren Schlachten deutliche Niederlagen und fiel schließlich in der Schlacht von Abrittus (251). Die kriegerischen Auseinandersetzungen zwischen Goten und Römern waren in den folgenden beiden Jahrzehnten von wechselseitigen Erfolgen gekennzeichnet. Erst unter Kaiser Claudius II. und seinem Nachfolger Aurelian konnte der Gotensturm zum Stillstand gebracht

17

und ein dauerhafter Frieden mit dem Nordvolk etabliert werden, der jedoch den endgültigen Verlust der Provinz Dakien zur Folge hatte.[26] Unter Kaiser Diokletian wurde eine Konsolidierung der Innenpolitik und eine Stabilisierung der Situation an der Donau erwirkt. Gleichzeitig erfolgte jene bereits weiter oben erwähnte Aufspaltung des Gotenvolkes in die West- und Ostgoten. Dieser Prozess vollzog sich keineswegs ruckartig, sondern überspannte einen relativ langen Zeitraum und zeichnete sich durch eine differenziertere Ethnogenese aus. Aus archäologischer Sicht lässt sich die Feststellung treffen, dass die Westgoten etwa zwischen 376 und dem Königtum Alarichs I. entstanden waren, während die Ostgoten im Zeitraum vom Untergang des hunnischen Reichs (Mitte des 5. Jahrhunderts) bis zur Übersiedlung nach Italien unter Theoderich dem Großen (489) ihre Eigenständigkeit erlangt hatten.[27]

Die Ostgoten hatten bis zur Mitte des 5. Jahrhunderts sehr stark unter der grausamen Herrschaft der Hunnen zu leiden. In der Schlacht am Nedao (454) konnten sich zunächst die Gepiden von der hunnischen Unterdrückung befreien. Diese Schwächung der Hunnen beförderte die Unabhängigkeit der Ostgoten, welche daraufhin mit mehreren feindlichen Stämmen eine Allianz gründeten und eine dauerhafte Bedrohung für das Oströmische Reich darstellten. Im Jahre 474 wurde der zwischen 459 und 469 als Geisel am Hof in Konstantinopel weilende Theoderich zum König des Gotenvolkes ausgerufen. Seine Macht konnte er jedoch erst nach dem Tod seines Rivalen, des oströmischen Heermeisters Theoderich Strabo, entfalten. Im Auftrag des Kaisers Zeno eroberte Theoderich die italische Halbinsel für das Imperium zurück und herrschte fortan als princeps Romanus und „an Stelle des Kaisers" über Italien. Der Gotenkönig konnte seine Macht durch geschickte Heirats- und Bündnispolitik konsolidieren und so ein politisches Gleichgewicht zwischen Goten und Römern etablieren. Nachdem die friedlichen Beziehungen zwischen Gotentum und Imperium nach dem Tod Theoderichs (526) ihr Ende gefunden hatten, kam es im Jahre 552 schließlich zur Unterwerfung eines Großteils der Ostgoten durch den oströmischen Heerführer Narses.[28]

Die Westgoten siedelten sich im Jahre 376 unter Duldung des Kaisers Valens in Teilen Thrakiens an. Unter ihrem Anführer Fritigern gelang es ihnen, mehrere andere Stämme in ihr Herrschaftssystem einzugliedern und ein äußerst schlagkräftiges Heer zu etablieren, welches sich schließlich der römischen Regionalarmee entgegenstellte und dieser eine vernichtende Niederlage beibrachte. Der Triumph der Westgoten hatte freilich zur Folge, dass römische Sklaven, eine Gruppe von Ostgoten, einige Alanen sowie flüchtige Hunnen zu ihnen überliefen, so dass es zur Entstehung einer Drei-Völker-Konföderation kam. Gegen diesen Völkerbund führte Kaiser Valens eine 30.000 Mann umfassende Armee nach Thrakien. Gratian, der Neffe des

Kaisers sollte die feindlichen Heerscharen mithilfe seiner Elitetruppen von Norden her in die Zange nehmen, wurde jedoch bei seinem Anmarsch von feindlichen Alamannen aufgehalten und traf verspätet in der Schlacht ein. Am 9. August des Jahres 378 trafen das römische und das gotische Heer bei Adrianopel aufeinander. Nachdem eine Abwendung des Kampfes an der Disziplinlosigkeit zweier römischer Einheiten gescheitert war, erlitt die römische Armee nach zahlreichen taktischen Manövern eine schwere Niederlage, die mit dem Verlust von zwei Dritteln der römischen Soldaten sowie der Ermordung von Kaiser und fast aller Generäle und Stabsoffiziere Hand in Hand ging. Die Westgoten wurden fortan vom Imperium akzeptiert und durch jährliche Tribute milde gestimmt.

Unter Kaiser Theodosius I. wurden die Westgoten zu Föderaten erhoben, wodurch ihnen neben den besagten Tributen steuerfreie Ländereien zufielen. Die Goten ihrerseits hatten Soldaten für die römische Armee abzustellen. Nachdem die Hunnen im Jahre 395 die Donau im großen Stil überschritten und entsprechend hohen Druck auf die Westgoten ausgeübt hatten, erfolgte von gotischer Seite eine massive Bevölkerungsverschiebung in westliche und südliche Richtung. Da man sich nach dem Tod des Kaiser Theodosius I. nicht mehr vertragsgebunden wähnte, wurden zahlreiche Plünderungszüge über den Balkan und die Peloponnes unternommen, welche erst unter dem römischen Feldherrn Stilicho ihr Ende fanden. Die Westgoten wurden erneut zu Verbündeten des Imperiums und siedelten sich kurzfristig in Makedonien an. Unter ihrem Anführer Alarich wanderten sie schließlich nach Italien aus und setzten sich vor den Toren Roms fest, das sie im Jahre 410 drei Tage lang plünderten.

Ihre weitere Migration führte die Westgoten nach Gallier und Hispanien, wo sie sich nach Abschluss eines Föderatenvertages mit Kaiser Constantius III. (418) auch dauerhaft niederlassen konnten. Nachdem Attilas Nimbus der Unbesiegbarkeit in der Schlacht auf den Katalaunischen Feldern sein Ende gefunden hatte und das in Aquitanien gegründete Westgotenreich zusehends erstarkt war, rückte man von westgotischer Seite her vermehrt in Richtung Spanien vor. Nach dem Ende des Weströmischen Reichs im Jahre 476 erlangte das Westgotenreich faktisch seine Eigenständigkeit und konnte die gesamte iberische Halbinsel sowie große Teile Galliens für sich behaupten. Zu Beginn des 6. Jahrhunderts verloren die Westgoten durch die vordringenden Franken weitestgehend ihren Einfluss in Gallien und blieben fortan auf einen schmalen Streifen an der französischen Mittelmeerküste beschränkt. Nach einer kurzzeitigen Machtübernahme im Reich durch die Ostgoten gelang bis zum Ende des 6. Jahrhunderts die Konsolidierung der westgotischen Herrschaft. Diese hielt mehr als 100 Jahre an, ehe die gesamte iberische Halbinsel den muslimischen Expansionsbestrebungen zum Opfer fiel.[29] ∎

19

4 Übersetzung der Getica ■

4.1 Einige einleitende Bemerkungen

Im nachfolgenden Übersetzungsteil sind der lateinische nach einer modernen Edition aus dem Latin Library und der zugehörige deutsche Text direkt gegenübergestellt. Grundsätzlich wurde bei der Translation der Versuch unternommen, eine möglichst detailgetreue Wiedergabe des Textes zu präsentieren, ohne dabei jedoch auf die gute Lesbarkeit der einzelnen Kapitel völlig verzichten zu wollen. Während die meisten Passagen eine wortwörtliche Übersetzung erfahren haben, wurde in einzelnen Fällen, vor allem aber dort, wo komplexe Verschachtelungen im Satzbau vorliegen, ein etwas freierer Übersetzungsweg gewählt.

Wie bereits einleitend festgehalten werden konnte, gliedert sich die Gotengeschichte in drei wesentliche Abschnitte. Am Anfang steht eine geografische Einführung, bei welcher das zur damaligen Zeit vorherrschende gotische Weltbild zur Beschreibung gelangt. Demnach sah man die gesamte bekannte Welt als einen riesigen Kreis, der von einem Gürtel aus Ozeanen umschlossen wurde und die drei Erdteile Asien, Europa und Afrika umfasste. Jenseits der Kontinente befanden sich einige Inselgruppen mit mehr oder weniger guter Bewohnbarkeit.

Im zweiten Abschnitt des Geschichtswerkes wird die Auswanderung der noch vereinigten Goten unter ihrem Anführer Berig geschildert. Hier erfährt man unter anderem, wie die Stämme auf drei Schiffen von ihrer Heimatinsel Scandza nach Gothiscandza im heutigen Polen aufbrachen, um dort neue Niederlassungen zu gründen. Die moderne altertumswissenschaftliche Forschung lehnte heute weitestgehend eine Emigration der Goten aus Skandinavien ab. Vielmehr besteht die Auffassung, dass es sich bei dem historischen Bericht des Jordanes um eine sogenannte Herkunftssage (*Origo gentis*) handelt. Man geht auch davon aus, dass der skandinavische Ursprung eine Aufwertung des Volkes erzeugen sollte und deshalb in die Legende seinen Eingang fand.

Der dritte Abschnitt beschäftigt sich mit der Spaltung des germanischen Volkes in Ost- und Westgoten und erzählt von den zahlreichen Auseinandersetzungen dieser beiden Stammeslinien mit anderen Völkern. Dabei spielen unter anderem die Römer und Hunnen eine überragende Rolle. Das Werk findet mit der Unterwerfung der Goten durch den oströmischen General Belisarius sein Ende. Insgesamt umspannen die *Getica* einen Zeitraum von ungefähr 2000 Jahren.

Bei aller berechtigten Kritik an der historischen Darstellung des Jordanes ist dennoch festzuhalten, dass die *Getica* neben dem Geschichtswerk des Cassiodor nach wie vor die einzige umfangreiche Schriftquelle zum Werdegang des gotischen Volkes repräsentieren und dadurch auch in Zukunft eine entsprechende wissenschaftliche Würdigung erfahren sollten.

4.2 Textübersetzung

Vorwort

1 Volentem me parvo subvectum navigio oram tranquilli litoris stringere et minutos de priscorum, ut quidam ait, stagnis pisciculos legere, in altum, frater Castali, laxari vela compellis relictoque opusculo, quod intra manus habeo, id est, de abbreviatione chronicorum, suades, ut nostris verbis duodecim Senatoris volumina de origine actusque Getarum ab olim et usque nunc per generationes regesque descendentem in uno et hoc parvo libello choartem:

(1) Es war mein Wunsch, in einem kleinen Boot am Ufer der friedvollen Küste stromaufwärts entlangzugleiten und, wie ein gewisser Autor sagt, kleine Fischlein aus den Teichen der Vorfahren aufzulesen, doch du, Bruder Castalius, befiehlst mir, die Segel in Richtung hoher See setzen zu lassen. Nach Zurücklassen der kleinen Arbeit, welche ich in meinen Händen halte – es handelt sich um eine Kurzfassung der historischen Aufzeichnungen –, überredest du mich, dass ich in unserem eigenen Stil die zwölf Bände des Senators über Herkunft und Taten der Goten von einst bis jetzt in diesem kleinen Büchlein einer verkürzten Darstellung zuführen und dabei die Generationen und Könige in zeitlicher Reihenfolge durchgehen soll:

2 dura satis imperia et tamquam ab eo, qui pondus operis huius scire nollit, inposita. Nec illud aspicis, quod tenuis mihi est spiritus ad inplendam eius tam magnificam dicendi tubam: super omne autem pondus, quod nec facultas eorundem librorum nobis datur, quatenus eius sensui inserviamus, sed, ut non mentiar, ad triduanam lectionem dispensatoris eius beneficio libros ipsos antehac relegi. Quorum quamvis verba non recolo, sensus tamen et res actas cre-

(2) Ein wahrlich mühsamer Auftrag und dazu noch von jemandem erteilt, welcher nicht willens ist, die Schwere dieser Aufgabe zu erkennen. Du berücksichtigst auch nicht jenen Umstand, dass ich über eine zu schwache Ausdrucksweise verfüge, um die Trompete so großartig mit Worten erklingen zu lassen wie seine: Noch schwerer aber wiegt die Tatsache, dass uns kein Zugang zu dessen Büchern gewährt wird, damit wir uns seine Gedanken dienstbar machen kön-

do me integre retinere.

3 Ad quos et ex nonnullis historiis Grecis ac Latinis addedi convenientia, initium finemque et plura in medio mea dictione permiscens. Quare sine contumelia quod exigisti suscipe libens, libentissime lege; et si quid parum dictum est et tu, ut vicinus genti, commemoras, adde, orans pro me, frater carissime. Dominus tecum. Amen.

4 Maiores nostri, ut refert Orosius, totius terrae circulum Oceani limbo circumseptum triquadrum statuerunt eiusque tres partes Asiam, Eoropam et Africam vocaverunt. De quo trepertito orbis terrarum spatium innumerabiles pene scriptores existunt, qui non solum urbium locorumve positiones explanant, verum etiam et

nen. Aber ich bin, ohne lügen zu wollen, seine Bücher in der Vergangenheit mithilfe seines Verwalters bei einer dreitägigen Lektüre nochmals durchgegangen. Wenn ich auch nicht deren Wortschatz wiedergebe, so glaube ich dennoch, den Sinn und die vollbrachten Taten vollständig beizubehalten.

(3) Diesen habe ich auch angemessene Fakten aus so manchen griechischen und lateinischen Geschichtswerken hinzugefügt, und ich habe sie mit einer Einleitung und einem Schlusswort sowie zahlreichen in meiner eigenen Sprache verfassten Passagen in der Mitte verflochten. Deshalb mach mir keine Vorwürfe, sondern nimm mit Zufriedenheit das an, was du mir aufgetragen hast, und lies es sehr bereitwillig; und wenn irgendetwas nicht hinreichend angesprochen worden ist und du dich als Nachbar unseres Stammes daran erinnerst, dann füge es hinzu und bete für mich, allerwertester Bruder. Der Herr sei mit dir. Amen.

I

(4) Wie Orosius berichtet, vertraten unsere Vorfahren die Auffassung, dass der gesamte Erdkreis an drei Seiten vom Saum des Ozeans umgeben ist, und sie nannten seine drei Erdteile Asien, Europa und Afrika. Auf diese Dreiteilung der Ausdehnung des Erdkreises nehmen beinahe unzählige Schriftsteller Bezug, welche nicht nur die

quod est liquidius, passuum miliariumque dimetiunt quantitatem, insulas quoque marinis fluctibus intermixtas, tam maiores quam etiam minores, quas Cycladas vel Sporadas cognominant, in inmenso maris magni pelagu sitas determinant.

5 Oceani vero intransmeabiles ulteriores fines non solum describere quis adgressus est, verum etiam nec cuiquam licuit transfretare, quia resistente ulva et ventorum spiramine quiescente inpermeabilis esse sentitur et nulli cognita nisi ei qui eam constituit.

6 Ceterior vero eius pelagi ripa, quam diximus totius mundi circulum, in modum coronae ambiens fines suos, curiosis hominibus et qui de hac re scribere voluerunt perquaquam innotuit, quia et terrae circulum ab incolis possidetur et nonnullae insule in eodem mare habitabiles sunt, ut in orientali plaga et Indico Oceano Hyppodem, Iamnesiam, Solis perustam quamvis inhabitabilem, tamen omnino sui spatio in longo latoque extensam; Taprobanem quoque, in qua (excepto oppida vel possessiones) decem munitissi-

Lage der Städte oder auch anderer Orte beschreiben, sondern auch die Anzahl an Doppelschritten und Meilen vermessen, weil dadurch mehr Klarheit entsteht. Zudem bestimmen sie die Inseln, welche in den Meereswogen verstreut liegen, unter ihnen sowohl die größeren als auch die kleineren, die sie Kykladen oder Sporaden nennen und die in der gewaltigen Flut des großen Meeres gelegen sind. **(5)** Aber es gab nicht nur keinen einzigen unter ihnen, der den Versuch zur Beschreibung der unüberwindbaren äußeren Grenzen des Ozeans wagte, sondern es war auch niemandem gestattet, diese durch Überquerung des Meeres zu erreichen; man glaubt, dass der Ozean aufgrund des widerstandsfähigen Schilfgrases und des fehlenden Aufkommens der Winde unerreichbar sei, und er ist keinem außer Ihm [dem Herrn] bekannt, der diesen erschuf.

(6) Das andere Ufer dieses Meeres aber, welches wir den Kreis der ganzen Welt nennen, umsäumt seine Ländereien in Form einer Krone. Diese Tatsache wurde wissbegierigen Menschen und auch sogar denen, welche darüber schreiben wollten, bekannt, weil ja der Erdkreis von Bewohnern in Besitz genommen wird und einige Inseln in demselben Meer bewohnbar sind, unter ihnen in der östlichen Zone und im Indischen Ozean Hyppodes, Iamnesia und Solis Perusta (die Sonnenverbrannte), welches, obgleich unbewohnbar, dennoch

mas urbes decoram;

7 sed et aliam omnino gratissimam Silefantinam; nec non et Theron, licet non ab aliquo scriptore dilucidas, tamen suis possessoribus affatim refertas. Habet in parte occidua idem Oceanus aliquantas insulas et pene cunctis ob frequentiam euntium et redeuntium notas. Et sunt iuxta fretum Gaditanum haut procul una Beata et alia quae dicitur Fortunata. Quamvis nonnulli et illa gemina Galliciae et Lysitaniae promuntoria in Oceani insulas ponant, in quarum una templum Herculis, in alia monumentum adhuc conspicitur Scipiones, tamen, quia extremitatem Galiciae terrae continent, ad terram magnam Europae potius quam ad Oceani pertinent insulas.

8 Habet tamen et alias insulas interius in suo estu, quae dicuntur Baleares, habetque et alia Mevania, nec non Orcadas numero

hinsichtlich seiner Größe in die Länge und Breite gedehnt ist; daneben gibt es auch noch Taprobane, welches – abgesehen von Wehrbauten und Besitzungen – zehn stark befestigte Städte zieren;

(7) aber es gibt auch noch eine andere Insel, das äußerst liebliche Silefantia und, nicht zu vergessen, Theros, welchen es bislang nicht vergönnt war, von irgendeinem Autor klar dargelegt zu werden, die aber dennoch zur Genüge mit ihren Besitzern gefüllt sind. Derselbe Ozean verfügt in seinem westlichen Teil über ziemlich bedeutende Inseln, welche auch nahezu allen aufgrund der großen Anzahl an Hinreisenden und Rückkehrern bekannt sind. Und es gibt noch zwei nicht weit von der Umgebung der Meerenge von Gades entfernte, von denen die eine die Glückselige Insel, die andere hingegen Fortunata genannt wird. Obwohl manche [Autoren] jene beiden Vorgebirge von Galicia und Lysitania zu den Inseln des Ozeans rechnen, auf deren erster der Tempel des Herkules, auf deren anderer hingegen das Denkmal des Scipio vermutet wird, gehören sie eher zur großen Landmasse Europas als zu den Inseln des Ozeans, weil sie ja direkt an den äußersten Punkt der Galizischen Region angrenzen.

(8) Gleichwohl verfügt der Ozean auch über andere Inseln weiter innerhalb seiner Fluten, welche Balearen genannt werden; es gibt

xxxiii quamvis non omnes excultas.

9 Habet et in ultimo plagae occidentalis aliam insulam nomine Thyle, de qua Mantuanus inter alia: '*tibi serviat ultima Thyle*'. Habet quoque is ipse inmensus pelagus in parte artoa, id est septentrionali, amplam insulam nomine Scandzam, unde nobis sermo, si dominus iubaverit, est adsumpturus, quia gens, cuius originem flagitas, ab huius insulae gremio velut examen apium erumpens in terram Europae advinit: quomodo vero aut qualiter, in subsequentibus, si dominus donaverit, explanavimus.

noch eine andere mit dem Namen Mevania und darüber hinaus die Orcaden, 33 an der Zahl, von denen nicht alle mit Bewohnern geziert sind.

(9) Und am fernsten Punkt seiner westlichen Erstreckung besitzt der Ozean noch eine andere Insel mit der Bezeichnung Thyle, über welche Mantuanus unter anderem berichtet: „*Das fernste Thyle möge sich dir fügen*". Dieser selbe gewaltige Ozean verfügt auch in seiner arktischen Region – das ist im Norden – über eine ansehnliche Insel namens Scandza, bei der unsere Erzählung, so Gott es will, ihren Beginn nehmen soll. Der Stamm nämlich, dessen Herkunft du zu wissen begehrst, brach aus dem Innersten der Inseln wie ein Bienenschwarm los und gelangte auf europäischen Boden. Aber wie oder in welcher Weise dies geschah, werden wir, so der Herr es gestattet, in den nachfolgenden Kapiteln erklären.

II

10 Nunc autem de Brittania insula, que in sino Oceani inter Spanias, Gallias et Germaniam sita est, ut potuero, paucis absolvam. Cuius licet magnitudine olim nemo, ut refert Libius, circumvectus est, multis tamen data est varia opinio de ea loquendi. Quae diu si quidem armis inaccensam Romanis Iulius Caesar proeliis ad gloriam tantum quesitis aperuit: pervia deinceps mercimoniis aliasque ob causas multis facta mortalibus

(10) Nun aber werde ich mit so wenigen Worten wie möglich über die Insel Britannien berichten, welche im Meerbusen zwischen Spanien, Gallien und Germanien gelegen ist. Obgleich nach der Darstellung des Livius niemand sie aufgrund ihrer Größe einst umfahren hat, vertreten zahlreiche Autoren dennoch unterschiedliche Auffassungen in Bezug auf ihre Beschreibung. Diese galt lange Zeit als unzugänglich für die römische

non indiligenti, quae secuta est, aetati certius sui prodidit situm, quem, ut a Grecis Latinisque autoribus accepimus, persequimur.

11 Triquadram eam plures dixere consimilem, inter septentrionalem occidentalemque plagam proiectam, uno, qui magnus est, angulo Reni hostia spectantem, dehinc correptam latitudine oblique retro abstractam in duos exire alios, geminoque latere longiorem Galliae praetendi atque Germaniae. In duobus milibus trecentis decem stadiis latitudo eius ubi patentior, longitudo non ultra septem milia centum triginta duo stadia fertur extendi;

12 modo vero dumosa, modo silvestrae iacere planitiae, montibus etiam nonnullis increscere: mari tardo circumfluam, quod nec remis facile inpellentibus cedat, nec ventorum flatibus intumescat, credo, quia remotae longius terrae causas motibus negant: quippe illic latius quam usquam aequor extenditur. Refert autem

Heeresmacht, bis sie letztlich Iulius Caesar durch Schlachten, welche nur zum Erwerb von Ruhm geschlagen wurden, erschließen konnte. Durch Handel und wegen anderer Gründe wurde sie nach und nach vielen Menschen zugänglich gemacht, und in dieser geschäftigen Zeit, welche folgte, vermochte sie klar ihre Stellung zu offenbaren, die wir so beschreiben werden, wie wir sie von den griechischen und lateinischen Schriftstellern aufgenommen haben.

(11) Mehrere sprechen davon, dass die Insel einem Dreieck gleicht, dessen Spitze zwischen die nördliche und die westliche Richtung zeigt. Mit jener Seite, welche groß ist, blickt sie gegen die Mündungen des Rheins, daraufhin erfährt sie in ihrer Breite eine Verkürzung und läuft in rückwärtiger Richtung schief zusammen, bis sich die beiden anderen Seiten treffen. Seine längere Doppelseite liegt vor Gallien und Germanien. An ihrer breitesten Stelle besitzt die Inseln eine Ausdehnung von 2.310 Stadien, wohingegen ihre Länge nicht mehr als 7.132 Stadien beträgt.

(12) Teilweise jedoch ist sie mit Gestrüpp bewachsen, teilweise ist sie von bewaldeten Ebenen überzogen und manchmal wächst sie auch zu Bergen an. Die Insel ist von einem trägen Meer umflossen, welches sich weder den schlagenden Rudern leicht fügen, noch durch aufkommende Windböen anschwellen mag. Ich glaube, dies

Strabo Grecorum nobilis scriptor tantas illam exalare nebulas, madefacta humo Oceani crebris excursibus, ut subtectus sol per illum pene totum fediorem, qui serenus est, diem negetur aspectui.

13 Noctem quoque clariorem in extrema eius parte minimamque Cornelius etiam annalium scriptor enarrat, metallis plurimis cupiosam, herbis frequentem et his feraciorem omnibus, que pecora magis quam homines alant: labi vero per eam multa quam maximae relabique flumina gemmas margaritasque volventia. Silorum colorati vultus; torti pleroque crine et nigro nascuntur; Calydoniam vero incolentibus rutilae cumae, corpora magna, sed fluuida: Gallis sive Spanis, ut quibusque obtenduntur, adsimiles.

ist deshalb der Fall, weil andere Länder so weit entfernt liegen und deshalb als Ursachen für die Meeresbewegungen nicht in Frage kommen; das Meer ist hier freilich weiter ausgedehnt als irgendwo sonst. Strabo aber, der berühmte Schriftsteller der Griechen berichtet, dass jene Insel aus ihrem Erdreich, welches durch die zahlreichen Ozeanbuchten befeuchtet wird, so starke Nebel ausdünstet, dass die Sonne durch jenen beinahe in ihrer ganzen Art, welche hell ist, verdeckt bleibt und dadurch das Tageslicht nicht erblickt werden kann.

(13) Auch Cornelius, der Autor der Annalen, legt dar, dass die Nacht im entferntesten Bereich der Insel heller und zudem sehr kurz ist. Er berichtet auch, dass sie reichliche Metallvorkommen besitzt, in großer Menge mit Gräsern bedeckt ist und ergiebig ist an all diesen Dingen, welche eher das Vieh als die Menschen ernähren. Durch die Insel fließen aber auch viele große Flüsse, und beim Einströmen der Flut flussaufwärts reißen sie Edelsteine und Perlen mit sich fort. Vertreter des Stammes der Silures verfügen über ein gebräuntes Antlitz und werden zumeist mit lockigem schwarzen Haar geboren, die Einwohner Caledonias aber besitzen rötliches Haar und eine große, eher träge Statur. Sie sind den Galliern oder Spaniern ziemlich ähnlich, je nachdem, welchen sie gegenüber liegen.

14 Vnde coniectavere nonnulli, quod ea ex his accolas contiguo vocatos acceperit. Inculti aeque omnes populi regesque populorum; cunctos tamen in Calydoniorum Meatarumque concessisse nomina Dio auctor est celeberrimus scriptor annalium. Virgeas habitant casas, communia tecta cum pecore, silvaeque illis saepe sunt domus. Ob decorem nescio an aliam quam ob rem ferro pingunt corpora.

(14) Daher haben einige gemutmaßt, dass die Insel von diesen Ländern ihre Einwohner, welche aufgrund der Nähe einen Anreiz zum Auswandern verspürt hatten, erhalten hat. Alle Bewohner und ihre Könige sind gleichermaßen wild. Dio, der in hohem Maße gefeierte Verfasser der Annalen, gibt uns zu verstehen, dass alle dennoch unter den Namen der Kaledonier und Meatarer zusammengetreten sind. Sie bewohnen aus Reisig gefertigte Hütten, ein gemeinsam mit ihren Tieren genutzter Unterschlupf, und häufig dienen jenen die Wälder als Behausung. Sie bemalen ihre Körper mit eisenroter Farbe, wobei ich nicht weiß, ob dies der Zierde oder einer anderen Sache wegen erfolgt.

15 Bellum inter se aut imperii cupidine, aut amplificandi quae possident, saepius gerunt, non tantum equitatu vel pedite, verum etiam bigis curribusque falcatis, quos more vulgare essedas vocant. Haec pauca de Brittaniae insulae forma dixisse sufficiat.

(15) Sie führen untereinander häufiger Krieg entweder aufgrund des Begehrens von Macht oder zur Vergrößerung ihres Besitzes. Sie kämpfen nicht nur zu Pferde oder zu Fuß, sondern auch mit zweispännigen Sichelwagen, welche sie nach allgemeinem Brauch 'Essedae' nennen. Das wenige, welches zur Form der Insel Britannien gesagt worden ist, möge ausreichend sein.

III

16 Ad Scandziae insulae situm, quod superius reliquimus, redeamus. De hac etenim in secundo sui operis libro Claudius Ptolomeus, orbis terrae discriptor egregius, meminit dicens: est in Oceani arctoi salo posita insula magna, no-

(16) Lasst uns nun zur Lage der Insel Scandza zurückkehren, welche wir weiter oben übriggelassen haben. Claudius Ptolemaeus nämlich, ein herausragender Beschreiber des Weltkreises, erwähnt diese im zweiten Buch seines Werkes,

mine Scandza, in modum folii cetri, lateribus pandis, per longum ducta concludens se. De qua et Pomponius Mela in maris sinu Codano positam refert, cuius ripas influit Oceanus.

17 Haec a fronte posita est Vistulae fluminis, qui Sarmaticis montibus ortus in conspectu Scandzae septentrionali Oceano trisulcus inlabitur, Germaniam Scythiamque disterminans. Haec ergo habet ab oriente vastissimum lacum in orbis terrae gremio, unde Vagi fluvius velut quodam ventrae generatus in Oceanum undosus evolvitur. Ab occidente namque inmensu pelago circumdatur, a septentrione quoque innavigabili eodem vastissimo concluditur Oceano, ex quo quasi quodam brachio exiente, sinu distento, Germanicum mare efficitur.

18 Vbi etiam parvae quidem, sed plures perhibentur insulae esse dispositae, ad quas si congelato mari ob nimium frigus lupi transierint, luminibus feruntur orbari. Ita non solum inhospitalis hominibus, verum etiam beluis terra cru-

indem er folgendes sagt: Eine große Insel ist in der hohen See des nördlichen Ozeans gelegen und mit dem Namen Scandza versehen, in der Form eines Wacholderblattes mit eingebogenen Seiten, welches sich an seinem langen Ende allmählich zuspitzt. Auch Pomponius Mela berichtet über diese, dass sie im Meeresgolf von Codanus gelegen ist und der Ozean deren Küste einströmt.

(17) Diese Insel liegt vor dem Fluss Vistula, welcher in den Sarmatischen Bergen entspringt und mit seinem dreizackigen Lauf in den nördlichen Ozean in Blickhöhe von Scandza einmündet, wodurch er Germanien von Skythien trennt. Die Insel verfügt in ihrem östlichen Teil auch über einen riesigen, im Schoß des Erdkreises gelegenen See, von wo der Fluss des Vagus gewissermaßen aus dem Erdinneren entspringt und sich wellenreich in den Ozean wälzt. Im Westen nämlich ist sie von einem gewaltigen Meer umgeben, und auch im Norden wird sie von demselben riesigen und nicht schiffbaren Ozean begrenzt, aus welchem gleichsam durch Herauswachsen eines Landarmes und Einschneidung einer Meeresbucht das Germanische Meer gebildet wird.

(18) Man berichtet, dass hier auch mehrere kleine Inseln im Meer verteilt liegen, zu welchen es eine Überlieferung gibt, gemäß der sie ihres Lichtes beraubt werden, wenn Wölfe nach dem Zufrieren des Meeres infolge der außeror-

delis est.

19 In Scandza vero insula, unde nobis sermo est, licet multae et diversae maneant nationes, septem tamen eorum nomina meminit Ptolemaeus. Apium ibi turba mellifica ob nimium frigore nusquam repperitur. In cuius parte arctoa gens Adogit consistit, quae fertur in aestate media quadraginta diebus et noctibus luces habere continuas, itemque brumali tempore eodem dierum noctiumque numero luce clara nescire.

20 Ita alternato merore cum gaudio benificio aliis damnoque impar est. Et hoc quare? Quia prolixioribus diebus solem ad orientem per axis marginem vident redeuntem, brevioribus vero non sic conspicitur apud illos, sed aliter, quia austrinis signis percurrit, et quod nobis videtur sol ab imo surgere, illos per terrae marginem dicitur circuire.

21 Aliae vero ibi sunt gentes Screrefennae, que frumentorum non

dentlichen Kälte zu ihnen hinüberwandern. So ist das Land nicht nur unwirtlich für den Menschen, sondern auch grausam zu den Tieren. **(19)** Wenn sich aber auf der Insel Scandza, von welcher nun die Rede sein soll, auch viele unterschiedliche Volksstämme aufhalten, so erwähnt Ptolemaeus dennoch nur sieben von ihnen beim Namen. Der Honig bereitende Bienenschwarm ist dort wegen der außergewöhnlichen Kälte nirgendwo ausfindig zu machen. Im nördlichen Teil der Insel siedelt der Stamm der Adogit, über welchen man berichtet, dass er in der Sommermitte über vierzig Tage und Nächte hindurch durchgehend Licht hat, ebenso auch zur Zeit der Wintersonnenwende über die gleiche Anzahl an Tagen und Nächten das helle Licht nicht kennt.

(20) Aufgrund des Wechselspiels von Sorge und Freude besteht hinsichtlich ihrer Gnade und Buße eine Ungleichheit mit anderen Völkern. Und warum ist dies so? Weil sie während der ausgedehnteren Tage die Sonne entlang der Horizontlinie nach Osten zurückwandern sehen, während der kürzeren Tage aber diese bei ihnen nicht so betrachtet werden kann, sondern anders, weil sie durch die südlichen Sternbilder eilt. Und während es für uns scheint, dass die Sonne von unten aufsteigt, sagt man, dass sie jene entlang des Randes der Welt umkreist.

(21) Es gibt dort auch andere Stämme wie etwa die Screfennae,

queritant victum, sed carnibus ferarum atque ovis avium vivunt; ubi tanta paludibus fetura ponitur, ut et augmentum prestent generi et satietatem ad cupiam genti. Alia vero gens ibi moratur Suehans, quae velud Thyringi equis utuntur eximiis. Hi quoque sunt, qui in usibus Romanorum sappherinas pelles commercio interveniente per alias innumeras gentes transmittunt, famosi pellium decora nigridine. Hi cum inopes vivunt, ditissime vestiuntur.

22 Sequitur deinde diversarum turba nationum, Theustes, Vagoth, Bergio, Hallin, Liothida, quorum omnium sedes sub uno plani ac fertilis, et propterea inibi aliarum gentium incursionibus infestantur. Post hos Ahelmil, Finnaithae, Fervir, Ganthigoth, acre hominum genus et at bella prumtissimum. Dehinc Mixi, Evagre, Otingis. Hi omnes excisis rupibus quasi castellis inhabitant ritu beluino.

23 Sunt et his exteriores Ostrogothae, Raumarici, Aeragnaricii, Finni mitissimi, Scandzae cultori-

welche sich nicht Getreide als Nahrung verschaffen, sondern vom Fleisch wilder Tiere und den Eiern der Vögel leben. Dort in den Sümpfen werden diese mit so großer Ergiebigkeit abgelegt, dass sie sowohl die Vergrößerung des Tierbestandes als auch die Befriedigung der Bedürfnisse des Stammes gewährleisten. Als anderer Stamm aber weilen dort die Suehans, welche wie die Thyringi außergewöhnliche Pferde verwenden. Diese sind es auch, welche den Römern sappherinische Pelze zur Verwendung liefern, indem sie sich in den Handel mit unzähligen anderen Stämmen einmengen. Sie sind berühmt für ihre von dunkler Schönheit gekennzeichneten Felle. Obwohl diese in Armut leben, sind sie sehr reich gekleidet.

(22) Hierauf folgt eine Menge unterschiedlicher Stämme, nämlich die Theustes, Vagoth, Bergio, Hallin und Liothida. All deren Niederlassungen befinden sich auf einer einzelnen fruchtbaren Ebene, und deshalb sind sie dort durch Angriffe anderer Stämme in stetiger Gefahr. Nach diesen folgen die Ahelmil, Finnaithae, Fervir und Ganthigoth, ein starker und zum Krieg wild entschlossener Menschenstamm. Es folgen die Mixi, Evagre und Otingis. All diese leben nach Art von wilden Tieren in behauenen Felsen, welche die Gestalt von Festungen annehmen.

(23) Und jenseits von diesen befinden sich die Ostrogothae, Raumarici, Aeragnaricii und die sehr

31

bus omnibus mitiores; nec non et pares eorum Vinoviloth; Suetidi, cogniti in hac gente reliquis corpore eminentiores: quamvis et Dani, ex ipsorum stirpe progressi, Herulos propriis sedibus expulerunt, qui inter omnes Scandiae nationes nomen sibi ob nimia proceritate affectant praecipuum.

24 Sunt quamquam et horum positura Grannii, Augandzi, Eunixi, Taetel, Rugi, Arochi, Ranii, quibus non ante multos annos Roduulf rex fuit, qui contempto proprio regno ad Theodorici Gothorum regis gremio convolavit et, ut desiderabat, invenit. Hae itaque gentes, Germanis corpore et animo grandiores, pugnabant beluina saevitia.

sanftmütigen Finni, sanftmütiger als alle anderen Bewohner von Scandza. Ihnen ähnlich sind auch die Vinoviloth. Die Suetidi sind in diesem Stamm dafür bekannt, dass sie die übrigen bezüglich ihrer Körperstatur übertreffen. Obgleich die Dani aus dem Stamm derselben hervorgegangen sind, haben sie die Heruli, welche sich unter allen Stämmen von Scandza wegen ihrer außergewöhnlichen Körpergröße einen besonderen Namen erworben haben, von deren nahegelegener Heimat vertrieben.

(24) In deren Nachbarschaft sind jedoch auch die Grannii, Augandzi, Eunixi, Taetel, Rugi, Arochi und Ranii angesiedelt, welche vor nicht allzu vielen Jahren Roduulf zum König hatten. Dieser aber lief zum Hofe des Gotenkönigs Theoderich über, nachdem er das eigene Königreich erniedrigt hatte, und fand dort alles so vor, wie er es begehrt hatte. Diese Stämme waren bezüglich ihres Körpers und Geistes allesamt größer als die Germanen und kämpften mit der Grausamkeit von wilden Tieren.

IV

25 Ex hac igitur Scandza insula quasi officina gentium aut certe velut vagina nationum cum rege suo nomine Berig Gothi quondam memorantur egressi: qui ut primum e navibus exientes terras attigerunt, ilico nomen loci dederunt. Nam odieque illic, ut fertur, Gothiscandza vocatur.

(25) Es wird deshalb berichtet, dass von dieser Insel Scandza wie aus einer Brutstätte der Stämme oder der Gebärmutter der Nationen gewisse Goten mit ihrem König namens Berig hervorgegangen sind. Sobald diese von den Schiffen herunterstiegen und ihren Fuß an Land setzten, gaben sie dem Ort auf der Stelle ihren Namen. Und

26 Vnde mox promoventes ad sedes Vlmerugorum, qui tunc Oceani ripas insidebant, castra metati sunt eosque commisso proelio propriis sedibus pepulerunt, eorumque vicinos Vandalos iam tunc subiugantes suis aplicavere victoriis. Vbi vero magna populi numerositate crescente et iam pene quinto rege regnante post Berig Filimer, filio Gadarigis, consilio sedit, ut exinde cum familiis Gothorum promoveret exercitus.

27 Qui aptissimas sedes locaquae dum quereret congrua, pervenit ad Scythiae terras, quae lingua eorum Oium vocabantur: ubi delectatus magna ubertate regionum et exercitus mediaetate transposita pons dicitur, unde amnem traiecerat, inreparabiliter corruisse, nec ulterius iam cuidam licuit ire aut redire. Nam is locus, ut fertur, tremulis paludibus voragine circumiecta concluditur, quem utraque confusione natura reddidit inpervium. Verumtamen hodieque illic et voces armentorum audiri et indicia hominum depraehendi commeantium attestationem, quamvis a longe audientium, credere licet.

heute nämlich wird jener da gemäß Überlieferung Gothiscandza genannt.

(26) Bald zogen sie von dort zu den Niederlassungen der Ulmerugi, welche daraufhin die Küsten des Ozeans besiedelten, Lager absteckten und die Goten nach erfolgter Schlacht von den nahen heimatlichen Gefilden vertrieben. Daraufhin unterwarfen sie auch die ihnen benachbarten Vandalen und schlossen an ihre Siege an. Als aber die Größe der Bevölkerung zahlenmäßig anwuchs und bereits als ungefähr fünfter König nach Berig Filimer, der Sohn des Gadarich, regierte, legte dieser per Beschluss fest, dass das Heer der Goten mitsamt deren Familien von dort wegziehen sollte.

(27) Auf ihrer Suche nach am besten geeigneten Niederlassungen und einem angemessenen Ort kamen sie in das skythische Land, welches in deren Sprache Oium genannt wurde. Dort wurden sie durch den großen Reichtum der Landschaften erfreut, und man spricht davon, dass die Brücke an jener Stelle, wo der Fluss überwunden werden musste, unwiederbringlich zerstört wurde, nachdem die Hälfte des Heeres diese überquert hatte, und es darüber hinaus niemandem mehr gestattet war, vor oder zurück zu gehen. Gemäß Überlieferung ist dieser Ort nämlich von bebenden Sümpfen mit umliegendem Abgrund umschlossen, so dass die Natur diesen durch zweierlei Hindernis als un-

33

durchdringlich hinterlassen hat. Und sogar heute noch ist dort das Gebrüll des Viehs zu hören und sind dort Spuren von Menschen zu entdecken, wenn man den Berichten der Reisenden, obwohl sie es von der Ferne wahrnehmen, Glauben schenkt.

28 Haec ergo pars Gothorum, quae apud Filemer dicitur in terras Oium emenso amne transposita, optatum potiti solum. Nec mora ilico ad gentem Spalorum adveniunt consertoque proelio victoriam adipiscunt, exindeque iam velut victores ad extremam Scythiae partem, que Ponto mari vicina est, properant. Quemadmodum et in priscis eorum carminibus pene storicu ritu in commune recolitur: quod et Ablavius descriptor Gothorum gentis egregius verissima adtestatur historia.

(28) Der Teil der Goten aber, von welchem behauptet wird, dass er nach Überquerung des Flusses mit Filimer in das Land von Oium gekommen war, konnte sich des ersehnten Erdbodens bemächtigen. Kurze Zeit später trafen sie dort auf die Spali und nach begonnener Schlacht errangen sie den Sieg. Und von dort aus eilten die Sieger auch zum entlegensten Teil Skythiens, welcher nahe dem Schwarzen Meer ist. An die Geschehnisse erinnert man sich auch gemeinsam in deren alten Liedern, welche beinahe wie Geschichten vorgetragen werden. Auch Ablabius, ein vorzüglicher Chronist des gotischen Stammes, bezeugt den höchsten Wahrheitsgehalt der Geschichte.

29 In quam sententiam et nonnulli consensere maiorum: Ioseppus quoque annalium relator verissimus dum ubique veritatis conservet regulam et origines causarum a principio revolvat. Haec vero quae diximus de gente Gothorum principia cur omiserit, ignoramus: sed tantum Magog eorum stirpe comemorans, Scythas eos et natione et vocabulo asserit appellatos. Cuius soli terminos, antequam aliud ad medium deducamus, necesse est, ut iacent,

(29) Auch manche der Vorfahren sind sich in diesem Urteil einig. Unter diesen befindet sich etwa Josephus, der sehr wahrheitsverbundene Überlieferer der Annalen, der immer und überall die Regel der Wahrheit befolgt und den Ursprung der Sachen von Beginn an aufrollt. Warum er aber die Ursprünge des gotischen Stammes, welche wir besprochen haben, unerwähnt gelassen hat, wissen wir nicht. Aber er erinnert am Rande an die aus deren Geschlecht stam-

edicere.

menden Magog und fügt hinzu, dass diese von Geburt auf Skythen seien und mit dieser Bezeichnung angesprochen würden. Bevor wir dem anderen unsere Aufmerksamkeit zuwenden, ist es notwendig, die Grenzen dieses Landes so zu beschreiben, wie sie gelegen sind.

V

30 Scythia si quidem Germaniae terre confines eo tenus, ubi Ister oritur amnis vel stagnus dilatatur Morsianus, tendens usque ad flumina Tyram, Danastrum et Vagosolam, magnumque illu Danaprum Taurumque montem, non illum Asiae, sed proprium, id est Scythicum, per omnem Meotidis aditum, ultraque Meotida per angustias Bosfori usque ad Caucasum montem amnemque Araxem ac deinde in sinistram partem reflexa post mare Caspium, quae in extremis Asiae finibus ab Oceano eoroboro in modum fungi primum tenuis, post haec latissima et rotunda forma exoritur, vergens ad Hunnus, Albanos et Seres usque digreditur.

(30) Nun reicht Skythien dort bis an das Land Germaniens heran, wo der Fluss Ister entspringt und sich das Morsianische Sumpfgebiet ausbreitet. Es erstreckt sich bis zu den Flüssen Tyra, Danaster, Vagosola und jenem großen Danaper sowie bis zum Taurusgebirge, nicht jenem in Asien, sondern dem eigenen, also skytischen Taurus, und erreicht schließlich den Anfang des Maeotis-Sees. Jenseits des Maeotis-Sees dehnt es sich über die Meerenge des Bosporus bis zum Kaukasusgebirge und zum Fluss Araxes aus. Hierauf erfährt es eine linksseitige Wende hinter dem Kaspischen Meer, welches vom nordöstlichen Ozean in den entlegensten Gebieten Asiens entspringt und in der Art eines Pilzes, nämlich zuerst schmal und danach mit sehr breiter und rundlicher Form, gestaltet ist. Es erstreckt sich bis zu den Hunnen, Albaner und Seres.

31 Haec, inquam, patria, id est Scythia, longe se tendens lateque aperiens, habet ab oriente Seres, in ipso sui principio litus Caspii maris commanentes; ab occidente Germanos et flumen Vistulae; ab

(31) Dieses Land, sage ich, nämlich Skythien, welches sich in die Länge ausdehnt und in die Breite öffnet, ist von Osten her mit den Seres konfrontiert, die seit ihrem eigenen Ursprung die Küste des

arctu, id est septentrionali, circumdatur oceano, a meridiae Persida, Albania, Hiberia, Ponto atque extremo alveo Istri, qui dicitur Danubius ab ostea sua usque ad fontem.

32 In eo vero latere, qua Ponticum litus attingit, oppidis haut obscuris involvitur, Boristhenide, Olbia, Callipolida, Chersona, Theodosia, Careon, Myrmicion et Trapezunta, quas indomiti Scytharum nationes Grecis permiserunt condere, sibimet commercia prestaturos. In cuius Scythiae medium est locus, qui Asiam Europamque ab alterutro dividit, Riphei scilicet montes, qui Thanair vastissimum fundunt intrantem Meotida cuius paludis circuitus passuum mil. cxliiii, nusquam octo ulnis altius subsidentis.

33 In qua Scythia prima ab occidente gens residet Gepidarum, que magnis opinatisque ambitur fluminibus. Nam Tisia per aquilonem eius chorumque discurrit; ab africo vero magnus ipse Danubius, ab eoo Flutausis secat, qui rapidus ac verticosus in Istri fluenta furens divolvitur.

Kaspischen Meeres besiedeln. Westlich des Landes befinden sich die Germanen und der Fluss Vistula. Auf der arktischen Seite, das ist im Norden, wird es vom Ozean umgeben, und auf der Südseite von Persien, Albanien, Hibernia, dem Schwarzen Meer und dem weit entfernten Flussbett des Ister, welcher die gesamte Strecke von seiner Mündung bis zu seiner Quelle Donau genannt wird.

(32) In der Region aber, wo Skythien die Küste des Schwarzen Meeres berührt, ist es voll von unbekannten Städten, nämlich Borysthenis, Olbia, Callipolis, Cherson, Theodosia, Careon, Myrmicion und Trapezunt, deren Gründung die ungezähmten Stämme der Skythen den Griechen gestatteten, damit jene für sie die Handelsangelegenheiten verrichten konnten. In der Mitte von Skythien befindet sich ein Ort, welcher Asien und Europa voneinander trennt, nämlich die Rhipaeischen Berge, die den äußerst mächtigen Thanais hervorbringen. Dieser wiederum mündet in den Maeotis-See, dessen Umfang 144 Meilen beträgt und der niemals eine Tiefe von acht Ellen unterschreitet.

(33) In Skythien siedelt gegen Westen hin als erster Stamm jener der Gepiden, welcher von den großen und berühmten Flüssen umgeben ist. Die Tisia nämlich fließt durch den Norden und Nordwesten dieses Gebietes, und von Südwesten her strömt die große Donau selbst. Vom Osten her durch-

34 Introrsus illis Dacia est, ad coronae speciem arduis Alpibus emunita, iuxta quorum sinistrum latus, qui in aquilone vergit, ab ortu Vistulae fluminis per inmensa spatia Venetharum natio populosa consedit, quorum nomina licet nunc per varias familias et loca mutentur, principaliter tamen Sclaveni et Antes nominantur.

35 Sclaveni a civitate Novietunense et laco qui appellatur Mursiano usque ad Danastrum et in boream Viscla tenus commorantur: hi paludes silvasque pro civitatibus habent. Antes vero, qui sunt eorum fortissimi, qua Ponticum mare curvatur, a Danastro extenduntur usque ad Danaprum, quae flumina multis mansionibus ab invicem absunt.

36 Ad litus autem Oceani, ubi tribus faucibus fluenta Vistulae fluminis ebibuntur, Vidivarii resident, ex diversis nationibus adgregati; post quos ripam Oceani item Aesti tenent, pacatum hominum genus omnino. Quibus in austrum adsidet gens Acatzirorum fortissima, frugum ignara,

schneidet der Flutausis das Land, welcher sich schnell fließend und mit zahlreichen Wirbeln wütend in die Fluten des Ister ergießt.

(34) Zwischen jenen Flüssen befindet sich Dacia, welches von den hoch aufragenden Alpen in der Form einer Krone umringt wird. In der Nähe von deren linker Flanke, die in nördliche Richtung hin abfällt, siedelt vom Ursprung des Flusses Vistula über eine gewaltige Strecke hinweg der bevölkerungsreiche Stamm der Venethi. Obgleich deren Namen nun durch verschiedene Familien und Orte getragen werden, werden sie dennoch hauptsächlich Sclaveni und Antes genannt.

(35) Die Sclaveni siedeln von der Stadt Noviodunum und einem See, der Mursianus genannt wird, bis zum Danaster und in nördlicher Richtung bis zur Viscula. Diese verfügen über Sümpfe und Wälder für ihre Gemeinden. Die Antes aber, welche die tapfersten von ihnen sind, siedeln dort, wo sich das Schwarze Meer krümmt, und sind vom Danaster bis zum Danaper verstreut; diese beiden Flüsse sind viele Tagesreisen voneinander entfernt.

(36) An der Küste des Ozeans aber, wo sich die Fluten des Flusses Vistula in drei Mündungen leeren, haben die Vidivarii, welche aus verschiedenen Völkern zusammengesetzt sind, ihre Niederlassung. Jenseits von diesen beanspruchen noch die Aesti, ein ganz und gar friedlicher Menschen-

quae pecoribus et venationibus victitat.

37 Vltra quos distendunt supra mare Ponticum Bulgarum sedes, quos notissimos peccatorum nostrorum mala fecerunt. Hinc iam Hunni quasi fortissimorum gentium fecundissimus cespes bifariam populorum rabiem pullularunt. Nam alii Altziagiri, alii Saviri nuncupantur, qui tamen sedes habent divisas: iuxta Chersonam Altziagiri, quo Asiae bona avidus mercator importat, qui aestate campos pervagant effusas sedes, prout armentorum invitaverint pabula, hieme supra mare Ponticum se referentes. Hunuguri autem hinc sunt noti, quia ab ipsis pellium murinarum venit commercium: quos tantorum virorum formidavit audacia.

38 Quorum mansione prima in Scythiae solo iuxta paludem Meotidem, secundo in Mysiam Thraciamque et Daciam, tertio supra mare Ponticum rursus in Scythia legimus habitasse: nec eorum fa-

stamm, die Küste des Ozeans für sich. Diesen folgt in Richtung Süden der sehr tapfere Stamm der Acatziri, welcher keine Kenntnis vom Getreideanbau besitzt und von Vieh und der Jagd lebt.

(37) Weit von diesen entfernt erstrecken sich oberhalb des Schwarzen Meeres die Niederlassungen der Bulgaren, die dadurch sehr bekannt sind, dass ihnen durch unsere Sünden Schlechtes widerfahren ist. Von hier aus teilten sich die Hunnen wie eine äußerst fruchtbare Wurzel der tapfersten Geschlechter in zwei wilde Horden von Völkern auf. Die einen nämlich werden Altziagiri, die anderen hingegen Saviri genannt, und diese besitzen unterschiedliche Siedlungsgebiete. Die Altziagiri leben nahe dem Cherson, wohin der gierige Händler Güter aus Asien bringt. Diese durchstreifen im Sommer die Ebenen, ihre weit ausgedehnte Heimat, und verweilen dort, wo auch immer das Futter für die Weidetiere sie dazu einlädt; im Winter ziehen sie sich in Gebiete oberhalb des Schwarzen Meeres zurück. Die Hunuguri aber sind uns von dort aufgrund der Tatsache bekannt, dass von diesen selbst der Handel mit Marderfellen stammt. Der Wagemut so großer Männer fürchtete diese.

(38) Wir lesen, dass die Goten bei ihrem ersten Aufenthalt in Skythien lediglich nahe dem Maeotis-See hausten, bei ihrem zweiten Aufenthalt nach Mysien, Thrakien und Dakien kamen und bei ihrem

bulas alicubi repperimus scriptas, qui eos dicunt in Brittania vel in unaqualibet insularum in servitute redactos et in unius caballi praetio a quodam ereptos. Aut certe si quis eos aliter dixerit in nostro urbe, quam quod nos diximus, fuisse exortos, nobis aliquid obstrepebit: nos enim potius lectioni credimus quam fabulis anilibus consentimus.

39 Vt ergo ad nostrum propositum redeamus, in prima sede Scythiae iuxta Meotidem commanentes praefati, unde loquimur, Filimer regem habuisse noscuntur. In secunda, id est Daciae, Thraciaeque et Mysiae solo Zalmoxen, quem mirae philosophiae eruditionis fuisse testantur plerique scriptores annalium. Nam et Zeutam prius habuerunt eruditum, post etiam Dicineum, tertium Zalmoxen, de quo superius diximus. Nec defuerunt, qui eos sapientiam erudirent.

dritten Aufenthalt wiederum in Skythien oberhalb des Schwarzen Meeres lebten. Und wir finden nirgendwo in deren schriftlichen Aufzeichnungen irgendwelche Geschichten, welche davon erzählen, dass sie in Britannien oder auf irgendeiner anderen Insel in die Knechtschaft getrieben und von einem gewissen Mann zum Preis eines einzelnen Gaules errettet worden sind. Wenn aber freilich irgendjemand in unserer Stadt behauptet, dass die Goten einen anderen Ursprung als den von uns genannten hatten, wird es von uns nicht als bedeutungslos abgewiesen werden. Wir nämlich glauben eher an das Gelesene, als dass wir dem Altweibergeschwätz vertrauen.

(39) Damit wir aber zu unserem Thema zurückkehren, möchte ich weiter ausführen, dass jene zuvor besprochenen Stämme, welche in ihrer ersten Niederlassung in Skythien, wie besprochen, nahe dem Maeotis-See weilten, dafür bekannt waren, Filimer als König gehabt zu haben. In der zweiten Niederlassung, das ist in in der Region von Dakien, Thrakien, und Mysien, herrschte Zalmoxes, von welchem zahlreiche Verfasser von Annalen bezeugen, dass er eine bewundernswerte Bildung in der Philosophie besaß. Auch davor hatten sie einen fein gebildeten Mann namens Zeuta, danach noch Dicineus, und als dritten schließlich Zalmoxes, über welchen ich oben berichtet habe. Ihnen fehlte es auch nicht

40 Vnde et pene omnibus barbaris Gothi sapientiores semper extiterunt Grecisque pene consimiles, ut refert Dio, qui historias eorum annalesque Greco stilo composuit. Qui dicit primum Tarabosteseos, deinde vocatos Pilleatos hos, qui inter eos generosi extabant, ex quibus eis et reges et sacerdotes ordinabantur. Adeo ergo fuere laudati Gaetae, ut dudum Martem, quem poetarum fallacia deum belli pronuntiat, apud eos fuisse dicant exortum. Vnde et Vergilius: *'gradivumque patrem, Geticis qui praesidet arvis'.*

41 Quem Martem Gothi semper asperrima placavere cultura (nam victimae eius mortes fuere captorum), opinantes bellorum praesulem apte humani sanguinis effusione placandum. Huic praede primordia vovebantur, huic truncis suspendebantur exubiae, eratque illis religionis preter ceteros insinuatus affectus, cum parenti devotio numinis videretur inpendi.

an denen, die sie diese Weisheit unterrichteten.

(40) Deswegen stellten sich die Goten immer als weiser als beinahe alle anderen Fremdländer dar und zudem als solche, die den Griechen ziemlich ähnlich waren, wie uns Dio berichtet, der deren Geschichte und Annalen in griechischer Schreibart verfasste. Er berichtet, dass diejenigen, welche sich unter ihnen durch eine noble Geburt auszeichneten und aus denen sowohl Könige als auch Priester hervorkamen, zunächst Tarabostesei und später Pilleati genannt wurden. So sehr aber wurden die Getae gepriesen, dass sie seit jeher behaupten, Mars, welchen die Scheinwelt der Dichter als Gott des Krieges verkündet, wäre als einer von ihnen geboren worden. So spricht auch Vergil: *„Und Vater Gradivus ist es, der den Getischen Äckern Schutz gewährt."*

(41) Die Goten haben den Gott Mars immer mit einem sehr grausamen Ritual verehrt – Gefangene nämlich wurden als dessen Opfergaben getötet –, weil sie meinten, dass der oberste Anführer des Krieges durch geschicktes Ausgießen von menschlichem Blut milde gestimmt werden würde. Sie versprachen diesem feierlich den ersten Teil der Kriegsbeute, hängten ihm zu Ehren von den Gegnern erbeutete Waffenrüstungen an den Bäumen auf und befanden sich mehr als alle anderen in einem sehr eindringlichen Zustand der Gottesfurcht, weil es schien, dass

42 Tertia vero sede super mare Ponticum iam humaniores et, ut superius diximus, prudentiores effecti, divisi per familias populi, Vesegothae familiae Balthorum, Ostrogothae praeclaris Amalis serviebant.

43 Quorum studium fuit primum inter alias gentes vicinas arcum intendere nervis, Lucano plus storico quam poeta testante: '*Armeniosque arcus Geticis intendite nervis*'. Ante quos etiam cantu maiorum facta modulationibus citharisque canebant, Eterpamara, Hanale, Fridigerni, Vidigoiae et aliorum, quorum in hac gente magna opinio est, quales vix heroas fuisse miranda iactat antiquitas.

44 Tunc, ut fertur, Vesosis Scythis lacrimabile sibi potius intulit bellum, eis videlicet, quos Amazonarum viros prisca tradit auctoritas, de quas et feminas bellatrices Orosius in primo volumine professa voce testatur. Vnde cum Gothis eum tunc dimicasse evidenter

bereits ihr Gründervater das Gelübde gegenüber diesem göttlichen Wesen zur Anwendung brachte.

(42) An ihrem dritten Wohnort oberhalb des Schwarzen Meeres aber waren bereits freundlichere, wie wir weiter oben ausgeführt haben, von klügeren Individuen durchsetzte und nach herrschenden Familien unterteilte Völker zugegen, wobei die Visigoten der Familie der Balthi, die Ostrogoten hingegen den berühmten Amalern dienten.

(43) Unter allen benachbarten Stämmen verfolgten sie als erste das Bestreben, den Bogen mit einer Sehne zu spannen, wie Lucanus, welcher mehr Geschichtsschreiber als Dichter war, bezeugt: „*Ihr spannt armenische Bögen mit gotischen Sehnen.*" Vor diesen Ereignissen besangen sie die Taten der Vorfahren und begleiteten den Rhythmus des Gesangs mit der Kithara. Sie sangen von Eterpamara, Hanala, Fridigern, Vidigoia und anderen, über welche eine hohe Meinung in diesem Stamm vorherrscht, soviele Helden, von denen das zu bewundernde Altertum kaum zu prahlen vermag, dass sie seine waren.

(44) Wie überliefert ist, begann Vesosis einen für ihn selbst eher unglücklich verlaufenden Krieg mit den Skythen, also mit denen, über welche die alte Tradition berichtet, dass sie die Ehemänner der Amazonen waren. Orosius bezeugt in seinem ersten Buch mit

probamus, quem cum Amazonarum viris absolute pugnasse cognoscimus, qui tunc a Borysthene amne, quem accolae Danaprum vocant, usque ad Thanain fluvium circa sinum paludis Meotidis consedebant.

45 Thanain vero hunc dico, qui ex Ripheis montibus deiectus adeo preceps ruit, ut, cum vicina flumina sive Meotis et Bosforus gelu solidentur, solus amnium confragosis montibus vaporatus, numquam Scythico durisцit algore. Hic Asiae Europaeque terminus famosus habetur. Nam alter est ille, qui montibus Chrinnorum oriens, in Caspium mare dilabitur.

46 Danaper autem ortus grande palude, quasi ex matre profunditur. Hic usque ad medium sui dulcis est et potabilis, piscesque nimii saporis gignit, ossa carentibus chartellagine tantum habentes in corporis continentiam. Sed ubi fit Ponto vicinior, parvum fontem suscipit, cui Exampheo cognomen est, adeo amarum, ut, cum sit quadraginta dierum itinere navigabilis, huius aquis exiguis inmutetur,

überzeugter Stimme, dass diese auch als weibliche Kriegerinnen galten. Wir können auf klare Weise glaubhaft machen, dass Vesosis in weiterer Folge mit den Goten kämpfte, weil wir mit Sicherheit wissen, dass er Krieg mit den Ehemännern der Amazonen führte, welche damals vom Fluss Borysthenes, den die Einheimischen Danaper nennen, bis zum Fluss Thanais entlang der Bucht des Maeotis-Sees siedelten.

(45) Mit Thanais aber meine ich den Fluss, welcher von den Rhipaeischen Bergen herabfließt und so schnell in die Tiefe hinabstürzt, dass er, wenn die benachbarten Flüsse oder der Maeotis-See und Bosporus zu Eis gefrieren, der einzige Fluss ist, der durch die holprigen Berge erwärmt wird und niemals durch den skythischen Frost erhärtet. Dieser ist berühmt dafür, dass er als Grenze zwischen Asien und Europa gilt. Der andere Thanais ist nämlich jener, der in den Bergen der Chrinni entspringt und in das Kaspische Meer mündet.

(46) Der Danaper aber entstammt einem großen Sumpf und strömt aus diesem gewissermaßen wie aus seiner Mutter hervor. Dieser ist bis zur Mitte seines Laufes süß und trinkbar, bringt zudem Fische von außerordentlichem Geschmack hervor, denen Knochen fehlen und die stattdessen ein zusammenhängendes Stützgerüst des Körpers aus Knorpel haben. Aber sobald dieser dem Schwar-

infectusque ac dissimilis sui inter Greca oppida Callipidas et Hypannis in mare defluat. Ad cuius ostia insula est in fronte, Achillis nomine. Inter hos terra vastissima, silvis consita, paludibus dubia.

zen Meer nähert kommt, nimmt er eine kleine Quelle auf, welche den Beinamen Exampeus besitzt und so bitter vom Geschmack ist, dass der Fluss, obwohl er anhand einer 40-tägigen Reise befahrbar ist, durch das wenige Wasser dieser Quelle verändert wird und verpestet und unähnlich seiner selbst zwischen den griechischen Städten Callipidae und Hypanis ins Meer einfließt. An der Vorderseite seiner Mündung befindet sich eine Insel mit dem Namen des Achilles. Zwischen den beiden Thanais-Flüssen befindet sich ein riesiges Gebiet welches mit Wäldern bepflanzt und mit trügerischen Sümpfen bedeckt ist.

VI

47 Hic ergo Gothis morantibus Vesosis, Aegyptiorum rex, in bellum inruit, quibus tunc Tanausis rex erat. Quod proelio ad Phasim fluvium, a quo Fasides aves exortae in totum mundum epulis potentum exuberant, Thanausis Gothorum rex Vesosi Aegyptiorum occurrit, eumque graviter debellans in Aegypto usque persecutus est, et nisi Nili amnis intransmeabilis obstetissent fluenta vel munitiones, quas dudum sibi ob incursiones Aethiopum Vesosis fieri praecepisset, ibi in eius eum patria extinxisset. Sed dum eum ibi positum non valuisset laedere, revertens pene omnem Asiam subiugavit et sibi tunc caro amico Sorno, regi Medorum, ad persol-

(47) Gegen die hier hausenden Goten aber, welche zur damaligen Zeit Tanausis zu ihrem König hatten, zog Vesosis, der König der Ägypter, in den Krieg. In einer Schlacht am Flusse Phasis, aus welchem die als Fasane bezeichneten Vögel entstammen, die in der ganzen Welt an den Banketten der Herrschenden im Überfluss vorhanden sind, traf der Gotenkönig Tanausis auf den Ägypterkönig Vesosis, und er, der ihm eine schwere Niederlage beigebracht hatte, verfolgte seinen Gegner bis nach Ägypten. Und wenn ihn nicht die Fluten des unpassierbaren Nilflusses und die Befestigungsmauern, welche Vesosis vor langer Zeit wegen der Überfälle auf ihn durch

vendum tributum subditos fecit. Ex cuius exercitu victores tunc nonnulli provincias subditas contuentes et in omni fertilitate pollentes deserta suorum agmina sponte in Asiae partibus residerunt.

48 Ex quorum nomine vel genere Pompeius Trogus Parthorum dicit extitisse prosapiem. Vnde etiam hodieque lingua Scythica fugaces quod est, Parthi dicuntur, suoque generi respondentes inter omnes pene Asiae nationes soli sagittarii sunt et acerrimi bellatores. De nomine vero, quod diximus eos Parthos, fugaces, ita aliquanti aethymologiam traxerunt, ut dicerent Parthi, quia suos refugerunt parentes. Hunc ergo Thanausim regem Gothorum mortuum inter numina sui populi coluerunt.

die Äthiopier errichten hatte lassen, aufgehalten hätten, hätte er ihn dort in seinem eignen Heimatland getötet. Solange er aber nicht imstande war, dem dort Verschanzten Schaden zuzufügen, trat er die Rückkehr an, unterwarf in weiterer Folge fast ganz Asien und verfügte zudem, dass die Unterlegenen Sornus, dem König der Meder, welcher ihm von da an ein guter Freund war, Tribut zu leisten hatten. Manch siegreiche Soldaten aus seiner Armee sahen, dass die unterworfenen Provinzen in ihrer gesamten Ertragfähigkeit mächtig waren, und ließen sich daraufhin in verschiedenen Gegenden Asiens nieder, nachdem sie ihre Heereszüge verlassen hatten.

(48) Pompeius Trogus behauptet, dass aus deren Name und Geschlecht der Stamm der Parther hervorgegangen war. In der skythischen Sprache werden sie deshalb auch heute noch Parthi genannt, was soviel wie Flüchtige bedeutet. Ihrer Abstammung Rechenschaft zollend sind sie unter beinahe allen Völkern Asiens die einzigen Bogenschützen und dazu noch äußerst starke Krieger. Bezüglich des Namens aber, von dem wir behauptet haben, dass sie Parthi heißen, weil sie Flüchtige sind, haben bedeutende Personen eine Ableitung überliefert, gemäß welcher sie Parthi sagen, weil diese ihren Angehörigen entflohen sind. Nachdem aber Tanausis, der König der Goten, verstorben war, verehrten seine Untergebenen diesen wie

einen Gott.

VII

49 Post cuius decessum et exercitu eius cum successores ipsius in aliis partibus expeditione gerentibus feminae Gothorum a quadam vicina gente temptantur in praeda. Quae doctae a viris fortiter resisterunt hostesque super se venientes cum magna verecundia abigerunt. Qua patratae victoria fretaeque maioris audacia invicem se cohortantes arma arripiunt elegentesque duas audentiores Lampeto et Marpesia principatui subrogarunt.

50 Quae dum curam gerunt, ut et propria defenderent et aliena vastarent, sortitae Lampeto restitit fines patrios tuendo, Marpesia vero feminarum agmine sumpta novum genus exercitui duxit in Asiam, diversasque gentes bello superans, alios vero pace concilians, ad Cauchasum venit, ibique certum tempus demorans loci nomen dedit Saxum Marpesiae, unde et Vergilius: 'ac si dura silex aut stet Marpesia cautes', in eo loco, ubi post haec Alexander Magnus portas constituens Pylas Caspias nominavit, quod nunc Lazorum gens custodit pro munitione Romana.

(49) Als nach dessen Ableben die Nachfolger mit demselben Heer wie jener einst einen Feldzug in andere Gebiete unternahmen, wurde von einem gewissen benachbarten Stamm der Versuch unternommen, die Frauen der Goten zu ihrer Beute zu machen. Die von ihren Männern im Kampf unterrichteten Frauen leisteten tapfer Widerstand und vertrieben die Feinde, welche über sie hergefallen waren, mit großer Gnadenlosigkeit. Nach Erlangung dieses Sieges und eines gestärkten Vertrauens in die eigene Kühnheit ergriffen die sich gegenseitig aufmunternden Frauen die Waffen und wählten zwei der tapfereren Frauen, Lampeto und Marpesia, zu ihren Anführerinnen.

(50) Während diese die Mühe auf sich nahmen, sowohl ihre eigenen Besitzungen zu verteidigen als auch fremde Länder zu verwüsten, blieb Lampeto per Losentscheid zurück, um die heimischen Grenzen zu schützen, Marpesia aber führte nach Auswahl einer Schar von Frauen ein neuartiges Heer nach Asien. Sie überwältigte verschiedene Völker im Krieg, vereinigte sich aber mit anderen im Frieden und gelangte schließlich zum Kaukasus. Dort eine gewisse Zeit verweilend legte sie den Namen des Ortes als „Fels der Marpesia" fest, von dem Vergil folgendes

45

sagt: „So wie harter Flint oder der Marpesia-Fels möge er stehen." Es war an diesem Ort, wo Alexander der Große in späterer Zeit Tore errichten ließ und diese als Kaspische Pforten bezeichnete, welche nun der Stamm der Lazi als römische Befestigungsanlage bewacht.

51 Hic ergo certum temporis Amazonas commanentes confortati sunt. Vnde egressi et Alem fluvium, quod iuxta Gargaram civitatem praeterfluit, transeuntes, Armeniam, Syriam Ciliciamque, Galatiam, Pisidiam omniaque Asiae loca aequa felicitate domuerunt; Ioniam Eoliamque conversae deditas sibi provincias effecerunt. Vbi diutius dominantes etiam civitates castraque suo in nomine dicaverunt. Ephesi quoque templum Dianae ob sagittandi ac venandi studium, quibus se artibus tradidissent, effusis opibus mirae pulchritudinis condiderunt.

(51) Hier aber blieben die Amazonen eine gewisse Zeit lang und schöpften neue Kraft. Dann zogen sie wieder ab, überquerten den Fluss Halys, welcher nahe an der Stadt Gangra vorbeifließt, und bezwangen mit gleichem Erfolg Armenien, Syrien, Kilikien, Galatien, Pisidien und alle Gebiete Asiens. Danach wandten sie sich gegen Ionien und Äolien und erhoben die Länder, welche sich ihnen ergeben hatten, zu Provinzen. Dort herrschten sie für längere Zeit und gründeten auch mit ihren Namen versehene Städte und Lager. In Ephesos errichteten sie einen von wunderbarer Schönheit gekennzeichneten und verschwenderisch gestalteten Tempel für die Göttin Diana wegen deren Leidenschaft für das Bogenschießen und Jagen – Künste, denen sie sich selbst hingegeben hatten.

52 Tale ergo Scythiae genitae feminae casu Asiae regna potitae per centum pene annos tenuerunt et sic demum ad proprias socias in cautes Marpesios, quas superius diximus, repedarunt, in montem scilicet Caucasi. Cuius montis quia facta iterum mentio est, non ab re arbitror eius tractum situmque describere, quando maximam

(52) Die so beschaffenen Frauen von skythischer Abstammung, welche sich durch Zufall der Königreiche Asiens bemächtigt hatten, beherrschten diese über einen Zeitraum von ungefähr 100 Jahren und kehrten so zuletzt wieder zu ihren heimischen Besitzungen in die Marpesischen Felsen zurück, welche wir weiter oben genannt

partem orbis noscitur circuire iugo continuo.

53 Is namque ab Indico mare surgens, qua meridiem respicit, sole vaporatus ardescit; qua septentrione patet, rigentibus ventis est obnoxius et pruinis. Mox in Syriam curvato angulo reflexus, licet amnium plurimos emittat, in Vasianensem tamen regionem Eufratem Tigrimque navigeros ad opinionem maximam perennium fontium cupiosis fundit uberibus. Qui amplexantes terras Syrorum Mesopotamiam et appellari faciunt et videri, in sinum rubri maris fluenta deponentes.

54 Tunc in boream revertens Scythicas terras iugus antefatus magnis flexibus pervagatur atque ibidem opinatissima flumina in Caspium mare profundens Araxem, Cysum et Cambisen continuatoque iugo ad Ripheos usque in montes extenditur. Indeque Scythicis gentibus dorso suo terminum praebens ad Pontum usque

haben, nämlich in das Gebirge des Kaukasus. Da wiederum die Rede von diesem Gebirge war, glaube ich, dass es nicht abwegig ist, dessen Ausdehnung und Lage zu beschreiben, weil bekannt ist, da es einen sehr großen Teil des Erdkreises mit seinem fortlaufenden Bergkamm einschließt.

(53) Dieses nämlich steigt vom Indischen Ozean empor, wo es in Richtung Süden blickt und durch die Sonne erwärmt zu leuchten beginnt. Wo es sich in Richtung Norden erstreckt, ist es steifen Brisen und Frösten ausgesetzt. Bald darauf wendet es in Richtung Syrien anhand eines runden Bogens und entsendet nicht nur zahlreiche Flüsse, sondern ergießt aus seinen gut gefüllten Brüsten in das Vasianensische Gebiet auch den Euphrat und Tigris, zwei mit Schiffen befahrbare Flüsse, welche höchsten Ruhm wegen ihrer nie versiegenden Quellen besitzen. Die Flüsse umlaufen die Gebiete der Syrer und bewirken, dass diese Mesopotamien genannt werden und auch als ein solches erscheinen, und entleeren ihre Fluten in den Golf des Roten Meeres.

(54) Dann kehrt es wieder um in Richtung Norden, und der zuvor angesprochene Bergkamm durchzieht anhand großer Bögen die skythischen Länder. An derselben Stelle schüttet es sehr berühmte Flüsse namens Araxes, Cyrus und Cambyses in das Kaspische Meer aus und erstreckt sich anhand einer ununterbrochenen Gebirgsket-

discendit, consertisque collibus Histri quoque fluenta contingit, quo amne scissus dehiscens Scythia quoque Taurus vocatur.

55 Talis ergo tantusque et pene omnium montium maximus excelsas suas erigens summitates naturali constructione praestat gentibus inexpugnanda munimina. Nam locatim recisus, qua disrupto iugo vallis hiatu patescit, nunc Caspias portas, nunc Armenias, nunc Cilicas, vel secundum locum quale fuerit, facit, vix tamen plaustro meabilis, lateribus in altitudinem utremque desectis, qui pro gentium varietate diverso vocabulo nuncupatur. Hunc enim Lammum, mox Propanissimum Indus appellat; Parthus primum Castram, post Nifatem edicit; Syrus et Armenus Taurum, Scytha Cauchasum ac Rifeum, iterumque in fine Taurum cognominat; aliaeque conplurimae gentes huic iugo dedere vocabulo. Et quia de eius continuatione pauca libabimus, ad Amazonas, unde divertimus, redeamus.

te bis zu den Rhipaeischen Bergen. Und von dort nimmt es an Höhe bis zum Schwarzen Meer ab und liefert den skythischen Völkern mit seinem Bergrücken eine Grenze. Und mit seinen aneinandergereihten Hügeln berührt es auch die Gewässer des Flusses Ister, durch welchen zerschnitten es sich aufspaltet und in Skythien auch Taurus genannt wird.

(55) Auf solche Weise aber und so hoch richtet das nahezu größte aller Gebirge seine erhabenen Gipfel auf und stellt den Völkern durch seinen natürlichen Aufbau uneinnehmbare Befestigungen zur Verfügung. Hier und da nämlich wird es auseinandergeteilt, und wo die Gebirgskette auseinandergerissen wird, eröffnet sich eine Kluft in Form eines Tales, so dass es zur Bildung der jetzigen Kaspischen Pforten sowie der Armenischen und Kilikischen, oder gemäß welcherlei Ort sie auch immer benannt sein mögen, kam. Für ein Fuhrwerk sind sie dennoch kaum überwindbar, da ihre Flanken nach beiden Seiten hin in die Tiefe abfallen, welche unter den verschiedenen Stämmen mit unterschiedlichen Bezeichnungen belegt werden. Der Inder nennt diesen nämlich das eine Mal Imaus und das andere Mal Paropamisus. Der Parther nennt ihn zuerst Choatras und danach Niphates. Der Syrer und Armenier nennen ihn Taurus, der Skythe bezeichnet ihn als Kaukasus und Rhipaeus und an seinem Ende wiederum als Taurus. Auch die meisten anderen Stämme haben dieser Gebirgskette eine Bezeichnung verliehen. Und nachdem wir über dessen Verlauf einige Worte verloren haben, wollen wir nun dorthin zurückkehren, von wo wir abgeschweift sind, nämlich zu den Amazonen.

VIII

56 Quae veritae, ne eorum prolis rarisceret, vicinis gentibus concubitum petierunt, facta nundina semel in anno, ita ut futuri temporis eadem die revertentibus in id ipsum, quidquid partus masculum edidisset, patri redderet, quidquid vero feminei sexus nasceretur, mater ad arma bellica erudiret: sive, ut quibusdam placet, editis maribus novercali odio infantis miserandi fata rumpebant. Ita apud illas detestabile puerperium erat, quod ubique constat esse votivum.

(56) Da diese die Befürchtung hegten, dass sich ihr Geschlecht stetig ausdünnen würde, suchten sie mit benachbarten Völkern den Beischlaf. Einmal im Jahr wurde ein Wochentag vereinbart, so dass man am selben Tag des folgenden Jahres an dieselbe Stelle zurückkehrte und jede Mutter all das, was sie als männliche Nachkommenschaft gezeugt hatte, an den Vater zurückgab, all das aber, was mit weiblichem Geschlecht geboren worden war, im Kriegswesen unterrichtete. Oder, wie es die Meinung von gewissen Menschen war, sie vernichteten für den Fall einer männlichen Nachkommenschaft das Leben des vom Schicksal heimgesuchten Kindes mit stiefmütterlichem Hass. So war das Gebären von Kindern, welches überall sonst ein Wunsch der Frau ist, bei ihnen verhasst.

57 Quae crudelitas illis terrorem maximum comulabat opinionis vulgatae. Nam quae, rogo, spes esset capto, ubi indulgi vel filio nefas habebatur? Contra has, ut fertur, pugnavit Herculis, et Melanis pene plus dolo quam virtute

(57) Diese Grausamkeit verhalf jenen nach öffentlicher Meinung zu größtem Schrecken. Welche Hoffnung nämlich, frage ich, hätte es für einen Gefangenen gegeben, wo es doch schon als unrecht galt, gegenüber dem eigenen Sohn will-

subegit. Theseus vero Hippoliten in praeda tulit, de qua et genuit Hypolitum. Hae quoque Amazones post haec habuere reginam nomine Penthesileam, cuius Troiano bello extant clarissima documenta. Nam hae feminae usque ad Alexandrum Magnum referuntur tenuisse regimen.

fähig zu sein. Wie überliefert ist, kämpfte Herkules gegen diese und unterwarf Melanippe mehr durch List als durch Tapferkeit. Theseus aber raubte Hippolyte und zeugte mit ihr gemeinsam Hippolytus. Danach hatten die Amazonen eine Königin namens Penthesilea, deren Taten zu den glanzvollsten im Trojanischen Krieg zählen. Es wird überliefert, dass diese Frauen bis zur Zeit Alexanders des Großen ihre Herrschaft aufrechterhalten konnten.

IX

58 Sed ne dicas: de viris Gothorum sermo adsumptus cur in feminas tamdiu perseverat? Audi et virorum insignem et laudabilem fortitudinem. Dio storicus et antiquitatum diligentissimus inquisitor, qui operi suo Getica titulum dedit (quos Getas iam superiori loco Gothos esse probavimus, Orosio Paulo dicente) hic Dio regem illis post tempora multa commemorat nomine Telefum. Ne vero quis dicat hoc nomen a lingua Gothica omnino peregrinum esse, nemo qui nesciat animadvertat usu pleraque nomina gentes amplecti, ut Romani Macedonum, Greci Romanorum, Sarmatae Germanorum, Gothi plerumque mutantur Hunnorum.

(58) Damit du aber nicht sprichst: Warum verharrt das Werk, welches von den Männern der Goten handelt, so lange auf den Frauen? Höre nun auch die Geschichte zur ausgezeichneten und rühmlichen Stärke der Männer. Dio, der Geschichtsschreiber und sehr sorgfältige Untersucher der alten Zeiten, welcher seinem Werk den Titel „Getica" gab (wir haben bereits an einer früheren Stelle dargelegt, dass es sich bei die Getae um die Goten handelt, wie schon Paulus Orosius feststellt), dieser Dio erwähnt bei jenen nach langer Zeit einen König mit dem Namen Telefus. Niemand aber soll sagen, dass dieser Name in Bezug auf die gotische Sprache völlig fremd ist, und niemand, der unwissend ist, soll sich an der Tatsache stoßen, dass die Stämme von zahlreichen Namen Gebrauch machen, so unter anderem die Römer von solchen der Makedonier, die Griechen von

50

59 Is ergo Telefus, Herculis filius natus ex Auge, sororis Priami coniugio copulatus, procerus quidem corpore, sed plus vigore terribilis, qui paternam fortitudinem propriis virtutibus aequans Herculis genium formae quoque similitudinem referebat. Huius itaque regnum Moesiam appellavere maiores. Quae provincia habet ab oriente ostia fluminis Danubii, a meridie Macedonia, ab occasu Histria, a septentrione Danubium.

60 Is ergo antefatus habuit bellum cum Danais, in qua pugna Thesandrum ducem Greciae interemit et dum Aiacem infestus invadit Vliximque persequitur, vitibus equo cadente ipse corruit Achillisque iaculo femur sauciatus diu mederi nequivit; Grecos tamen, quamvis iam saucius, e suis finibus proturbavit. Thelepho vero defuncto Euryphylus filius successit in regno, ex Priami Frygum regi germana progenitus. Qui ob Casandrae amorem bello interesse Troiano, ut parentibus soceroque ferret auxilium, cupiens, mox venisset extinctus est.

solchen der Römer, die Sarmaten von solchen der Germanen und die Goten sehr häufig von solchen der Hunnen.

(59) Dieser Telefus also, der als Sohn des Herkules von Auge geboren worden war und durch eine Ehe mit der Schwester des Priamus vereint war, bestach nicht nur durch seinen mächtigen Körperbau, sondern mehr noch durch seine furchterregende Stärke. Dieser glich die väterliche Stärke durch persönliche Tugenden aus und erwiderte auch die göttliche Eigenschaft des Herkules durch die Ähnlichkeit in seiner Erscheinung. Die Vorfahren nannten dessen Königreich Mösien. Diese Provinz verfügt im Osten über die Mündungen des Donauflusses, im Süden über Makedonien, im Westen über Istrien und im Norden über die Donau.

(60) Dieser König nun, welcher zuvor angesprochen wurde, führte mit den Griechen Krieg, in dessen Zuge er in einer Schlacht Thesandrus, den Anführer Griechenlands, niederstreckte. Und während er einen Angriff auf Ajax unternahm und Odysseus verfolgte, stürzte er selbst vom Pferd, welches sich in Weinreben verfangen hatte. Er selbst wurde am Oberschenkel durch einen Speer des Achilles verletzt und vermochte lange Zeit nicht zu gesunden. Dennoch vertrieb er, obwohl er bereits verwundet war, die Griechen aus seinem Land. Nachdem Telefus aber verstorben war, folgte ihm der

Sohn Eurypylus, welcher von einer Schwester des Priamus, des Königs der Phrygier, geboren worden war, auf den Thron nach. Dieser begehrte wegen seiner Liebe zu Cassandra die Teilnahme am Trojanischen Krieg, um ihren Eltern und seinem eigenen Schwiegervater zu Hilfe zu kommen, aber bald nachdem er angekommen war, verlor er sein Leben.

X

61 Tunc Cyrus, rex Persarum, post grande intervallum et pene post dcxxx annorum tempore (Pompeio Trogo testante) Getarum reginae Thomyre sibi exitiabile intulit bellum. Qui elatus ex Asiae victoriis Getas nititur subiugare, quibus, ut diximus, regina erat Thomyris. Quae cum Abraxem amnem Cyri arcere potuisset accessum, transitum tamen permisit, elegens armis eum vincere quam locorum beneficio submovere; quod et factum est.

(61) Danach führte Cyrus, der König der Perser, nach einer langen Zeitspanne von nahezu 630 Jahren (wie Pompeius Trogus bezeugt) einen für ihn unheilvollen Krieg gegen Tomyris, die Königin der Goten. Dieser, der durch die Siege in Asien übermütig geworden war, strebte nach der Unterwerfung der Goten, welche, wie wir gesagt haben, Tomyris zur Königin hatten. Obwohl diese Cyrus von der Annäherung an den Fluss Araxes abhalten hätte können, gewährte sie dennoch den Übertritt, da sie es vorzog, ihn mit Waffen zu besiegen anstatt ihn durch die Gunst der Örtlichkeiten fernzuhalten. Und dies fand so statt.

62 Et veniente Cyro prima cessit fortuna Parthis in tantum, ut et filium Thomyris et plurimum exercitum trucidarent. Sed iterato Marte Getae cum sua regina Parthos devictos superant atque prosternunt opimamque praedam de eis auferunt, ibique primum Gothorum gens sirica vidit tentoria. Tunc Thomyris regina aucta victo-

(62) Und als Cyrus ankam, schlug sich das Glück zunächst so sehr auf die Seite der Parther, dass diese sowohl den Sohn der Tomyris als auch einen Großteil des Heeres niedermetzelten. Als aber Mars ein zweites Mal zum Krieg rief, überrannten und vernichteten die Goten mit ihrer Königin die besiegten Parther, und sie trugen von jenen

ria tantaque praeda de inimicis potita, in partem Moesiae, quae nunc a magna Scythia nomen mutuatum minor Scythia appellatur, transiens, ibi in Ponti Moesiaco litore Thomes civitatem suo de nomine aedificavit.

reiche Beute fort. Da bekam der Stamm der Goten erstmals seidene Zelte zu sehen. Dann trat die durch den Sieg beglückte Königin Tomyris, welche sich von den Unterlegenen einer so großen Beute bemächtigt hatte, in jenen Teil Mösiens über, der nun kleineres Skythien genannt wird und damit einen von Groß-Skythien abgeleiteten Namen trägt. Dort ließ sie an der Mösischen Küste des Schwarzen Meeres die Stadt Tomi errichten, welche nach ihr selbst benannt war.

63 Dehinc Darius, rex Persarum, Hystaspis filius, Antyri, regis Gothorum, filiam in matrimonio postulavit, rogans pariter atque deterrens, nisi suam peragerent voluntatem. Cuius affinitatem Gothi spernentes, legationem eius frustrarunt. Qui repulsus dolore flammatus est et dcc milia armatorum contra ipsos produxit exercitum, verecundiam suam malo publico vindicare contendens; navibusque pene a Chalcedona usque ad Bizantium in instar pontium tabulatis atque consertis Thraciam petit et Moesiam; pontemque rursus in Danubio pari modo constructum duobus mensibus crebris fatigatus in Tapis viii milia perdidit armatorum, timensque, ne pons Danubii ab eius adversariis occuparetur, celeri fuga in Thracia repedavit, nec Mysiae solum sibi credens tutum fore aliquantulum remorandi.

(63) Hierauf forderte Darius, der König der Perser und Sohn des Hystaspes die Eheschließung mit der Tochter von Antyrus, dem König der Goten, indem er um ihre Hand anhielt und gleichzeitig mit Vergeltung drohte, wenn man seinem Wunsch nicht entsprechen würde. Die Goten stießen sich an dieser Verwandtschaftsbeziehung und betrogen dessen Gesandtschaft. Der Zurückgewiesene entflammte vor lauter Groll und führte gegen diese ein Heer von 700.000 bewaffneten Männern an, damit er die Rächung seiner verletzten Gefühle durch ein an die Öffentlichkeit getragenes Unheil erreichen konnte. Und mit Schiffen, welche mit Brettern zu einer etwa von Chalcedon bis Byzantium reichenden Brücke zusammengeschlossen waren eilte er nach Thrakien und Mösien. Über die Donau ließ er wiederum auf dieselbe Art und Weise eine Brücke errichten und verlor nach zwei in-

64 Post cuius decessum iterum Xerses filius eius paternas iniurias ulcisci se aestimans, cum sua septingenta et auxiliarium ccc milia armatorum, rostratas naves mille ducentas, onerarias tria milia, super Gothos ad bellum profectus nec temptare in conflictu praevaluit, eorum animositate et constantia superatus. Sic namque ut venerat, absque aliquo certamine suo cum robore recessit.

65 Philippus quoque, pater Alexandri Magni, cum Gothis amicitias copulans Medopam Gudilae regis filiam accepit uxorem, ut tali affinitate roboratus Macedonum regna firmaret. Qua tempestate Dio storico dicente Philippus inopia pecuniae passus, Odyssitanam Moesiae civitatem instructis copiis vastare deliberat, quae tunc propter vicinam Thomes Gothis erat subiecta. Vnde et sacerdotes Gothorum illi qui pii vocabantur subito patefactis portis

tensiven und kräftezehrenden Monaten 8.000 bewaffnete Männer in Tapae. Als er die Befürchtung hegte, dass die Brücke über die Donau durch seine Feinde eingenommen werden könnte, eilte er in schneller Flucht nach Thrakien in dem Glauben zurück, dass das Land Mösiens durch den kurzfristigen Aufenthalt nicht sicher sein würde.

(64) Nach seinem Tod wiederum plante sein Sohn Xerxes die väterlichen Untaten zu rächen und brach deshalb mit 700.000 seiner eigenen Männer, einer aus 300.000 bewaffneten Männern bestehenden Hilfstruppe, 1.200 Kriegsschiffen und 3.000 Transportschiffen zum Krieg gegen die Goten auf. Er vermochte jedoch nicht diesen in einer Auseinandersetzung entgegenzutreten, da er von deren Leidenschaft und Ausdauer überwältigt war. So, wie er nämlich gekommen war, zog er sich mit seiner Streitkraft ohne Durchführung irgendeines Gefechts wieder zurück.

(65) Auch Philipp, der Vater Alexanders des Großen, schloss mit den Goten Freundschaft und nahm Medopa, die Tochter des Königs Gudila, zu seiner Ehefrau, damit durch eine derartige Verwandtschaft gestärkt das makedonische Königreich festigen konnte. Wie der Geschichtsschreiber Dio berichtet, wurde Philipp zu dieser Zeit von eklatantem Geldmangel heimgesucht, weshalb er nach Aufstellung entsprechender Truppen den Beschluss fasste, Odyssitana,

cum citharis et vestibus candidis obviam egressi patriis diis, ut sibi propitii Macedonas repellerent, voce supplici modulantes. Quos Macedones sic fiducialiter sibi occurrere contuentes stupiscent et, si dici fas est, ab inermibus terrentur armati. Nec mora soluta acie quam ad bellandum construxerant, non tantum ab urbis excidio *abstinuerunt*, verum etiam et quos foris fuerant iure belli adepti, reddiderunt, foedusque inito ad sua reversi sunt.

66 Quod dolum post longum tempus reminiscens egregius Gothorum ductor Sithalcus, cl virorum milibus congregatis Atheniensibus intulit bellum adversus Perdiccam Macedoniae regem, quem Alexander apud Babylloniam ministri insidiis potans interitum Atheniensium principatui hereditario iure reliquerat successorem. Magno proelio cum hoc inito Go-

eine Stadt in Mösien, welche damals wegen ihrer Nachbarschaft zu Tomi den Goten untertan war, zu verwüsten. Und daraufhin traten jene Priester der Goten, welche auch Heilige Männer genannt werden, nach der Öffnung der Tore plötzlich mit Harfen und in schneeweiße Rober gekleidet ihnen gegenüber und flehten die Götter mit demütiger Stimme an, dass sie ihnen gewogen sein und die Makedonier vertreiben sollten. Als die Makedonier sahen, dass ihnen diese so selbstsicher entgegentraten, gerieten sie ins Staunen und, wenn es gestattet ist zu sagen, die Bewaffneten wurden von den Unbewaffneten in Furcht und Schrecken verstzt. Nachdem wenig später die Schlachtreihe, welche sie zum Zweck der Kriegsführung geformt hatten, aufgelöst worden war, ließen sie nicht nur von der Auslöschung der Stadt ab, sondern gaben auch diejenigen zurück, welche sie jenseits des Kriegsrechts gefangengenommen hatten, und kehrten nach Abschluss eines Friedensvertrages in ihre Heimat zurück.

(66) Sich an diese Hinterlist erinnernd begann Sithalcus, ein vortrefflicher Anführer der Goten, nach Ansammlung von 150.000 Kriegern einen Krieg gegen die Athener und Perdiccas, den König Makedoniens. Diesen hatte Alexander, welcher bei Babylon einem Hinterhalt des Dieners zum Opfer fiel, als seinen Nachfolger durch das Erbrecht an erster Steller der

55

thi superiores inventi sunt, et sic pro iniuria, qua illi in Moesia dudum fecissent, isti in Grecia discurrentes cunctam Macedoniam vastaverunt.

Athener zurückgelassen. Nachdem gegen diesen eine große Schlacht begonnen worden war, erwiesen sich die Goten als die überlegene Partei und fielen im Gegenzug für das Unrecht, welches jene zuvor in Mösien angerichtet hatten, in Griechenland ein und verwüsteten ganz Makedonien.

XI

67 Dehinc regnante Gothis Buruista Dicineus venit in Gothiam, quo tempore Romanorum Sylla potitus est principatum. Quem Dicineum suscipiens Buruista dedit ei pene regiam potestatem; cuius consilio Gothi Germanorum terras, quas nunc Franci optinent, populati sunt.

(67) Als daraufhin Buruista den Goten als König vorstand, kam Dicineus zu der Zeit ins Gotenland, zu welcher Sulla die Herrschaft über die Römer innehatte. Buruista nahm diesen Dicineus bei sich auf und ließ ihm beinahe königliche Macht zuteilwerden. Auf dessen Rat hin verheerten die Goten die Ländereien der Germanen, welche nun die Franken in ihrem Besitz haben.

68 Caesar vero, qui sibi primus omnium Romanum vindicavit imperium et pene omnem mundum suae dicioni subegit omniaque regna perdomuit, adeo ut extra nostro urbe in oceani sinu repositas insulas occuparet, et nec nomen Romanorum auditu qui noverant, eos Romanis tributarios faceret, Gothos tamen crebro pertemptans nequivit subicere. Gaius Tiberius iam tertius regnat Romanis: Gothi tamen suo regno incolume perseverant.

(68) Caesar aber, der für sich als Erster aller Römer die imperiale Herrschaft beanspruchte, beinahe die gesamte Welt seiner Macht unterwarf und alle Königreiche bezwang, so dass er sogar die in der Bucht des Ozeans gelegenen Inseln außerhalb unserer Stadt eroberte, der schießlich all diejenigen den Römern gegenüber tributpflichtig machte, welche den Namen der Römer nicht einmal vom Hörensagen gekannt hatten, war trotz mehrfacher Versuche nicht in der Lage, die Goten in die Knie zu zwingen. Gaius Tiberius regierte bereits als dritter Kaiser die Römer, und die Goten blieben dennoch in ihrem Königreich unver-

69 Quibus hoc erat salubre, hoc adcommodum, hoc votivum, ut, quidquid Dicineus eorum consiliarius precepisset, hoc modis omnibus expetendum, hoc utile iudicantes, effectui manciparent. Qui cernens eorum animos sibi in omnibus oboedire et naturalem eos habere ingenium, omnem pene phylosophiam eos instruxit: erat namque huius rei magister peritus. Nam ethicam eos erudiens barbaricos mores conpescuit; fysicam tradens naturaliter propriis legibus vivere fecit, quas usque nunc conscriptas belagines nuncupant; logicam instruens rationis eos supra ceteras gentes fecit expertes; practicen ostendens in bonis actibus conversare suasit; theoreticen demonstrans signorum duodecim et per ea planetarum cursus omnemque astronomiam contemplari edocuit, et quomodo lunaris urbis augmentum sustinet aut patitur detrimentum, edixit, solisque globum igneum quantum terreno orbe in mensura excedat, ostendit, aut quibus nominibus vel quibus signis in polo caeli vergente et revergente trecentae quadraginta et sex stellae ab ortu in occasu precipites ruant, exposuit.

sehrt.

(69) Diese besaßen den Vorteil, die Eignung und der Wunsch, dass das, was auch immer deren Ratgeber Dicineus vorgeschlagen hatte, mit allen Mitteln angestrebt würde, als nützlich beurteilt würde und dass man sich dessen Ausführung mit voller Hingabe widmen würde. Als dieser erkannte, dass ihm deren Seelen in allen Belangen gehorchten und seine Untertanen über einen natürlichen Verstand verfügten, unterrichtete er sie nahezu die gesamte Philosophie, da er nämlich ein kundiger Meister dieses Fachs war. Indem er ihnen nämlich Sittenlehre beibrachte, unterdrückte er nach und nach die barbarischen Bräuche. Durch die Weitergabe von physikalischen Grundlagen erreichte er deren natürliche Lebensweise nach den eigenen Gesetzen, welche sie bis zum heutigen Tag in geschriebener Form besitzen und belagines nennen. Er unterrichtete sie in Logik und stellte sie mit ihrer Erfahrung in der Argumentation über alle anderen Stämme. Er zeigte ihnen praktische Dinge und überzeugte sie dadurch, sich den guten Taten zuzuwenden. Indem er ihnen theoretische Dinge zeigte, lehrte er sie, die zwölf Zeichen und den Verlauf der Planeten durch diese und die gesamte Astronomie zu betrachten. Er verkündete ihnen, auf welche Weise die Mondscheibe eine Zunahme erfährt oder eine Abnahme erleidet, und zeigte ihnen zudem, um wieviel der Feuerball der Sonne den irdenen Planeten an Größe übertrifft. Zuletzt legte er dar, mit welchen Namen die 346 Sterne versehen sind und durch welche Zeichen im Himmelsgewölbe sie rasch von ihrem Aufgang bis zu ihrem Untergang gleiten.

70 Qualis erat, rogo, voluptas, ut viri fortissimi, quando ab armis quantolumcumque vacassent, doctrinis philosophicis inbuebantur? Videris unum caeli positionem, alium herbarum fruticumque explorare naturas, istum lunae commoda incommodaque, illum solis labores adtendere et quomodo rotatu caeli raptos retro reduci ad partem occiduam, qui ad orientalem plagam ire festinant, ratione accepta quiescere.

(70) Ich frage nun, welcherlei Vergnügen es bereitete, dass die tapfersten Männer, wann immer sie für kurze Zeit von den Waffen abließen, mit den philosophischen Lehren vertraut gemacht wurden. Du hättest einen gesehen, der die Position des Himmels bestimmt und einen anderen, der die Beschaffenheit der Kräuter und Sträucher erforscht. Dieser da hätte der Zu- und Abnahme des Mondes seine Aufmerksamkeit geschenkt, jener den Werken der Sonne und auf welche Weise die durch die Himmelsrotation fortgezogenen Körper, die eilig in die östliche Himmelsrichtung wandern, wieder in den westlichen Teil zurückgeführt werden. Nachdem die Ursache für all diese Dinge gefunden worden war, schritten sie zur Ruhe.

71 Haec et alia nonnulla Dicineus Gothis sua peritia tradens mirabilis apud eos enituit, ut non solu mediocribus, immo et regibus imperaret. Elegit namque ex eis tunc nobilissimos prudentioresque viros, quos theologiam instruens, numina quaedam et sacella venerare suasit fecitque sacerdotes, nomen illis pilleatorum contradens, ut reor, quia opertis capiti-

(71) Dieses und manch anderes vertraute Dicineus den Goten infolge seiner Erfahrung an und dadurch erlangte er bei ihnen wunderbaren Glanz, so dass er nicht nur Männern niederen Standes, sondern auch den Königen Befehle erteilen konnte. Er wählte nämlich damals unter ihnen die edelsten und von größerer Weisheit gekennzeichneten Männer aus, wel-

bus tyaris, quos pilleos alio nomine nuncupamus, litabant:

72 reliquam vero gentem capillatos dicere iussit, quod nomen Gothi pro magno suscipientes adhuc odie suis cantionibus reminiscent.

che er in Theologie unterrichtete und davon überzeugte, gewisse Gottheiten und Heiligtümer zu verehren. Er ernannte Priester und wies jenen die Bezeichnung Pilleati zu, weil sie, wie ich vermute, die Opfer darbrachten, indem sie ihre Häupter mit Tiaren bedeckten, welche wir unter dem anderen Namen pillei kennen.

(72) Er befahl aber, den übrigen Stamm Capillati zu nennen, und die Goten erkannten diesen Namen als etwas großartiges an und sind dessen in ihren Liedern bis zum heutigen Tage eingedenk.

XII

73 Decedente vero Dicineo pene pari veneratione habuerunt Comosicum, quia nec inpar erat sollertiae. Hic etenim et rex illis et pontifex ob suam peritiam habebatur et in summa iustitia populos iudicabat. Et hoc rebus excedente humanis Coryllus rex Gothorum in regno conscendit et per quadraginta annos in Dacia suis gentibus imperavit. Daciam dico antiquam, quam nunc Gepidarum populi possidere noscuntur.

74 Quae patria in conspectu Moesiae sita trans Danubium corona montium cingitur, duos tantum habens accessus, unum per Boutas, alterum per Tapas. Haec Go-

(73) Nach dem Ableben des Dicineus aber begegneten sie Comosicus mit beinahe der gleichen Verehrung, weil dieser seinem Vorgänger in Bezug auf Kunstfertigkeit nicht unterlegen war. Wegen seiner Weisheit wurde dieser ja auch zu deren König und Priester erhoben, und er urteilte über die Leute mit höchster Gerechtigkeit. Als auch dieser aus den menschlichen Angelegenheiten ausschied, schwang sich im Reich Coryllus als König der Goten auf und befehligte über 40 Jahre hindurch seine Stämme in Dakien. Ich spreche vom alten Dakien, welches nun die Völker der Gepiden in ihrem Besitz wissen.

(74) Dieses Heimatland ist jenseits der Donau im Sichtbereich Mösiens gelegen, wird von einer Krone aus Bergen umschlossen und besitzt nur zwei Zugänge,

59

tia, quam Daciam appellavere maiores, quae nunc, ut diximus, Gepidia dicitur, tunc ab oriente Aroxolani, ab occasu Iazyges, a septentrione Sarmatae et Basternae, a meridiae amnis Danubii terminabant. Nam Iazyges ab Aroxolanis Aluta tantum fluvio segregantur.

75 Et quia Danubii mentio facta est, non ab re iudico pauca de tali amne egregio indicare. Nam hic in Alamannicis arvis exoriens sexaginta a fonte suo usque ad ostia in Ponto mergentia per mille ducentorum passuum milia hinc inde suscipiens flumina in modum spinae, quem costas ut cratem intexunt, omnino amplissimus est. Qui lingua Bessorum Hister vocatur, ducentis tantum pedibus in altum aquam in alveo habet profundam. Hic etenim amnis inter cetera flumina in magnum omnes superans praeter Nilum. Haec de Danubio dixisse sufficiat. Ad propositum vero, unde nos digressimus, iubante domino redeamus.

einen über die Boutae, den anderen über die Tapae. Dieses Gotenland, welches die Vorfahren Dakien nannten und das nun, wie wir gesagt haben, als Gepidia angesprochen wird, begrenzten dann von Osten her die Roxolani, von Westen her die Iazyges, von Norden her die Sarmater und Basternae und von Süden her der Donaufluss. Die Iazyges nämlich werden von den Roxolani lediglich durch den Fluss Aluta abgetrennt.

(75) Und weil ja die Erwähnung der Donau erfolgt ist, halte ich es nicht für unangebracht, einige Worte über einen derart auserlesenen Fluss zu verlieren. Dieser nämlich entspringt in den alamannischen Gefilden und nimmt von seiner Quelle bis zu seiner in das Schwarze Meer eintauchenden Mündung über eine Strecke von 1200 Meilen insgesamt 60 Flüsse in der Art und Weise eines Rückgrats auf, das mit Rippen wie bei einem Korb verflochten ist. Er ist ganz und gar von enormer Größe. Dieser wird in der Sprache der Bessi Hister genannt und verfügt in seinem Flussbett über tiefes Wasser, welches beinahe 200 Fuß nach unten reicht. Dieser Fluss übertrifft ja auch hinsichtlich seiner Größe alle anderen Flüsse mit Ausnahme des Nils. Dieses über die Donau berichtete soll ausreichend sein. Wir wollen nun aber auf Geheiß des Herrn wieder zu dem Thema zurückkehren, von dem wir abgewichen sind.

XIII

76 Longum namque post intervallum Domitiano imperatore regnante eiusque avaritiam metuentes foedus, quod dudum cum aliis principibus pepigerant, Gothi solventes, ripam Danubii iam longe possessam ab imperio Romano deletis militibus cum eorum ducibus vastaverunt. Cui provinciae tunc post Agrippam Oppius praeerat Savinus, Gothis autem Dorpaneus principatum agebat, quando bello commisso Gothi, Romanos devictos, Oppii Savini caput abscisum, multa castella et civitates invadentes de parte imperatoris publice depraedarunt.

77 Qua necessitate suorum Domitianus cum omni virtute sua Illyricum properavit et totius pene rei publicae militibus ductore Fusco praelato cum lectissimis viris amnem Danubii consertis navibus ad instar pontis transmeare coegit super exercitum Dorpanei.

78 Tum Gothi haut segnes reperti arma capessunt primoque conflictu mox Romanos devincunt, Fuscoque duce extincto divitias de castris militum spoliant magna-

(76) Nach langer Zeit nämlich lösten die Goten unter der Herrschaft des Kaisers Domitian, dessen Ruhmsucht sie fürchteten, den Vertrag auf, welchen sie so lange mit den anderen Anführern geschlossen hatten. Sie verwüsteten das bereits seit langem im Besitz des Römischen Reichs befindliche Donauufer, nachdem sie Soldaten mitsamt deren Anführern vernichtet hatten. Oppius Savinus stand dieser Provinz zur damaligen Zeit als Nachfolger des Agrippa vor, während Dorpaneus den Oberbefehl über die Goten innehatte. Als daraufhin die Goten in den Krieg eintraten, erfolgten die Niederschlagung der Römer, die Enthauptung des Oppius Savinus sowie die Eroberung und Plünderung zahlreicher Festungen und Städte, welche unter kaiserlichem Besitz standen.

(77) Aufgrund der Notlage seiner Landsleute eilte Domitian mit all seiner Macht und den Soldaten des nahezu gesamten Reiches nach Illyricum. Nachdem Fuscus als sein General mitsamt den vortrefflichsten Männern vorgeschickt worden war, befahl er die Überquerung des Donauflusses oberhalb des Heeres des Dorpaneus, indem Schiffe in der Art einer Brücke zusammengefügt wurden.

(78) Die Goten, welche damals von diesem Vorhaben rasch Kenntnis erlangten, schritten zu den Waffen und besiegten die Römer bald darauf in einem ersten

que potiti per loca victoria iam proceres suos, quorum quasi fortuna vincebant, non puros homines, sed semideos id est Ansis vocaverunt. Quorum genealogia ut paucis percurram vel quis quo parente genitus est aut unde origo coepta, ubi finem effecit, absque invidia, qui legis, vera dicentem ausculta.

Aufeinandertreffen. Nach der Niederstreckung des Anführers Fuscus beraubten sie das Militärlager all seiner Schätze, und aufgrund des großartigen Sieges, welchen sie an diesem Ort errungen hatten, nannten sie ihre Oberhäupter, durch deren Glück sie gewissermaßen siegreich waren, nicht mehr bloß Menschen, sondern Halbgötter, was in ihrer Sprache soviel wie Ansis bedeutet. Zu deren Abstammung sollte ich mit wenigen Worten anführen, wer durch welche elterliche Linie hervorgebracht wurde, wo der Ursprung jeder Linie liegt und wo sie ihr Ende erfährt. Und du, der du diese Zeilen liest, höre ohne Missgunst das Wahre, welches ich hier spreche.

XIV

79 Horum ergo heroum, ut ipsi suis in fabulis referunt, primus fuit Gapt, qui genuit Hulmul. Hulmul vero genuit Augis: at Augis genuit eum, qui dictus est Amal, a quo et origo Amalorum decurrit: qui Amal genuit Hisarna: Hisarnis autem genuit Ostrogotha: Ostrogotha autem genuit Hunuil: Hunuil item genuit Athal: Athal genuit Achiulf et Oduulf: Achiulf autem genuit Ansila et Ediulf, Vultuulf et Hermenerig: Vultuulf vero genuit Valaravans: Valaravans autem genuit Vinitharium: Vinitharius quoque genuit Vandiliarium:

(79) Wie sie selbst in ihren Legenden berichten, war der erste dieser Heroen Gapt, welcher Hulmul zeugte. Hulmul aber zeugte Augis, und Augis zeugte denjenigen, welcher Amal genannt wurde und von dem der Ursprung der Amali ableitet. Dieser Amal zeugte wiederum Hisarnis. Hisarnis aber zeugte Ostrogotha, Ostrogotha zeugte Hunuil, und Hunuil zeigte auf gleiche Weise Athal. Athal zeugte Achiulf und Oduulf. Achiulf aber brachte Ansila und Ediulf, Vultulf und Ermanarich hervor. Vultulf aber zeugte Valaravans, und Valaravans zeugte Vinitharius. Vinitharius zeugte auch Vandalarius.

80 Vandalarius genuit Thiudemer

(80) Vandalarius brachte Thiu-

et Valamir et Vidimir: Thiudimir genuit Theodericum: Theodericus genuit Amalasuentham: Amalasuentha genuit Athalaricum et Matesuentham de Eutharico viro suo, cuius affinitas generis sic ad eam coniuncta est.

81 Nam supra dictus Hermanaricus, filius Achiulf, genuit Hunimundum: Hunimundus autem genuit Thorismundo: Thorismund vero genuit Berimud: Berimud autem genuit Vetericum: Vetericus item genuit Eutharicum, qui coniunctus Amalasuinthae genuit Athalaricum et Mathesuentam, mortuoque in puerilibus annis Athalarico Mathesuenthae Vitigis est copulatus, de quo non suscepit liberum; adductique simul a Belesario Constantinopolim: et Vitigis rebus excedente humanis Germanus patricius fratruelis Iustiniani imp. eam in conubio sumens patriciam ordinariam fecit; de qua et genuit filium item Germanum nomine. Germano vero defuncto ipsa vidua perseverare disponit. Quomodo autem aut qualiter regnum Amalorum distructum est, loco suo, si dominus iubaverit, edicimus.

82 Nunc autem ad id, unde digressum fecimus, redeamus doce-

dimir und Valamir und Vidimir hervor. Thiudimir zeugte Theoderich, und Theoderich zeugte Amalasuntha. Amalasuntha gebar Athalarich und Matesuntha ihrem Ehemann Eutharich dessen Stammesverwandtschaft zu ihr auf diese Weise besiegelt wurde.

(81) Der oben genannte Hermanarich, der Sohn des Achiulf, zeugte Humimund. Humimund aber brachte Thorismund hervor. Thorismund nun zeugte Beremud, Beremud Veterich und Veterich auf dieselbe Weise Eutharich, welcher Amalsuntha zur Ehefrau nahm und mit ihr Athalarich und Mathesuntha zeugte. Nachdem Athalarich in seinen Kindesjahren gestorben war, ehelichte Mathesuntha Witiges, von welchem sie kein Kind geschenkt bekam. Sie wurden beide von Belisarius nach Konstantinopel gebracht. Als sich Vitiges aus den menschlichen Angelegenheiten zurückzog, nahm der Patrizier Germanus, ein Vetter des Kaisers Justinian, Mathesuntha zu seiner Ehefrau und machte diese zu einer patrizischen Ordinaria. Und von ihr erhielt er einen Sohn, welcher ebenfalls den Namen Germanus trug. Nachdem Germanus aber verstorben war, legte sie selbst den Verbleib im Witwenstand fest. Wie und auf welche Weise aber das Königreich der Amali vernichtet wurde, werden wir an geeigneter Stelle berichten, wenn der Herr es so will.

(82) Lasst uns nun aber dorthin zurückkommen, von wo wir eine

amusque, quomodo ordo gentis, unde agimus, cursus sui metam explevit. Ablabius enim storicus refert, quia ibi super limbum Ponti, ubi eos diximus in Scythia commanere, ibi pars eorum, qui orientali plaga tenebat, eisque praeerat Ostrogotha, utrum ab ipsius nomine, an a loco, id est orientales, dicti sunt Ostrogothae, residui vero Vesegothae, id est a parte occidua.

Abschweifung vorgenommen haben, und davon berichten, wie die Stammeslinie, welche wir behandelt haben, das Ende ihres Verlaufes erfuhr. Der Geschichtsschreiber Ablabius berichtet, dass in Skythien, wo sie unseren Berichten zufolge den oberen Küstensaum des Pontischen Meeres besiedelten, jener Teil von ihnen, welcher die östlichen Gebiete in seinem Besitz und Ostrogotha als Anführer hatte, entweder aufgrund des Königsnamens oder der Örtlichkeit Ostrogoten genannt wurde, was den östlichen Goten entspricht. Die übrigen aber wurden Visigoten, also Goten des westlichen Reichsteils, genannt.

XV

83 Et quia iam superius diximus eos transito Danubio aliquantum temporis in Mysiam Thraciamque vixisse, ex eorum reliquiis fuit et Maximinus imp. post Alexandrum Mamaeae. Nam, ut dicit Symmachus in quinto suae historiae libro, Maximinus, inquiens, Caesar mortuo Alexandro ab exercitu effectus est imp., ex infimis parentibus in Thracia natus, a patre Gotho nomine Micca, matre Halana, quae Ababa dicebatur. Is triennio regnans, dum in Christianos arma commoveret, imperium simul et vitam amisit.

(83) Und weil wir ja bereits weiter oben berichtet haben, dass sie nach Überquerung der Donau für kurze Zeit in Mösien und Thrakien lebten, trat aus deren Zurückgebliebenen Kaiser Maximinus hervor, der Nachfolger von Alexander, dem Sohn der Mamaea. Wie Symmachus im fünften Buch seines Geschichtswerkes berichtet, wurde Maximinus, so zumindest sind es seine Worte, nach dem Tod des Caesars Alexander vom Heer zum Kaiser erhoben; er wurde in Thrakien von Eltern aus niedrigstem Stande geboren, von einem gotischen Vater mit dem Namen Micca und einer alanischen Mutter, welche Ababa genannt wurde. Er regierte über einen Zeitraum von drei Jahren und verlor gleicherma-

84 Nam hic Severo imp. regnante et natalis die filii celebrante, post prima aetate et rusticana vita de pascuis in militiam venit. Princeps si quidem militares dederat ludos; quod cernens Maximinus, quamvis semibarbarus aduliscens, propositis praemiis patria lingua petit ab imperatore, ut sibi luctandi cum expertis militibus licentiam daret.

85 Severus, ammodum miratus magnitudinem formae erat enim, ut fertur, statura eius procera ultra octo pedes iussit eum lixis corporis nexu contendere, ne quid a rudi homine militaribus viris eveniret iniuriae. Tum Maximinus sedecim lixas tanta felicitate prostravit, ut vincendo singulos nullam sibi requiem per intercapidinem temporis daret. Hic captis praemiis iussus in militiam mitti, primaque ei stipendia equestria fuere. Tertia post haec die, cum imperator prodiret ad campum, vidit eum exultantem more barbarico iussitque tribuno, ut eum cohercitum ad Romanam inbueret disciplinam. Ille vero, ubi de se intellexit principem loqui, accessit ad eum equitantemque praeire pedibus coepit.

ßen sein Reich und sein Leben, als er gegen die Christen zu den Waffen schritt.

(84) Dieser nämlich kam während der Regierungszeit des Kaisers Severus just an jenem Tage, an welchem er die Geburt seines Sohnes feierte, von seinen Schafweiden zum Militärdienst, nachdem er die ersten Jahre mit ländlichem Leben verbracht hatte. Zu dieser Zeit ließ der Kaiser Militärspiele abhalten. Als Maximinus dies sah, bat er den Kaiser, obwohl er ein halbbarbarischer Jugendlicher war, in seiner Muttersprache, dass er ihm die Erlaubnis zum Kampf mit den erfahrenen Soldaten um die ausgestellten Preise erteilen würde.

(85) Severus, der so sehr die Größe von dessen Körper bewunderte - wie überliefert ist, betrug die Länge von dessen Statur mehr als acht Fuß - befahl, dass er mit den Marketendern zum Ringkampf antreten sollte, damit seinen Militärmännern von dem rohen Menschen nicht irgendwelche Verletzungen beigebracht werden konnten. Daraufhin warf Maximinus 16 Marketender mit so großer Leichtigkeit zu Boden, dass er sich beim Besiegen der einzelnen Gegner keine Pause im Sinne einer Zeitunterbrechung gönnte. Nachdem dieser die Siegerpreise gewonnen hatte, wurde der Befehl erteilt, dass er zum Militärdienst geschickt und seinen ersten Dienst in der Kavallerie tun sollte. Am dritten Tag nach diesem Ereignis, als der Kaiser auf dem Feld öffentlich auftrat, sah dieser ihn nach barbarischer Art herumspringen und befahl daraufhin einem Tribun, dass er ihn bändigen und mit der römischen Disziplin vertraut machen möge. Als jener aber mitbekam, dass der Kaiser über ihn sprach, trat er an ihn heran und begann den Reitenden zu Fuß zu überholen.

86 Tum imperator equo ad lentum cursum calcaribus incitato multos urbes huc atque illuc usque ad suam defatigationem variis deflexibus impedivit ac deinde ait illi: *'Num quid vis post cursum, Thracisce, luctare?'* Respondit: *'Quantum libet, imperator'.* Ita Severus, ex equo desiliens, recentissimos militum cum eo decertari iussit. At ille septem valentissimos iuvenes ad terram elisit, ita ut antea nihil per intervalla respiraret, solusque a Caesare et argenteis praemiis et aureo torque donatus est; iussus deinde inter stipatores degere corporis principalis.

(86) Nachdem dann das Pferd mit den Sporen zu langsamem Schritt angeregt worden war, wickelte der Kaiser von hier bis dort zahlreiche Runden mit unterschiedlichen Abbiegungen bis zu dessen Ermüdung ab und sprach hierauf zu jenem: „Möchtest du nun nach deinem Lauf noch einen Kampf bestreiten, kleiner Thraker?" Jener antwortete: „So viel es dir auch immer beliebt, mein Kaiser." So stieg Severus vom Pferd und befahl den frischesten Soldaten, gegen ihn zu kämpfen. Und jener warf die sieben kräftigsten jungen Männer zu Boden und benötigte so wie zuvor keine Atempause zwischen den Kämpfen. So wurde er allein von Caesar sowohl mit silbernen Preisstücken als auch mit einem goldenen Halsband beschenkt. Daraufhin wurde ihm der Befehl erteilt, in der kaiserlichen Leibgarde zu dienen.

87 Post haec sub Antonino Caracalla ordines duxit ac saepe famam factis extendens plures militiae grados centuriatumque strenuitatis suae praetium tulit. Macrino tamen postea in regno ingresso recusavit militiam pene tri-

(87) Er führte danach unter Antoninus Caracalla die Schlachtreihen an, erweiterte oft seinen Ruhm durch seine Taten und brachte es als Preis für seine Bemühungen zu zahlreichen Beförderungen und schließlich zum Zenturiat. Als da-

ennio, tribunatusque habens honore numquam se oculis Macrini optulit, indignum ducens eius imperium, qui perpetrato facinus fuerat adquisitum.

88 Ad Eliogabalum dehinc quasi ad Antonini filium revertens tribunatum suum adiit et post hunc sub Alexandrum Mamaeae contra Parthos mirabiliter dimicavit. Eoque Mogontiaco militari tumulto occiso ipse exercitus electione absque senatus consultu effectus est imperator, qui cuncta bona sua in persecutione Christianorum malo voto foedavit, occisusque Aquileia a Puppione, regnum reliquid Philippo. Quod nos idcirco huic nostro opusculo de Symmachi hystoria mutuavimus, quatenus gentem, unde agimus, ostenderemus ad regni Romani fastigium usque venisse. Ceterum causa exegit, ad id, unde digressimus, ordine redeamus.

nach aber Macrinus an die Herrschaft gelangte, verweigerte er den Militärdienst für nahezu drei Jahre, und obwohl er das Ehrenamt des Tribunats innehatte, bot er sich niemals den Augen des Macrinus dar. Er erachtete dessen Herrschaft für unwürdig, weil sie durch Verrichtung eines Verbrechens errungen worden war.

(88) Daraufhin kehrte er zu Elogabal und damit gewissermaßen zum Sohn des Antoninus zurück und trat sein Tribunat wieder an. Und nach diesem kämpfte er unter Alexander, dem Sohn der Mamaea, erfolgreich gegen die Parther. Nachdem dieser bei einem Militäraufstand in Mogontiacum sein Leben verloren hatte, wurde Maximinus selbst durch eine Wahl des Heeres und ohne Senatsbeschluss zum Kaiser ernannt. Er aber besudelte all seine guten Taten durch die aufgrund eines schlechten Gelübdes veranlasste Christenverfolgung, wurde in Aquileia von Pupienus ermordet und hinterließ das Königreich dem Philippus. Diesen Sachverhalt haben wir für dieses unser Büchlein aus dem Geschichtswerk des Symmachus entlehnt, weil wir demonstrieren wollten, dass der Stamm, welchen wir hier besprechen, bis zu höchster Würde im Römischen Reich gelangt war. Andererseits besteht ein Grund, dass wir unter Einhaltung der Ordnung zu dem zurückkehren, von wo wir abgewichen sind.

XVI

89 Nam gens ista mirum in modum in ea parte, qua versabatur, id est Ponti in litore Scythiae soli, enituit, sine dubio tanta spatia tenens terrarum, tot sinos maris, tot fluminum cursus, sub cuius saepe dextera Vandalus iacuit, stetit sub praetio Marcomannus, Quadorum principes in servitute redacti sunt. Philippo namque ante dicto regnante Romanis, qui solus ante Constantinum Christianus cum Philippo idem filio fuit, cuius et secundo anno regni Roma millesimum annum explevit, Gothi, ut adsolet, subtracta sibi stipendia sua aegre ferentes, de amicis effecti sunt inimici. Nam quamvis remoti sub regibus viverent suis, rei publicae tamen Romanae foederati erant et annua munera percipiebant.

90 Quid multa? Transiens tunc Ostrogotha cum suis Danubio Moesiam Thraciasque vastavit. Ad quem rebellandum Decius senator a Philippo dirigitur. Qui veniens dum Getis nihil praevalet, milites proprios exemptos a militia fecit

(89) Der gotische Stamm nämlich trat nun auf wunderbare Weise in jener Region, in welcher er weilte, das ist an der Küste des Pontus im skythischen Land, hervor und behauptete ohne Zweifel große Landstriche, zahlreiche Meeresbuchten und viele Flussläufe für sich. Vandalus lag durch dessen starke Rechte oft darnieder, Marcomannus stand unter Tributpflicht, die Anführer der Quaden wurden in die Knechtschaft getrieben. Als nun der zuvor erwähnte Philippus, der mit seinem gleichnamigen Sohn der einzige christliche Herrscher vor Konstantin war, über die Römer herrschte, vollendete Rom im zweiten Jahr seiner Herrschaft sein tausendjähriges Bestehen. Nach allgemeinem Brauch entrichteten die Goten ihre mühsam zusammengeführten Steuern an ihn und wurden von ehemaligen Freunden zu seinen Feinden. Obwohl sie nämlich zurückgezogen unter ihren eigenen Königen lebten, waren sie dennoch mit dem römischen Staat verbündet und erhielten jährliche Geschenke.

(90) Und was geschah ansonsten noch? Ostrogotha überquerte daraufhin mit seinen Männern die Donau und verwüstete Mösien und Thrakien. Zu diesem wurde von Philippus der Senator Decius geschickt, um einen neuerlichen

vitae privatae degi, quasi eorum neglectu Gothi Danubium transfretassent, factaque ut puta in suis vindicta ad Philippum revertitvr. Milites vero videntes se post tot labores militia pulsos, indignati ad Ostrogothae regis Gothorum auxilium confugerunt.

91 Qui excipiens eos eorumque verbis accensus mox tricenta milia suorum armata produxit ad bellum adhibitis sibi Taifalis et Astringis nonnullis, sed et Carporum trea milia, genus hominum ad bella nimis expeditum, qui saepe fuere Romanis infesti; quos tamen post haec imperante Dioclitiano et Maximiano Galerius Maximinus Caesar devicit et rei publicae Romanae subegit. His ergo addens Gothos et Peucinos ab insula Peucis, quae in ostia Danubii Ponto mergentia iacet, Argaithum et Gunthericum nobilissimos suae gentis doctores praefecit.

Krieg gegen die Goten zu führen. Als dieser kam und nichts gegen die Goten auszurichten vermochte, ließ er die eigenen Soldaten den Militärdienst quittieren und in ihr eigentümliches Leben zurückkehren, so als ob die Goten unter deren völliger Gleichgültigkeit die Donau überquert hätten. Und nach, wie er glaubte, vollbrachter Rettung seiner Männer kehrte er zu Philippus zurück. Als die Soldaten aber sahen, dass sie nach so vielen Mühen vom Militärdienst verstoßen worden waren, flohen sie voller Entrüstung zu den Truppen von Ostrogotha, dem König der Goten.

(91) Dieser nahm sie auf, war von deren Worten sehr angetan und stellte bald darauf 300.000 seiner bewaffneten Männer auf, wobei ihm bei diesem Krieg einige Männer der Taifali und Astringi, aber auch 3.000 der Carpi, ein häufig zum Krieg bereiter Menschenstamm, welcher für die Römer oft eine Bedrohung darstellte, zur Seite standen. Als in späteren Zeiten Diokletian und Maximianus das Reich beherrschten, besiegte diese der Caesar Galerius Maximinus und unterwarf sie dem römischen Staat. Diesen aber fügte Ostrogotha noch Goten und Peucini von der Insel Peuce hinzu, welche in den tief in den Pontus eintauchenden Mündungen der Donau liegt. Argaithus und Guntherich, die edelsten Anführer seines Stammes, machte er zu den Oberbefehlshabern.

92 Qui mox Danubium vadati et de secundo Moesiam populati, Marcianopolim eiusdem patriae urbem famosam metropolim adgrediuntur, diuque obsessam accepta pecunia ab his qui inerant reliquerunt.

93 Et quia Marcianopolim nominavimus, libet aliqua de eius situ breviter intimare. Nam hanc urbem Traianus imperator hac re, ut fertur, aedificavit, eo quod Marciae sororis suae puella, dum lavat in flumine illo qui nimii limpiditatis saporisque in media urbe oritur Potami cognomento, exindeque vellit aquam haurire, casu vas aureum quod ferebat in profundum decidit, metalli pondere praegravatum longeque post ab imis emersit; quod certe non erat usitatum aut vacuum sorberi aut certe semel voratum undis respuentibus enatare. His Traianus sub admiratione conpertis fontique numinis quoddam inesse credens conditam civitatem germanae suae in nomine Marcianopolim nuncupavit.

(92) Diese überschritten bald darauf die Donau, verheerten Mösien ein zweites Mal und näherten sich Marcianopel, der berühmten Hauptstadt eben dieses Landes. Nach einer langen Belagerung zogen sie wieder ab, nachdem sie von den Einwohnern der Stadt ein Vermögen erhalten hatten.

(93) Und weil wir nun Marcianopel genannt haben, scheint es angebracht, kurz einige Worte über dessen Gründung zu verlieren. Gemäß Überlieferung ließ Kaiser Trajan diese Stadt aus folgendem Grund errichten: Als Marcia, die Tochter seiner Schwester in jenem Fluss mit dem Namen des Potamus badete, welcher mit seinem von außerordentlicher Klarheit und gutem Geschmack gekennzeichneten Wasser inmitten der Stadt entspringt, wollte sie daraus Wasser schöpfen und ließ dabei zu allem Unglück das goldene Gefäß, das sie bei sich trug, in dessen Tiefen versinken. Dieser durch das Gewicht des Metalls sehr schwere Becher tauchte lange Zeit später wieder vom Grund auf. Es war sicherlich sehr ungewöhnlich, dass das leere Gefäß von den Fluten verzehrt wurde und einmal verschlungen durch die ausspeienden Wellen wieder an die Wasseroberfläche gelangte. Nachdem Trajan diese Dinge mit Bewunderung in Erfahrung gebracht hatte, glaubte er, dass dem Fluss irgendeine Quellgottheit innewohnte. Daher ließ er eine Stadt gründen und nannte diese Marcianopel nach dem Na-

XVII

94 Abhinc ergo, ut dicebamus, post longam obsidionem accepto praemio ditatus Geta recessit ad propria. Quem cernens Gepidarum natio subito ubique vincentem praedisque ditatum, invidia ductus arma in parentibus movit. Quomodo vero Getae Gepidasque sint parentes si quaeris, paucis absolvam. Meminisse debes me in initio de Scandzae insulae gremio Gothos dixisse egressos cum Berich rege suo, tribus tantum navibus vectos ad ripam Oceani citerioris, id est Gothiscandza.

95 Quarum trium una navis, ut adsolet, tardior nancta nomen genti fertur dedisse; nam lingua eorum pigra gepanta dicitur. Hinc factum est, ut paulatim et corruptae nomen eis ex convicio nasceretur Gepidas. Nam sine dubio ex Gothorum prosapie et hi trahent originem; sed quia, ut dixi, gepanta pigrum aliquid tardumque designat, pro gratuito convicio Gepidarum nomen exortum est, quod nec ipsud credo falsissimum: sunt

(94) Von dieser aber, wie wir sagten, wichen die durch die erhaltene Geldsumme zu Reichtum gelangten Goten nach langer Belagerung in die eigenen Ländereien zurück. Als die Nation der Gepidae aber diesen plötzlich überall siegreichen und durch Beute zu Reichtum gekommenen Stamm sah, wurde sie von Missgunst erfasst und richtete die Waffen gegen die Blutsverwandten. Wenn du aber fragen solltest, auf welche Art Goten und Gepidae zueinander blutsverwandt sind, werde ich es mit wenigen Worten darlegen. Es ist deiner Erinnerung geschuldet, dass ich zu Beginn den Fortgang der Goten aus einer Bucht der Insel Scandza mitsamt ihrem König Berig geschildert habe und ebenso deren Segelfahrt zum diesseitigen Ufer des Ozeans, das ist Gothiscandza, mit lediglich drei Schiffen.

(95) Eines dieser drei Schiffe, welches gemäß einem Brauch langsamer fuhr, gab dem Stamm nach der Überlieferung seinen Namen, da in deren Sprache 'gepanta' langsam bedeutet. Dadurch ist es geschehen, dass ihnen allmählich und durch Verfälschungen der Name Gepidae aus einem Zank heraus angedieh. Auch diese nämlich leiten ihren Ursprung aus dem Geschlecht der Goten ab, aber weil ja, wie ich bereits gesagt habe,

etenim tardioris ingenii et graviores corporum velocitate.

96 Hi ergo Gepidae tacti invidia, dum Spesis provincia commanerent in insulam Visclae amnis vadibus circumactam, quam patrio sermone dicebant Gepedoios. Nunc eam, ut fertur, insulam gens Vividaria incolit ipsis ad meliores terras meantibus. Qui Vividarii ex diversis nationibus ac si in unum asylum collecti sunt et gentem fecisse noscantur.

97 Ergo, ut dicebamus, Gepidarum rex Fastida quietam gentem excitans patrios fines per arma dilatavit. Nam Burgundzones pene usque ad internicionem delevit aliasque nonnullas gentes perdomuit. Gothos quoque male provocans consanguinitatis foedus prius inportuna concertatione violavit superba admodum elatione iactatus, crescenti populo dum terras coepit addere, incolas patrios reddidit rariores.

'gepanta' irgendetwas Träges und langsames bezeichnet, erwuchs der Name der Gepidae zu einem unentgeltlichen Schimpfwort, vowon ich glaube, dass es nicht sehr falsch ist. Sie sind nämlich langsamer in ihren Gedanken und schwerfälliger in Hinblick auf schnelle Bewegungen der Körper.

(96) Diese Gepidae aber wurden von Missgunst ergriffen, als sie in der Provinz von Spesis auf einer von den seichten Wassern des Flusses Vustula umschlossenen Insel weilten, welche sie in der Sprache der Väter Gepedoios nennen. Nun bewohnt die Insel gemäß Überlieferung der Stamm der Vividarii, nachdem die Gepidae selbst zu besseren Orten aufgebrochen sind. Die Vividarii haben sich aus verschiedenen Stämmen an dieser einen Stätte versammelt und nach unserer Kenntnis einen eigenen Stamm gegründet.

(97) Wie wir bereits sagten, stachelte daraufhin Fastida, der König der Gepidae, sein friedliches Volk an und dehnte die heimatlichen Grenzen mit Waffengewalt aus. Die Burgunder überwältigte er beinahe bis zur völligen Vernichtung, und darüber hinaus bezwang er auch einige andere Stämme. Auch die Goten reizte er auf das Übelste, womit er der erste war, der die Bande der Blutsverwandtschaft durch einen frechen Streit entzweite. Er brüstete sich so sehr mit dem stolzen Aufschwung, aber während er damit begann, für die wachsende Bevölkerung Länderei-

98 Is ergo missis legatis ad Ostrogotham, cuius adhuc imperio tam Ostrogothae quam Vesegothae, id est utrique eiusdem gentes populi, subiacebant, inclusum se montium quaeritans asperitate silvarumque densitate constrictum, unum poscens e duobus, ut aut bellum sibi aut locorum suorum spatia praepararet.

99 Tunc Ostrogotha rex Gothorum ut erat solidi animi, respondit legatis bellum se quidem talem horrere durumque fore et omnino scelestum armis confligere cum propinquis, loca vero non cedere. Quid multa? Gepidas in bella inruunt, contra quos, ne minor iudicaretur, movit et Ostrogotha procinctum, conveniuntque ad oppidum Galtis, iuxta quod currit fluvius Auha, ibique magna partium virtute certatum est, quippe quos in se et armorum et pugnandi similitudo commoverat; sed causa melior vivacitasque ingenii iubit Gothos.

en zu erwerben, verringerte er die Anzahl der heimischen Bewohner. **(98)** Indem er aber Gesandte zu Ostrogotha schickte, dessen Herrschaft noch immer gleichermaßen Ostrogoten und Visigoten, also beide Völker desselben Stammes, unterlagen, klagte er darüber, dass er durch die hohen Berge eingeschlossen und durch die dichten Wälder gehindert wäre. Er forderte eine von zwei Sachen, nämlich dass sich Ostrogotha entweder auf den Krieg oder auf die Abtretung von Teilen seiner Länder vorbereiten sollte.

(99) Daraufhin antwortete der Gotenkönig Ostrogotha, wie es die Art seines gediegenen Geistes war, den Gesandten, dass er zwar einen solchen Krieg scheuen würde und es zudem mühsam und völlig ruchlos wäre, gegen die Blutsverwandten in einen bewaffneten Konflikt zu geraten, er aber von den Orten nicht zurückweichen würde. Was gibt es noch mehr zu sagen? Die Gepidae stürzten in den Krieg, und gegen diese ließ auch Ostrogotha seine Kampftruppen ziehen, damit er nicht geringer geschätzt wurde. Sie trafen bei der Stadt Galtis, in deren Nähe der Fluss Auha fließt, aufeinander, und auf beiden Seiten wurde dort mit großer Tapferkeit gefochten; allerdings hatte die Ähnlichkeit der Waffen und des Kampfstils diese gegen ihre eigenen Männer getrieben. Aber die bessere Lage und die von Natur aus gegebene Lebenskraft kamen den Goten zugute.

73

100 Inclinata denique parte Gepidarum proelium nox diremit. Tunc relicta suorum strage Fastida rex Gepidarum properavit ad patriam, tam pudendis obprobriis humiliatus, quam fuerat elationis erectus. Redeunt victores Gothi Gepidarum discessione contenti, suaque in patria feliciter in pace versantur, usque dum eorum praevius existeret Ostrogotha.

(100) Erst die Nacht beendete den Krieg, nachdem ein Teil der Gepidae ins Wanken gekommen war. Daraufhin zog sich Fastida, der König der Gepidae, aus dem Gemetzel seiner Männer zurück und eilte in sein Heimatland, so erniedrigt durch Schimpf und Schande, wie er zuvor vor lauter Stolz aufgerichtet war. Die Goten kehrten als Sieger zurück, waren mit dem Abmarsch der Gepidae zufrieden und weilten glücklich und in Frieden in ihrer Heimat, so lange Ostrogotha als deren Anführer hervortrat.

XVIII

101 Post cuius decessum Cniva, exercitum dividens in duas partes, nonnullos ad vastandum Moesiam dirigit, sciens eam neglegentibus principibus defensoribus destitutam; ipse vero cum lxx milibus ad Eusciam, id est Novas conscendit. Vnde a Gallo duce remotus Nicopolim accedit, quae iuxta Iatrum fluvium est constituta notissima; quam devictis Sarmatis Traianus et fabricavit et appellavit Victoriae civitatem. Vbi Decio superveniente imperatore tandem Cniva in Hemi partibus, quae non longe aberant, recessit, unde apparatu disposito Philippopolim ire festinans.

(101) Nach dessen Tod teilte Cniva das Heer in zwei Teile auf und entsandte einige Soldaten, um Mösien zu verwüsten. Er wusste, dass es aufgrund der kaiserlichen Nachlässigkeit von jeglicher Verteidigung ausgenommen war. Er selbst marschierte mit 70.000 Soldaten nach Euscia, welches Novae entspricht. Durch den Feldherrn Gallus von dort zurückgedrängt erreichte er Nicopolis, eine sehr bekannte Stadt, welche in der Nähe des Flusses Iatrus errichtet worden ist. Diese Stadt ließ Trajan nach seinem Sieg über die Sarmaten erbauen und nach der Siegesgöttin Victoria benennen. Als Kaiser Decius ankam, zog sich Cniva schließlich in die Regionen des Haemus, welche nicht weit entfernt lagen, zurück, um von dort schleunigst in glänzender Schlachtordnung nach Philippo-

102 Cuius secessu Decius imperator cognoscens et ipsius urbis ferre subsidium gestiens iugum Hemi montis transacto ad Beroam venit. Ibique dum equos exercitumque lassum refoveret, ilico Cniva cum Gothis in modum fulminis ruit, vastatoque Romano exercitu imperatorem cum pauculis, qui fugere quiverant, ad Eusciam rursus trans Alpes in Mysia proturbavit, ubi tunc Gallus dux limitis cum plurima manu bellantium morabatur; collectoque tam exinde quam de Vsco exercitu, futuri belli se parat in aciae.

103 Cniva vero diu obsessam invadit Philippopolim praedaque potitus Prisco duce qui inerat sibi foederavit quasi cum Decio pugnaturum. Venientesque ad conflictum ilico Decii filium sagitta saucium crudeli funere confodiunt. Quod pater animadvertens licet ad confortandos animos militum fertur dixisse: '*Nemo tristetur: perditio unius militis non est rei publicae deminutio*', tamen, paterno affectu non ferens, hostes invadit, aut mortem aut ultionem fili exposcens, veniensque ad Abritto Moesiae civitatem circumseptus a Gothis et ipse extinguitur imperii finem vitaeque terminum faciens.

polis zu marschieren.

(102) Als Kaiser Decius von dessen Abzug in Kenntnis gesetzt wurde und den Wunsch hegte, seiner Stadt Hilfe zuteil werden zu lassen, kam er nach Überquerung des Berges Haemus nach Beroa. Während er dort die Pferde und das ermüdete Heer zu neuen Kräften kommen ließ, fiel sogleich Cniva mit den Goten wie ein Blitz auf ihn herein. Nach der Vernichtung des römischen Heeres trieb er den Kaiser mit den wenigen Männern, welche zu flüchten vermochten, zurück über die Alpen nach Euscia in Mysien, wo sich damals Gallus mit einer großen Schar an Kriegern als Grenzkommandant aufhielt. Durch Rekrutierung einer Armee sowohl von hier als auch aus Oescus bereitete er sich auf die Schlacht des bevorstehenden Krieges vor.

(103) Cniva aber nahm nach langer Belagerung die Stadt Philippopolis ein und im Besitz der Beute verbündete er sich mit Priscus, der Anführer in der Stadt war, um gemeinsam gegen Decius zu kämpfen. Sie gelangten zu der kriegerischen Auseinandersetzung und stachen den durch einen Pfeil verwundeten Sohn des Decius in Verübung eines grausamen Mordes nieder. Obwohl der diese Gräueltat sehende Vater gemäß Überlieferung zur Beruhigung der Herzen seiner Soldaten sagte 'Niemand soll trauern: Der Tod eines einzelnen Soldaten ist kein Verlust für den Staat', ertrug er dennoch

Qui locus hodieque Decii ara dicitur, eo quod ibi ante pugnam mirabiliter idolis immolasset.

den Vorfall aufgrund seiner väterlichen Liebe nicht. Er griff den Feind an, forderte entweder Tod oder Rache für den Sohn und gelangte schließlich nach Abrittus, eine Stadt Mösiens, wo er von den Goten umstellt wurde und selbst den Tod erfuhr, womit das Ende seiner Herrschaft und seines Lebens bereitet wurde. Dieser Ort wird heute Altar des Decius genannt, weil er dort vor dem Kampf auf wundersame Weise Opfer dargebracht hatte.

XIX

104 Defuncto tunc Decio Gallus et Volusianus regnum potiti sunt Romanorum, quando et pestilens morbus, pene istius necessitatis consimilis. quod nos ante hos novem annos experti sumus, faciem totius orbis foedavit, supra modum tamen Alexandriam totiusque Aegypti loca devastans, Dionysio storico super hanc cladem lacrimaviliter exponente, quod et noster conscribit venerabilis martyr Christi et episcopus Cyprianus in libro, cuius titulus est '*de mortalitate*'.

(104) Nach dem Tod des Decius bemächtigten sich damals Gallus und Volusianus der Herrschaft über die Römer. Einst entstellte eine todbringende Krankheit, beinahe diesem Elend da ähnlich, welches uns vor neun Jahren heimgesucht hat, das Antlitz der ganzen Welt und verwüstete insbesondere Alexandria und alle Länder Ägyptens. Der Geschichtsschreiber Dionysius berichtet weinerlich über diese Notlage genauso wie sie Cyprianus, unser ehrwürdiger Märtyrer im Namen Christi und Bischof in seinem Buch mit dem Titel 'Über die Sterblichkeit' beschreibt.

105 Tunc et Emilianus quidam Gothis saepe ob principum neglegentiam Mysiam devastantibus, ut vidit licere nec a quoquam sine magno rei publicae dispendio removeri, similiter suae fortunae arbitratus posse venire, tyrannidem in Moesia arripuit omneque manu

(105) Damals verheerten die Goten aufgrund der Nachlässigkeit der Kaiser häufig das Land Mösien, und als ein gewisser Aemilianus sah, dass ihnen dies einfach möglich war und man sie von dort ohne große Aufwendungen durch den Staat nicht entfernen konnte,

militari ascita coepit urbes et populos devastare. Contra quem intra paucos menses dum multitudo apparatus adcresceret, non minimum incomodum rei publicae parturivit; qui tamen in ipso pene nefario conatus sui initio extinctus et vitam et imperium, quod inhiabat, amisit:

106 supra dicti vero Gallus et Volusianus imperatores, quamvis vix biennio in imperio perseverantes ab hac luce migrarunt, tamen ipsud biennium, quod affuerunt, ubique pacati, ubique regnaverunt gratiosi, praeter quod unum eorum fortunae reputatum est, id est generalis morbus, sed hoc ab imperitis et calumniatoribus, qui vitam solent aliorum dente maledico lacerare. Hi ergo mox imperio adepti sunt, foedus cum gente pepigerunt Gothorum. Et nec longo intervallo utrisque regibus occumbentibus Gallienus arripuit principatum.

glaubte er, auf ähnliche Art und Weise zu seinem Glück kommen zu können. Er riss die Gewaltherrschaft in Mösien an sich und begann nach Übernahme eines ganzen Heeres an Soldaten mit der Plünderung von Städten und Völkern. Während innerhalb weniger Monate die Größe des Heeres gegen ihn stetig anwuchs, brachte er dem Staat größten Schaden bei. Dieser verstarb dennoch bereits am unglücklichen Beginn seines Unternehmens und verlor sowohl das Leben als auch die Macht, nach welcher er gierig geschnappt hatte.

(106) Obwohl die bereits weiter oben genannten Kaiser Gallus und Volusianus nach kaum zweijährigem Verbleib an der Macht aus diesem Leben schieden, regierten sie dennoch diese beiden Jahre hindurch, in welchen sie zugegen waren, überall in friedvoller und gnädiger Weise. Von deren Glück ausgenommen war nur eine Sache, nämlich die alle betreffende Krankheit, aber dies ist eine von Unkundigen und Rechtsverdrehern geäußerte Rechtfertigung, welche das Leben der anderen mit schmähsüchtigem Zahn zugrunde zu richten pflegen. Bald darauf errangen diese aber die Macht und schlossen mit dem Stamm der Goten einen Friedensvertrag. Und nachdem beide Könige verstorben waren, dauerte es nicht lange, bis Gallienus die Herrschaft usurpierte.

XX

107 Quod in omni lascivia resoluto Respa et Veduco Tharuaroque duces Gothorum sumptis navibus Asiam transierunt, fretum Ellispontiacum transvecti, ubi multas eius provinciae civitates populatas opinatissimum illud Ephesiae Dianae templum, quod dudum dixeramus Amazonas condidisse, igne succendunt. Partibusque Bithiniae delati Chalcedonam subverterunt, quam post Cornelius Abitus aliqua parte reparavit, quae hodieque, quamvis regiae urbis vicinitate congaudeat, signa tamen ruinarum suarum aliquanta ad indicium retinet posteritatis.

108 Hac ergo felicitate Gothi, qua intraverunt partibus Asiae, praedas spoliaque potiti, Hellispontiacum fretum retranseunt, vastantes itinere suo Troiam Iliumque, quae vix a bello illo Agamemnoniaco quantulum se reparantes rursus hostili mucrone deletae sunt. Post Asiae ergo tale excidium Thracia eorum experta est feritatem. Nam ibi ad radices Emi montis et mari vicinam Anchialos civitatem adgressi mox adeunt, urbem, quam dudum Sardanaphalus, rex Parthorum, inter limbum maris et Emi radices locasset.

(107) Während dieser an all der Ausschweifung seines Lebens ermattete, bestiegen die Gotenfürsten Respa, Veduc und Thuruar die Schiffe und setzten nach Asien über, indem sie durch die Meerenge des Hellespont fuhren. Dort setzten sie zahlreiche stark bevölkerte Stadte dieser Provinz sowie jenen sehr bemerkenswerten Tempel der ephesischen Diana, von welchem wir zuvor gesagt hatten, dass ihn die Amazonen errichtet hatten, in Brand. Aus Teilen Bithyniens verschlagen vernichteten sie Chalcedon, welches Cornelius Abitus danach wieder zu einem gewissen Teil neu errichtete. Diese beinhaltet auch heute noch etliche Spuren ihrer Zerstörung als Zeugnis für die Nachwelt, obwohl sie sich über die Nähe der königlichen Stadt erfreut.

(108) Nach ihrem Erfolg aber und der Inbesitznahme von Beute und allerlei Raubgut kehrten die Goten über denselben Weg, über welchen sie die Länder Asiens betreten hatten, zurück, überquerten die Meerenge des Hellespont und zerstörten auf ihrem Weg Troja und Ilium. Diese Städte, welche sich noch kaum genügend von jenem Krieg mit Agamemnon erholt hatten, wurden neuerlich durch das feindliche Schwert zerstört. Nach solcherlei Heimsuchung Asiens aber bekam Thrakien deren Wildheit zu spüren. Sie kamen dort nämlich bald an und griffen die am Fuße des Berges Haemus und in der Nähe des Meeres be-

109 Ibi ergo multis feruntur mansisse diebus aquarum calidarum delectati lavacris, quae duodecimo miliario Anchialitanae civitatis sunt siti, ab imo suae fontis ignei scaturrientes, et inter reliqua totius mundi thermarum innumerabilium loca omnino precipua et ad sanitatem infirmorum efficacissima.

findliche Stadt Anchiali an. Dabei handelte es sich um eine Stadt, die der Partherkönig Sardanapalus vor langer Zeit zwischen Meeresarm und Fuß des Haemus angelegt hatte.

(109) Dort aber sollen sie gemäß Überlieferung viele Tag lang geblieben sein und sich an den Bädern in den warmen Wassern erfreut haben, welche zwölf Meilen außerhalb der Stadt Anchiali gelegen sind. Sie sprudeln aus der Tiefe ihrer feurigen Quelle hervor, und unter den zahlreichen Orten mit heißen Quellen auf der ganzen Welt sind sie ganz und gar besonders und höchst wirksam in Bezug auf die Heilung von Kranken.

XXI

110 Exinde ergo ad proprias sedes regressi post haec a Maximiano imperatore rediguntur in auxilio Romanorum contra Parthos rogati, ubi omnino datis auxiliariis fideliter decertati sunt. Sed postquam Caesar Maximinus pene cum eorum solacia Narseum regem Persarum Saporis magni nepotem fugasset eiusque omnes opes simulque uxores et filios depraedasset Achillemque in Alexandria Dioclitianus superasset et Maximianus Herculius in Africa Quinquegentianos adtrivisset, pacem rei publicae nancti coeperunt quasi Gothos neglegere.

(110) Nach diesen Ereignissen wurden die von dort schon beinahe zu ihren heimatlichen Wohnsitzen Zurückgekehrten von Kaiser Maximianus zurückbeordert und um Hilfe für die Römer gegen die Parther ersucht. Nachdem dem Kaiser vollständige Hilfe zugesagt worden war, kämpften sie als getreue Verbündete. Aber nachdem der Caesar Maximinus mit deren Hilfe beinahe den Perserkönig Narses, den Enkel des großen Sapor, in die Flucht geschlagen und dessen gesamtes Hab und Gut gemeinsam mit dessen Ehefrauen und Söhnen erbeutet hatte, Diokletian darüber hinaus Achilles in Alexandria besiegt und Maxiamianus Herculius die Quinquegenti-

ani in Afrika zerrüttet hatten, begannen die den Frieden für den Staat erlangenden Römer die Goten gewissermaßen zu vernachlässigen.

111 Nam sine ipsos dudum contra quasvis gentes Romanus exercitus difficile decertatus est. Apparet namque frequenter, quomodo invitabantur sic: ut et sub Constantino rogati sunt et contra cognatum eius Licinium arma tulerunt eumque devictum et in Thessalonica clausum privatum ab imperio Constantini victoris gladio trucidarunt.

(111) Ohne diese nämlich tat sich das römische Heer seit längerer Zeit schwer beim Kampf gegen irgendwelche Stämme. Dies wird nämlich aufgrund des Umstandes deutlich, dass die Goten so häufig um Unterstützung angerufen wurden. Deshalb wurden sie auch unter Kaiser Konstantin um Hilfe gefragt und erhoben die Waffen gegen dessen Blutsverwandten Licinius. Nachdem dieser besiegt und als von der Befehlsgewalt beraubter Mann in Thessaloniki eingeschlossen war, streckten sie ihn mit dem Schwert des Siegers Konstantin nieder.

112 Nam et ut famosissimam et Romae emulam in suo nomine conderet civitatem, Gothorum interfuit operatio, qui foedus inito cum imperatore quadraginta suorum milia illi in solacio contra gentes varias obtulere; quorum et numerus et militia usque ad praesens in re publica nominatur, id est foederati. Tunc etenim sub Ariarici et Aorici regum suorum florebant imperio. Post quorum decessum successor regni extitit Geberich virtutis et nobilitatis eximius.

(112) Um nämlich auch die berühmteste und mit Rom weiteifernde Stadt, welche nach ihn benannt wurde, zu gründen, bedurfte es ebenso des Handlangerdienstes der Goten, welche nach Inkraftsetzung eines Vertrages mit dem Kaiser 40.000 ihrer Soldaten für den römischen Herrscher als Hilfstruppen gegen verschiedene Stämme zur Verfügung stellten. Deren Menge und militärische Leistung finden bis zum heutigen Tag im Staat mit der Bezeichnung *foederati* ihre Würdigung. Zu jener Zeit blühten sie ja auch unter der Herrschaft ihrer Könige Ariarich und Aorich auf. Nach deren Tod trat Geberich als Nachfolger für den Thron auf, ein hinsichtlich seiner

XXII

113 Nam hic Hilderith patre natus, avo Ovida, proavo Nidada, gloriam generis sui factis illustribus exaequavit. Primitias regni sui mox in Vandalica gente extendere cupiens contra Visimar eorum rege qui Asdingorum stirpe, quod inter eos eminet genusque indicat bellicosissimum, Deuxippo storico referente, qui eos ab Oceano ad nostrum limitem vix in anni spatio pervenisse testatur prae nimia terrarum inmensitate. Quo tempore erant in eo loco manentes, ubi nunc Gepidas sedent, iuxta flumina Marisia, Miliare et Gilpil et Grisia, qui omnes supra dictos excedet.

114 Erat namque illis tunc ab oriente Gothus, ab occidente Marcomanus, a septentrione Hermundolus, a meridie Histrum, qui et Danubius dicitur. Hic ergo Vandalis commorantibus bellum indictum est a Geberich rege Gothorum ad litus praedicti amnis Marisiae, ubi nec diu certatum est ex aequali, sed mox ipse rex Vandalorum Visimar magna parte cum gentis

(113) Dieser war nämlich der Sohn des Hilderith, der Enkel des Ovida und der Urenkel des Nidada, und durch seine ausgezeichneten Taten erreichte er den Ruhm seines Geschlechts. Schon früh begehrte er die ursprünglichen Grenzen seines Königreiches auf Kosten des Stammes der Vandalen und dessen König Visimar zu erweitern. Dieser gehörte dem Geschlecht der Asdingi an, welches unter ihnen allen hervorstach und einen höchst kriegerischen Stamm darstellte, wie der Geschichtsschreiber Deuxippus berichtet. Der bezeugt zudem, dass sie wegen der sehr großen Ausdehnung ihres Landes vom Ozean bis zu unserer Grenze in einem Zeitraum von nicht ganz einem Jahr gelangt waren. In dieser Zeit verweilten sie an jenem Ort, wo nun die Gepidae siedeln, nämlich nahe den Flüssen Marisia, Miliare, Gilpil und der Grisia, welche alle zuvor genannten Gewässer an Größe übertrifft.

(114) Im Osten hatten sie die Goten, im Westen die Markomannen, im Norden die Hermunduli und im Süden den Hister, welcher auch Donau genannt wird. Als hier aber die Vandalen weilten, wurde gegen diese vom Gotenkönig Geberich am Ufer des zuvor erwähnten Flusses Marisia der Krieg begonnen. Dort fand für kurze Zeit ein Kampf zwischen ebenbürtigen

suae prosternitur.

115 Geberich vero Gothorum ductor eximius superatis depraedatisque Vandalis ad propria loca, unde exierat, remeavit. Tunc perpauci Vandali, qui evasissent, collecta inbellium suorum manu, infortunata patria relinquentes Pannoniam sibi a Constantino principe petierunt ibique per lx annos plus minus sedibus locatis imperatorum decretis ut incolae famularunt. Vnde iam post longum ab Stiliconae mag. mil. et ex consule atque patricio invitati Gallias occupaverunt, ubi finitimos depraedantes non adeo fixas sedes habuerunt.

Gegnern statt, aber bald wurde der Vandalenkönig Visimar selbst mit einem großen Teil seines Stammes hingestreckt.
(115) Nachdem Geberich, der außergewöhnliche Anführer der Goten, aber die Vandalen besiegt und ausgebeutet hatte, kehrte an jenen heimatlichen Ort zurück, von wo er gekommen war. Daraufhin verließen die wenigen Vandalen, welche im Kampf gegen die Goten die Flucht angetreten hatten, nach Aufsammlung jener Schar ihrer unkriegerischen Leute ihr unglückseliges Vaterland und beanspruchten für sich von Kaiser Konstantin Pannonien. Nachdem sie dort über einen Zeitraum von ungefähr 60 Jahren ihre Niederlassungen gegründet hatten, gehorchten sie den Beschlüssen der Kaiser wie herkömmliche Einwohner. Erst lange Zeit später eroberten die einst vom Magister militaris, Ex-Konsul und Patrizier Stilicho herbeigelockten Vandalen Gallien, wo sie die angrenzenden Gebiete plünderten und keine festgelegten Wohnsitze besaßen.

XXIII

116 Nam Gothorum rege Geberich rebus humanis excedente post temporis aliquod Hermanaricus nobilissimus Amalorum in regno successit, qui multas et bellicosissimas arctoi gentes perdomuit suisque parere legibus fecit. Quem merito nonnulli Alexandro Magno conparavere maiores. Habebat si quidem quos domuerat

(116) Als der Gotenkönig Geberich aus dem menschlichen Leben schied, folgte ihm nach einer gewissen Zeit Ermanarich, der edelste der Amaler, auf den Thron nach. Dieser unterwarf zahlreiche sehr kriegerische Stämme des Nordens und veranlasste zudem, dass sie seinen Gesetzen Folge leisteten. Einige unserer Vorfahren haben

Golthescytha Thiudos Inaunxis Vasinabroncas Merens Mordens Imniscaris Rogas Tadzans Athaul Navego Bubegenas Coldas.

117 Sed cum tantorum servitio clarus haberetur, non passus est nisi et gentem Herulorum, quibus praeerat Halaricus, magna ex parte trucidatam reliquam suae subegeret dicioni. Nam praedicta gens, Ablavio istorico referente, iuxta Meotida palude inhabitans in locis stagnantibus, quas Greci ele vocant, Eluri nominati sunt, gens quantum velox, eo amplius superbissima.

118 Nulla si quidem erat tunc gens, quae non levem armaturam in acie sua ex ipsis elegeret. Sed quamvis velocitas eorum ab aliis crebro bellantibus evagaret, Gothorum tamen stabilitate subiacuit et tarditati, fecitque causa fortunae, ut et ipsi inter reliquas gentes Getarum regi Hermanarico servirent.

diesen verdientermaßen mit Alexander dem Großen verglichen. Unter den Stämmen, welche er unterworfen hatte, befanden sich die Golthescytha, Thiudos, Inaunxis, Vasinabroncae, Merens, Mordens, Imniscaris, Rogas, Tadzans, Athaul, Navego, Bubegenae und Coldae.

(117) Obwohl er aber wegen der Unterwerfung so vieler Stämme für berühmt erachtet wurde, kam er nicht zur Ruhe, solange er nicht auch den Stamm der Heruli, an dessen Spitze Alarich stand, zum großen Teil niedergemetzelt und den Rest seiner Macht unterworfen hatte. Der zuvor genannte Stamm siedelte nach einem Bericht des Geschichtsschreibers Ablabius in der Nähe des Maeotissees in sumpfigen Gebieten, welche die Griechen 'hele' nennen, weshalb sie auch als Heluri bezeichnet wurden. Es handelte sich dabei um einen Stamm von großer Flinkheit und noch bei Weitem größerem Stolz.

(118) So gab es freilich damals keinen Stamm, welcher aus diesen nicht leichtbewaffnete Truppen für seine Schlachtreihe erwählte. Obwohl aber deren Flinkheit sie häufig von den anderen, welche mit ihnen Krieg führen wollten, entkommen ließ, wurden sie dennoch durch die Standhaftigkeit und Trägheit der Goten überwältigt, und das Schicksal brachte es mit sich, dass auch sie gemeinsam mit den übrigen Stämmen dem Gotenlönig Ermanarich als Sklaven dienten.

119 Post Herulorum cede item Hermanaricus in Venethos arma commovit, qui, quamvis armis despecti, sed numerositate pollentes, primum resistere conabantur. Sed nihil valet multitudo inbellium, praesertim ubi et deus permittit et multitudo armata advenerit. Nam hi, ut in initio expositionis vel catalogo gentium dicere coepimus, ab una stirpe exorti, tria nunc nomina ediderunt, id est Venethi, Antes, Sclaveni; qui quamvis nunc, ita facientibus peccatis nostris, ubique deseviunt, tamen tunc omnes Hermanarici imperiis servierunt.

120 Aestorum quoque similiter nationem, qui longissimam ripam Oceani Germanici insident, idem ipse prudentia et virtute subegit omnibusque Scythiae et Germaniae nationibus ac si propriis lavoribus imperavit.

(119) Nach dem Fall der Heruli erhob Ermanarich auf gleiche Weise seine Waffen gegen die Venethi, die zwar an den Waffen gering geschätzt waren, aber durch ihre große Zahl stark waren und es zunächst wagten, Widerstand gegen den König zu leisten. Aber eine Menge an kriegsunerfahrenen Menschen vermag nichts, vor allem wenn Gott die Erlaubnis zum Angriff auf sie durch eine bewaffnete Menschenmenge erteilt. Wie wir am Anfang der Ausführung oder in der Aufzählung der Stämme bereits zu erwähnen begonnen haben, stammten diese von einem Geschlecht ab, besitzen nun aber drei Namen, nämlich Venethi, Antes und Sclaveni. Obwohl sie nun überall wüten, weil unsere Sünden es so bereitet hatten, gehorchten sie damals dennoch alle den Befehlen des Hermanarich.

(120) Derselbe unterwarf durch seine Klugheit und Tapferkeit auch auf ähnliche Weise den Stamm der Aesti, welche die entlegenste Küste des germanischen Ozeans besiedelte, und beherrschte alle Nationen Skythiens und Germaniens alleine durch seine eigenen Anstrengungen.

XXIV

121 Post autem non longi temporis intervallo, ut refert Orosius, Hunnorum gens omni ferocitate atrocior exarsit in Gothos. Nam hos, ut refert antiquitas, ita extitisse conperimus. Filimer rex Gothorum et Gadarici magni filius

(121) Wie Orosius berichtet, entbrannte bereits nach kurzer Zeitspanne der Stamm der Hunnen, der unbändiger als jede Wildheit war, gegen die Goten. Von alten Überlieferungen erfahren wir, dass diese auf folgende Weise zum

qui post egressu Scandzae insulae iam quinto loco tenens principatum Getarum, qui et terras Scythicas cum sua gente introisse superius a nobis dictum est, repperit in populo suo quasdam magas mulieres, quas patrio sermone Haliurunnas is ipse cognominat, easque habens suspectas de medio sui proturbat longeque ab exercitu suo fugatas in solitudinem coegit errare.

122 Quas spiritus inmundi per herimum vagantes dum vidissent et eorum conplexibus in coitu miscuissent, genus hoc ferocissimum ediderunt, quae fuit primum inter paludes, minutum tetrum atque exile quasi hominum genus nec alia voce notum nisi quod humani sermonis imaginem adsignabat. Tali igitur Hunni stirpe creati Gothorum finibus advenerunt.

123 Quorum natio saeva, ut Priscus istoricus refert, Meotida palude ulteriore ripa insidens, venationi tantum nec alio labore experta, nisi quod, postquam crevisset

Vorschein gekommen waren: Filimer, der König der Goten und Sohn von Gadarich dem Großen, welcher nach Verlassen der Insel Scandza bereits als Fünfter in der Reihenfolge die Herrschaft über die Getae innehatte und der, wie von uns bereits zuvor gesagt worden ist, mit seinem Stamm die skythischen Länder betreten hatte, fand in seinem Volke gewisse mit Zauberkräften versehene Frauen vor, die er selbst in seiner Muttersprache Haliurunnae nannte. Diese mit Argwohn betrachtend vertrieb er aus der Mitte seines Volkes und zwang sie, als Flüchtige in die Einöde weitab von seinem Heer auszuwandern.

(122) Nachdem die unreinen Geister diese durch die Wildnis Eilenden wahrgenommen und sich nach deren Ergreifung im Beischlaf mit ihnen vereinigt hatten, brachten sie diesen unbändigsten Stamm hervor, welcher zunächst in den Sümpfen hauste. Es handelte sich dabei um einen kleinwüchsigen, häßlichen und gewissermaßen dürren Menschenstamm mit einer anderen Sprache, die, wenn sie auch niemendem bekannt ist, dennoch Ähnlichkeit mit der menschlichen Sprechweise zeigt. Von solcherlei Stamm wurden die Hunnen gezeugt, welche in die Gebiete der Goten kamen.

(123) Wie der Geschichtsschreiber Priscus überliefert, siedelte dieser wilde Stamm am entfernteren Ufer des Maeotissees und besaß lediglich Erfahrung in der

in populis, fraudibus et rapinis vicinarum gentium quiete conturbans. Huius ergo gentis, ut adsolet, venatores, dum in interioris Meotidae ripam venationes inquirent, animadvertunt, quomodo ex inproviso cerva se illis optulit ingressaque paludem nunc progrediens nunc subsistens index viae se tribuit.

124 Quam secuti venatores paludem Meotidam, quem inpervium ut pelagus aestimant, pedibus transierunt. Mox quoque Scythica terra ignotis apparuit, cerva disparuit. Quod, credo, spiritus illi, unde progeniem trahunt, ad Scytharum invidia id egerunt.

125 Illi vero, qui praeter Meotidam alium mundum esse paenitus ignorabant, admiratione ducti terrae Scythicae et, ut sunt sollertes, iter illud nullae ante aetati notissimum divinitus sibi ostensum rati, ad suos redeunt, rei gestum edocent, Scythiam laudant persuasaque gente sua via, qua cerva indice dedicerant, ad Scythiam properant, et quantoscumque prius in ingressu Scytharum habuerunt, litavere victoriae, reliquos perdomitos subegerunt.

Jagd und in keiner anderen Tätigkeit. Nachdem er zu einem Volk angewachsen war, störte er die Ruhe der benachbarten Stämme durch Verbrechen und Räubereien. Als Jäger dieses Stammes aber wie gewohnt an den entfernten Ufern des Maeotissees auf die Jagd gingen, bemerkten sie, wie sich jenen unversehens eine Hirschkuh zeigte und sich nach Betreten des Sumpfes als Anzeigerin des Weges erwies, indem sie einmal voranschritt und das andere Mal stehen blieb.

(124) Die sie verfolgenden Jäger durchquerten den Sumpf des Maeotissees, welchen sie für so unüberwindbar wie das Meer hielten, mit bloßen Füßen. Bald erschien den Fremden auch das Land Skythien, und die Hirschkuh verschwand daraufhin. Nach meiner Auffassung taten jene bösen Geister, von denen die Hunnen abstammten, dies aus Missgunst gegenüber den Skythen.

(125) Jene aber, welche bislang nicht wussten, dass es eine ganz und gar andere Welt jenseits des Maeotissees gab, hegten nun Bewunderung für das skythische Land. Und klug wie sie waren, glaubten sie, dass ihnen jener Pfad, der keinem vorangehenden Zeitalter auch nur im geringsten bekannt gewesen war, durch göttliche Fügung vor Augen geführt worden war. Sie kehrten zu ihren Leuten zurück, berichteten ihnen über die Ereignisse, priesen Skythien und eilten nach Überzeugung

126 Nam mox ingentem illam paludem transierunt, ilico Alpidzuros, Alcildzuros, Itimaros, Tuncarsos et Boiscos, qui ripae istius Scythiae insedebant, quasi quaedam turbo gentium rapuerunt. Halanos quoque pugna sibi pares, sed humanitate, victu formaque dissimiles, frequenti certamine fatigantes, subiugaverunt.

127 Nam et quos bello forsitan minime superabant, vultus sui terrore nimium pavorem ingerentes, terribilitate fugabant, eo quod erat eis species pavenda nigridinis et velud quaedam, si dici fas est, informis offa, non facies, habensque magis puncta quam lumina. Quorum animi fiducia turvus prodet aspectus, qui etiam in pignora sua primo die nata desaeviunt. Nam maribus ferro genas secant, ut ante quam lactis nutrimenta percipiant, vulneris cogantur subire tolerantiam.

ihres Stammes über den Weg, welchen sie nach Anweisung der Hirschkuh gefunden hatten, nach Skythien. Bei ihrem Einfall nahmen sie zunächst so viele Skythen wie möglich gefangen und opferten sie der Siegesgöttin, wohingegen sie die noch verbliebenen Skythen nach deren Bezwingung als Sklaven unterwarfen.

(126) Bald darauf nämlich überquerten sie jenen mächtigen See und rafften auf der Stelle die Alpidzuri, Alcildzuri, Itimari, Tuncarsi und Boisci, die dieses skythische Ufer da besiedelten, gleichermaßen wie ein gewisser Wirbelwind der Stämme hinweg Auch die Alani, welche ihnen im Kampf ebenbürtig, jedoch in der Bildung, in den Nahrungsgewohnheiten und im Körperbau unähnlich waren, unterwarfen sie, indem sie sie durch häufige Angriffe müde machten.

(127) Durch den Schrecken ihres Gesichtsausdrucks verbreiteten sie auch bei denen, welchen sie im Krieg vielleicht keineswegs überlegen waren, sehr große Angst, und sie schlugen diese durch Erregung von Angst in die Flucht, weil die ihnen eigene dunkle Erscheinung furchterregend war und sie, wenn es mir erlaubt ist zu sagen, einen gestaltlosen Kloß anstelle eines Kopfes und eher Punkte als Augen besaßen. Deren Härte des Geistes zeigt sich am wilden Aussehen, wobei sie auch mit ihren Kindern ab dem ersten Tag nach der Geburt einen grausamen Umgang pflegen. Sie beschneiden nämlich den männlichen Nachkommen die Wangen, so dass diese noch vor der Aufnahme von Milch als Nahrung zur Erduldung einer Verletzung gezwungen werden.

128 Hinc inberbes senescunt et sine venustate efoebi sunt, quia facies ferro sulcata tempestivam pilorum gratiam cicatricis absumit. Exigui quidem forma, sed argutis motibus expediti et ad equitandum promptissimi, scapulis latis, et ad arcos sagittasque parati firmis cervicibus et superbia semper erecti. Hi vero sub hominum figura vivunt beluina saevitia.

(128) Diese altern bartlos und die jungen Männer entbehren jeglicher Schönheit, weil das durch das Schwert gefurchte Gesicht durch seine Narben von der natürlichen Schönheit der Haare befreit ist. Sie verfügen zwar über einen eher schmächtigen Körperbau, sind aber geschult in schnellen Körperbewegungen und am eifrigsten beim Reiten. Mit Pfeil und Bogen sind sie ausgerüstet und durch ihre starken Hälse stehen sie immer stolz und erhaben da. Diese aber leben im Körper des Menschen mit ungeheuerlicher Wildheit.

129 Quod genus expeditissimum multarumque nationum grassatorem Getae ut viderunt, paviscunt, suoque cum rege deliberant, qualiter tali se hoste subducant. Nam Hermanaricus, rex Gothorum, licet, ut superius retulimus, multarum gentium extiterat triumphator, de Hunnorum tamen adventu dum cogitat, Rosomonorum gens infida, quae tunc inter alias illi famulatum exhibebat, tali eum nanciscitur occasione decipere. Dum enim quandam mulierem Sunilda nomine ex gente memorata pro mariti fraudulento discessu rex furore commotus equis ferocibus inligatam incitatisque cursibus per diversa divelli praecipisset, fratres eius Sarus et Ammius, ger-

(129) Wie es scheint, ängstigen sich die Goten vor diesem höchst streitlustigen Stamm und Wegelagerer unter den vielen Völkern, und sie beratschlagen mit ihrem König, wie sie sich solch einem Feind entziehen könnten. Wie wir bereits weiter oben erläutert haben, war der Gotenkönig Ermanarich nämlich als Triumphator über zahlreiche Stämme hervorgetreten. Während er aber einen Plan gegen den Anmarsch der Hunnen ersann, erlangte der treulose Stamm der Rosomoni, welcher jenem zum damaligen Zeitpunkt unter anderem die Dienstbarkeit erwiesen hatte, durch Zufall eine gute Gelegenheit, ihn zu hintergehen. Nachdem der vor Wut tobende

manae obitum vindicantes, Hermanarici latus ferro petierunt; quo vulnere saucius egram vitam corporis inbecillitate contraxit.

130 Quam adversam eius valitudinem captans Balamber rex Hunnorum in Ostrogotharum parte movit procinctum, a quorum societate iam Vesegothae quadam inter se intentione seiuncti habebantur. Inter haec Hermanaricus tam vulneris dolore quam etiam Hunnorum incursionibus non ferens grandevus et plenus dierum centesimo decimo anno vitae suae defunctus est. Cuius mortis occasio dedit Hunnis praevalere in Gothis illis, quos dixeramus orientali plaga sedere et Ostrogothas nuncupari.

König nämlich befohlen hatte, dass eine gewisse Frau von bekannter Herkunft mit dem Namen Sunilda trotz des betrügerischen Wegganges ihres Ehemannes an wilde Pferde gefesselt und durch deren rasche gegensätzliche Bewegungen in Stücke gerissen werden sollte, trieben die Brüder der zu Tode Gefolterten, Sarus und Ammius, ihre Schwerter in den Körper des Ermanarich, um den Tod der Germanin zu rächen. Der durch diese Wunde schwer Gezeichnete verkürzte durch die Schwäche des Körpers sein trauriges Leben.

(130) Der im Gegensatz zu diesem aus voller Körperkraft schöpfende Hunnenkönig Balamber zog mit seinem Heer in das Gebiet der Ostgoten, von deren Gesellschaft sich bereits die Visigoten aufgrund untereinander bestehender Spannungen abgetrennt hatten. Währenddessen konnte Ermanarich dem quälenden Schmerz seiner Verwundung und auch den Angriffen der Hunnen nicht mehr standhalten und schied als hochbetagter und mit reichlichen Lebenstagen belohnter Mann im Alter von 110 Jahren aus dem Leben. Die Gelegenheit dieses Todes verhalf den Hunnen zum Sieg über jene Goten, von welchen wir vermeldet hatten, dass sie in östlichem Gefilde siedeln und demzufolge Ostgoten genannt werden.

XXV

131 Vesegothae, id est illi alii eo-

(131) Die Visigoten – es handelt

rum socii et occidui soli cultores, metu parentum exterriti, quidnam de se propter gentem Hunnorum deliberarent, ambigebant, diuque cogitantes tandem communi placito legatos in Romania direxerunt ad Valentem imperatorem fratrem Valentiniani imperatoris senioris, ut, partem Thraciae sive Moesiae si illis traderet ad colendum, eius se legibus eiusque vivere imperiis subderentur. Et, ut fides uberior illis haberetur, promittunt se, si doctores linguae suae donaverit, fieri Christianos.

132 Quod Valens conperto mox gratulabundus annuit, quod ultro petere voluisset, susceptosque in partibus Moesiae Getas quasi murum regni sui contra citeras statuit gentes. Et quia tunc Valens imperator Arrianorum perfidia saucius nostrarum partium omnes ecclesias obturasset, suae parti fautores ad illos diriget praedicatores, qui venientes rudibus et ignaris ilico perfidiae suae virus infundunt. Sic quoque Vesegothae a Valente imperatore Arriani potius quam Christiani effecti.

sich hierbei um jene anderen gotischen Stammesangehörigen und Besiedler des westlichen Landes – wurden durch das Schicksal der Ahnen aufgescheucht. Sie waren aber von ihrem Entschluss des Bündnisses mit dem Stamm der Hunnen hin- und hergerissen und beorderten schließlich nach einer langen Nachdenkphase und mit gemeinsamer Überzeugung Gesandte nach Rom zu Kaiser Valens, den Bruder des betagten Imperators Valentinian. Falls dieser jenen einen Teil Thrakiens oder Mösiens zur Besiedlung überließe, würden sie sich seinen Gesetzen und seinen Vorschriften in Bezug auf die Lebensführung unterwerfen. Und als jenen reichlicher Beistand zuteilwurde, versprachen sie, sich zum Christentum zu bekennen, wenn er ihnen Gelehrte der römischen Sprache überlassen würde.

(132) Nachdem Valens dies erfahren hatte, sagte er bald darauf Glück wünschend zu, weil er dorthin eilen wollte. Er ließ die geduldeten Goten in Teilen Mösiens gleichsam als Schutzwall für ihren König gegen die übrigen Stämme aufstellen. Und weil damals der durch die Unzuverlässigkeit der Arrianer verwundete Kaiser Valens alle Ratschläge unserer Ämter nicht hören wollte, erhob er jene Claquere seiner Partei zu Lobrednern, welche zu den Ungebildeten kamen und dort unter den nichts Ahnenden den Geifer ihrer Unredlichkeit verbreiteten. So wurden auch die Visigoten von Kaiser Va-

133 De cetero tam Ostrogothis quam Gepidis parentibus suis pro affectionis gratia evangelizantes huius perfidiae culturam edocentes, omnem ubique linguae huius nationem ad culturam huius sectae invitaverunt. Ipsi quoque, ut dictum est, Danubio transmeantes Daciam ripensem, Moesiam Thraciasque permisso principis insederunt.

(133) Im Übrigen lehrten die Evangelikalen sowohl den Ostgoten als auch unseren gepidischen Vorfahren aus Selbstverliebtheit die Kultur dieser Unredlichkeit, und sie forderten überall jedes dieser Sprache mächtige Volk zur Bewahrung dieser Sekte auf. Wie bereits gesagt worden ist, durchschritten auch sie selbst die Donau in Richtung Uferdakien und besiedelten auf Geheiß des Kaisers Mösien und Thrakien.

XXVI

134 Quibus evenit, ut adsolet genti, necdum bene loco fundatis, penuria famis, coeperuntque primates eorum et duces, qui regum vice illis praeerant, id est Fritigernus, Alatheus et Safrac, exercitus inopiam condolere negotiationemque a Lupicino Maximoque Romanorum ducum expetere. Verum quid non auri sacra fames compellit adquiescere? Coeperunt duces avaritia compellente non solum ovium bovumque carnes, verum etiam canum et inmundorum animalium morticina eis pro magno contradere, adeo, ut quemlibet mancipium in uno pane aut decem libris carne mercarent.

(134) Diese wurden bald darauf von einer Hungersnot erfasst, wie es oft einem Stamm geschieht, welcher noch nicht gut an einem Ort verwurzelt ist. Ihre Aristokraten und Anführer, welche ihnen anstelle von Königen vorgesetzt waren, – es handelte sich hierbei um Fritigern, Alatheus und Safrac – begannen die Not des Heeres zu beklagen und erbaten von Lupicinus und Maximus, den Anführern der Römer, einen Großhandel. Welche Zustimmung aber ist es, welche die verfluchte Gier nach Gold jemandem nicht abzunötigen vermag? Die von Habgier erfüllten römischen Generäle leiteten nicht nur den Verkauf von Schaf- und Rindfleisch ein, sondern überließen ihnen zu einem hohen Preis auch die Kadaver von Hunden und allerlei unreinen Tieren. Es war so, als würden sie den erstbesten Sklaven für einen Laib Brot oder

135 Sed iam mancipiis et supellectile deficientibus filios eorum avarus mercator victus necessitate exposcit. Haut enim secus parentes faciunt salute suorum pignorum providentes: faciliusque deliberant ingenuitatem perire quam vitam, dum misericorditer alendus quis venditur quam moriturus servatur. Contigit etenim illo sub tempore erumnoso, Lupicinus ut ductor Romanorum Fritigernum Gothorum regulum in convivio invitaret dolumque ei, ut post exitus docuit, moliretur.

136 Sed Fritigernus dolum nescius cum paucorum comitatu ad convivium veniens, dum intus in preturio aepularetur, clamorem miserorum morientium audiret: nam in alia parte socios eius reclausos dum milites ducis sui iussu trucidare conarentur et vox morientium duriter emissa iam suspectis auribus intonaret, ilico aperto dolo cognoscens Fritigernus evaginato gladio e convivio non sine magna temeritate velocitateque egreditur suosque socios ab imminenti morte ereptos ad necem Romanorum instigat.

zehn Stücke Fleisch verkaufen.

(135) Nachdem ihnen aber bereits alle Sklaven und sonstigen Besitzungen abgeknöpft worden waren, forderte der habgierige Händler deren Söhne für die dringend benötigte Nahrung. Und die Eltern stimmten sogar diesem Handel zu und taten dies zum Wohle ihrer Kinder: Sie glaubten, dass es besser wäre, versklavt zu werden als in Freiheit das Leben zu verlieren. So ist auch demjenigen, der als barmherzig Ernährter verkauft wird, der Vorzug gegenüber dem zu geben, der befreit wird, um kurz darauf den Tod zu erfahren. Nun ereignete es sich auch in jener zweifelhaften Zeit, dass der römische Anführer Lupicinus den Gotenfürsten Fritigern zu einem Gastmahl einlud und auf ihn nach Beendigung des Festes einen einstudierten Anschlag verüben ließ.

(136) Aber Fritigern, der von dem Hinterhalt keine Ahnung hatte, kam mit wenigen Begleitern zu dem Gastmahl. Während er im Amtshaus des Prätors speiste, hörte er das Geschrei jener Elenden, die den Tod erfuhren: Soldaten unternahmen nämlich auf Geheiß ihres Generals die Tötung von dessen in einem anderen Teil des Gebäudes eingeschlossenen Gefährten. Das fortwährend von den Sterbenden ausgestoßene Geschrei trat bereits auf verdächtige Weise in die Ohren, und der den offenkundigen Hinterhalt erkennende Fritigern trat mit gezogenem Schwert vollen Mutes und

137 Qui nancti occasione votiva elegerunt viri fortissimi in bello magis quam in fame deficere, et ilico in ducum Lupicini et Maximi armantur occisione. Illa namque dies Gothorum famem Romanorumque securitatem ademit, coeperuntque Gothi iam non ut advenae et peregrini, sed ut cives et domini possessoribus imperare totasque partes septentrionales usque ad Danubium suo iuri tenere.

138 Quod conperiens in Antiochia Valens imperator mox armato exercitu in Thraciarum partes egreditur; ubi lacrimabile bello commisso vincentibus Gothis in quodam praedio iuxta Adrianopolim saucius ipse refugiens ignorantibusque, quod imperator in tam vili casula delitisceret, Gothis, ignemque, ut adsolet saeviente inimico, supposito, cum regali pompa crematus est, haut secus quam dei prorsus iudicio, ut ab ipsis igni conbureretur, quos ipse vera fide petentibus in perfidia declinasset ignemque caritatis ad gehennae ignem detorsisset. Quo tempore Vesegothae Thracias Daciaque ripense post tanti gloria tropaei tamquam solum genitalem potiti

raschen Schrittes vom Gastmahl ab und spornte seine vom drohenden Tod entrissenen Gefährten zur Ermordung der Römer an.
(137) Diese erlangten durch Zufall eine verheißungsvolle Gelegenheit, und die überaus tapferen Männer gaben dem Tod im Krieg den Vorzug gegenüber jenem durch Verhungern. Kurz darauf schritten sie mit den Waffen zur Vernichtung der beiden Generäle Lupicinus und Maximus. Jener Tag beendete die Hungersnot der Goten und die Sorgenfreiheit der Römer, und die Goten begannen nun nicht mehr als Zuwanderer und Fremde, sondern als Bürger und Anführer über ihre Besitzungen zu herrschen und alle nördlichen Landesteile bis zur Donau ihrer Rechtsprechung zu unterziehen.
(138) Nachdem Kaiser Valens in Antiochia von den besagten Ereignissen in Kenntnis gesetzt worden war, zog er bald darauf mit einem bewaffneten Heer in die thrakischen Gebiete; dort fand ein beweinenswerter Krieg statt, aus welchem die Goten siegreich hervortraten. Der Kaiser selbst wurde in der Schlacht verwundet und floh auf irgendein Landgut in der Nähe von Hadrianopel. Die Goten, welche nicht ahnen konnten, dass sich der Kaiser in einer solch armseligen Hütte verbarg, setzten die Unterkunft in Brand wie es sich für einen grausamen Feind geziemte, so dass der römische Herrscher in allem Prunk eingeäschert wurde. Es handelte sich hierbei

coeperunt incolere.

um nichts Anderes als das direkte Urteil Gottes, dass der Kaiser gerade von denjenigen verbrannt worden war, welche er, als sie nach wahrhafter Treue strebten, in Unredlichkeit abschweifen und vom Feuer der Liebe zum Feuer der Hölle abkehren ließ. Von diesem Zeitpunkt an erlangten die Visigoten nach ihrem glorreichen Triumph die Macht über Thrakien und Dacia Ripensis, als ob es ihr angestammter Grund und Boden wäre.

XXVII

139 Sed Theodosio ab Spania Gratianus imperator electo et in orientali principatu loco Valentis patrui subrogato, militaremque disciplinam mox in meliori statu reposita ignavia priorum principum et desidia exclusa Gothus ut sensit, pertimuit. Nam inperator acri omnino ingenii virtuteque et consilio clarus dum praeceptorum saeveritate et liberalitate blanditiaque sua remissum exercitum ad fortia provocaret.

(139) Nachdem anstelle des verstorbenen Valens dessen Onkel Gratianus als Kaiser nachgerückt war und der aus Spanien stammende Theodosius im östlichen Prinzipat an die Spitze gewählt worden war, wurde die militärische Disziplin bald wieder auf einen verbesserten Stand zurückgeführt und der Gote, welcher erkannte, dass die Feigheit und Trägheit früherer Anführer gewichen waren, verfiel in Angst. Der im Allgemeinen von scharfem Verstand gekennzeichnete Kaiser war nämlich berühmt für seine Tapferkeit und seine Ratschläge, während er durch strenge Weisungen, durch seine Güte und durch allerlei Schmeicheleien das kraftlose Heer zu neuen kühnen Taten anstachelte.

140 At vero ubi milites principe meliore mutato fiduciam acceperunt, Gothos impetere temptant eosque Thraciae finibus pellunt.

(140) Nachdem die Soldaten aber durch ihren Führer, welcher alles zum Besseren verändert hatte, zu neuem Selbstvertrauen gefunden

94

Sed Theodosio principe pene tunc usque ad disperationem egrotanti datur iterum Gothis audacia divisoque exercitu Fritigernus ad Thessaliam praedandam, Epiros et Achaiam digressus est, Alatheus vero et Safrac cum residuis copiis Pannoniam petierunt.

141 Quod cum Gratianus imperator, qui tunc a Roma in Gallis ob incursione Vandalorum recesserat, conperisset, quia Theodosio fatali desperatione succumbente Gothi maius saevirent, mox ad eos collecto venit exercitu, nec tamen fretus in armis, sed gratia eos muneribusque victurus, pacemque, victualia illis concedens, cum ipsis inito foedere fecit.

hatten, unternahmen sie den Versuch eines Angriffs gegen die Goten und drängten diese an die Grenzen Thrakiens zurück. Als aber Kaiser Theodosius bald darauf so schwer erkrankte, dass man die Hoffnung auf sein Überleben bereits aufgegeben hatte, erlangten die Goten wieder ihre Verwegenheit zurück. Nach der Teilung des Heeres ging Fritigernus auf Raubzug nach Thessalien, Epirus und Achaia, während Alatheus und Safrac mit den restlichen Truppen nach Pannonien zogen.

(141) Nachdem Kaiser Gratianus, der sich damals wegen des Vandalensturms von Rom nach Gallien zurückgezogen hatte, darüber in Kenntnis gesetzt worden war, dass die Goten wegen der hoffnungslosen Erkrankung des Theodosius wieder mit größerer Gewalt wüteten, kam er nach Aufstellung eines Heeres unverzüglich zu ihnen. Er setzte dabei sein Vertrauen nicht etwa auf die Waffen, sondern darauf, dass er mit Wohlwollen und Geschenken siegreich sein würde, und er, der jenen Vorräte zukommen ließ, brachte den Frieden, nachdem mit den Goten ein Bündnis ausgehandelt worden war.

XXVIII

142 Vbi vero post haec Theodosius convaluit imperator repperitque cum Gothis et Romanis Gratiano imperatore pepigisse quod ipse optaverat, admodum grato animo ferens et ipse in hac pace consensit, Aithanaricoque rege,

(142) Als aber Kaiser Theodosius im Nachhinein wieder erstarkte und herausfand, dass Kaiser Gratianus zwischen Goten und Römern einen Pakt ausverhandelt hatte, welcher ganz nach seinen Wünschen geglückt war, nahm er dies

qui tunc Fritigerno successerat, datis sibi muneribus sociavit moribusque suis benignissimis ad se eum in Constantinopolim accedere invitavit.

143 Qui omnino libenter adquiescens regia urbe ingressus est miransque: '*En*, inquid, *cerno, quod saepe incredulus audiebam*', famam videlicet tantae urbis; et huc illuc oculos volvens nunc situm urbis commeatuque navium, nunc moenia clara prospectans miratur, populosque diversarum gentium quasi fonte in uno e diversis partibus scaturriente unda, sic quoque milite ordinato aspiciens: '*Deus*, inquit, *sine dubio terrenus est imperator et quisquis adversus eum manu moverit, ipse sui sanguinis reus existit*'.

144 In tali ergo admiratione maioreque a principe honore suffultus paucis mensibus interiectis ab hac luce migravit. Quem princeps affectionis gratia pene plus mortuum quam vivum honorans dig-

mit äußerst erfreutem Gemüt auf und willigte selbst in diesen Frieden ein. Nachdem ihm durch König Athanaricus, welcher damals Fritigernus nachgefolgt war, Geschenke überreicht worden waren, schloss er mit den Goten eine Allianz und lud den König mit allen gebotenen Freundlichkeiten zu sich nach Konstantinopel ein.
(143) Dieser war von der Einladung ganz und gar ergriffen, betrat die königliche Stadt und vermeldete staunend: *„Siehe da, nun erblicke ich das, wovon ich oft hörte, welches ich aber nicht glauben wollte."* Er bezog sich dabei auf den Ruhm der so großen Stadt; und die Augen hin- und herschweifend erblickte er einmal mit Bewunderung die Lage der Stadt mit ihrem Schiffsverkehr, das andere Mal die glänzenden Mauern. Er vernahm auch die Menschen von ganz unterschiedlichen Stämmen, welche in Form einer sprudelnden Welle aus verschiedenen Teilen gleichsam in einem gemeinsamen Becken gesammelt wurden. So auch das in geordneter Reihe stehende Heer erblickend sagte er: *„Der Kaiser ist ohne jeden Zweifel ein Gott auf Erden, und wer auch immer gegen ihn die Hand erhebt, tritt selbst als schuldiger seines eigenen Blutes zum Vorschein."*
(144) In solcher Bewunderung verharrend und von der kaiserlichen Ehre in hohem Maße ergriffen schied er nach einem Zeitraum von wenigen Monaten aus dem Leben. Der Kaiser würdigte Atha-

nae tradidit sepulturae, ipse quoque in exequiis feretro eins praeiens.

145 Defuncto ergo Aithanarico cunctus eius exercitus in servitio Theodosii imperatoris perdurans Romano se imperio subdens cum milite velut unum corpus effecit militiaque illa dudum sub Constantino principe foederatorum renovata et ipsi dicti sunt foederati. E quibus imperator contra Eugenium tyrannum, qui occiso Gratiano Gallias occupasset plus quam viginti milia armatorum fideles sibi et amicos intellegens secum duxit victoriaque de praedicto tyranno potitus ultionem exegit.

naricus aufgrund seiner Neigung zu diesem beinahe als Toten mehr als lebendig und ließ eine würdige Bestattung ausrichten, bei der auch er selbst an der Spitze des Grabgeleitzuges schritt.

(145) Nachdem Athanaricus verstorben war, wirkte dessen gesamtes Heer im Dienste des Kaisers Theodosius fort, unterwarf sich dem römischen Oberbefehl und formte mit dem römischen Militär einen einheitlichen Truppenkörper. Jene einst unter Kaiser Konstantin gegründete Truppenform der Verbündeten wurde neu aufgestellt, und sie selbst nannten sich wiederum Verbündete. Der Kaiser, welcher erkannte, dass sie ihm und seinen Freunden ergeben waren, zog mit mehr als 20.000 bewaffneten Kämpfern von diesen gegen den Tyrannen Eugenius, welcher nach der Ermordung des Gratianus Gallien eingenommen hatte, in den Krieg. Nachdem er den Sieg über den öffentlich ausgerufenen Gewaltherrscher erlangt hatte, übte er seine Rache an ihm.

XXIX

146 Postquam vero Theodosius amator pacis generisque Gothorum rebus excessit humanis coeperuntque eius filii utramque rem publicam luxuriose viventes adnihilare auxiliariisque suis, id est Gothis, consueta dona subtrahere, mox Gothis fastidium eorum increvit, verentesque, ne longa pace eorum resolveretur fortitudo, ordinato super se rege Halarico, cui

(146) Nachdem aber Theodosius, ein Liebhaber des Friedens und des gotischen Stammes, aus dem menschlichen Leben gewichen war, begannen dessen Söhne beide Reichshälften durch ihre luxuriöse Lebensweise in den Ruin zu stürzen und ihren Hilfstruppen – gemeint sind damit die Goten – die üblichen Geschenke zu entziehen. Bald darauf wuchs unter den Go-

erat post Amalos secunda nobilitas Balthorumque ex genere origo mirifica, qui dudum ob audacia virtutis Baltha, id est audax, nomen inter suos acceperat.

ten die Abneigung gegen diese, und aus Furcht davor, dass deren Tapferkeit durch eine lange Friedensperiode zunichte gemacht werden könnte, wählten sie König Alarich zu deren Oberhaupt. Er gehörte nach den Amali der zweiten Adelsreihe an und entstammte dem bewundernswerten Geschlecht der Balthi, welche seit jeher wegen ihrer Unerschrockenheit den Namen Baltha – das bedeutet „die Tapferen" – für sich proklamierten.

147 Mox ergo antefatus Halaricus creatus est rex, cum suis deliberans suasit eos suo labore quaerere regna quam alienis per otium subiacere, et sumpto exercitu per Pannonias Stilicone et Aureliano consulibus et per Sirmium dextroque latere quasi viris vacuam intravit Italiam nulloque penitus obsistente ad pontem applicavit Candidiani, qui tertio miliario ab urbe aberat regia Ravennate.

(147) Als bald darauf der nachgerückte Alarich zum König erhoben wurde, beriet er sich mit seinen Männern und redete ihnen ein, dass es besser wäre, unter Aufwendung eigener Anstrengungen ein Königreich zu suchen als Fremden aus Bequemlichkeit zu dienen. Mit einem unter dem Oberbefehl von Stilicho und Aurelian stehenden Heer gelangte er über Pannonien und Sirmium auf der rechten Seite nach Italien, das gleichsam entleert von verteidigenden Männern war. Als ihm keinerlei Widerstand entgegentrat, erreichte er die Brücke über den Fluss Candidianus, welche drei Meilen von der königlichen Stadt Ravenna entfernt lag.

148 Quae urbs inter paludes et pelago interque Padi fluenta unius tantum patet accessu, cuius dudum possessores, ut tradunt maiores, *ainetoi*, id est laudabiles, dicebantur. Haec in sino regni Romani super mare Ionio constituta ut in modum insulae influentium

(148) Diese Stadt befindet sich inmitten der Flussarme des Po zwischen Sümpfen und dem Meer und bietet lediglich von einer Seite Zutritt. Ihre früheren Einwohner wurden nach Überlieferung der Vorfahren Ainetoi genannt, was so viel wie „die Rühmlichen" bedeu-

aquarum redundatione concluditur.

149 Habet ab oriente mare, ad
quam qui recto cursu de Corcyra
atque Hellade partibus navigatur,
dextrum latus primum Epiros, dehinc Dalmatiam Liburniam Histri-
amque et sic Venetias radens pal-
mula navigat. Ab occidente vero
habet paludes, per quas uno an-
gustissimo introitu ut porta relicta est. A septentrionale quoque
plaga ramus illi ex Pado est, qui
Fossa vocitatur Asconis.

150 A meridie item ipse Padus,
quem Italiae soli fluviorum regem
dicunt, cognomento Eridanus, ab
Augusto imperatore latissima fossa demissus, qui septima sui alvei
parte per mediam influit civitatem, ad ostia sua amoenissimum
portum praebens, classem ducen-
tarum quinquaginta navium Dio-
ne referente tutissima dudum cre-
debatur recipere statione.

151 Qui nunc, ut Favius ait, quod
aliquando portus fuerit, spatiosis-
simus ortus ostendit arboribus

tet. Die Stadt ist in einer Bucht des
Römischen Reichs nördlich des
Ionischen Meeres gelegen und fügt
sich wie eine Insel in die Fülle des
strömenden Wassers ein.
(149) Im Osten grenzt sie ans
Meer, und jemand, der dorthin auf
direktem Kurs von Korkyra oder
Teilen Griechenlands segelt,
streicht mit dem Ruder die rechte
Seite entlang und fährt dabei zunächst an Epirus, daraufhin an
Dalmatien, Liburnien, Istrien und
zuletzt an Venedig vorbei. Im Westen grenzt sie an die Sümpfe,
durch welche ein sehr schmaler
Zugang in Form eines Portals
führt. Im Norden befindet sich vor
jener Stadt ein Arm des Po, welcher als „Fossa Asconis" bezeichnet wird.
(150) Desgleichen befindet sich
im Süden der Po selbst, welchen
sie den König aller Füsse auf itali-
schem Boden nennen und der
auch den Beinamen Eridanus
trägt. Dieser Fluss wurde von Kaiser Augustus in einen sehr breiten
Graben eingesenkt und verläuft
dadurch mit einem Siebtel seiner
Gesamtbreite mitten durch die
Stadt. An seiner Mündung ins Meer
beheimatet er einen sehr liebli-
chen Hafen, von welchem man
nach Angabe des Dio glaubte, dass
er zur damaligen Zeit eine Flotte
von 150 Schiffen in seinen sehr ge-
schützten Ankerplatz aufnehmen
konnte.
(151) Wie Favius berichtet, offen-
bart sich dieser, welcher einst ein
Hafen war, nun als äußerst geräu-

plenus, verum de quibus non pendeant vela, sed poma. Trino si quidem urbs ipsa vocabulo gloriatur trigeminaque positione exultat, id est prima Ravenna, ultima Classis, media Caesarea inter urbem et mare, plena mollitiae harenaque minuta vectationibus apta.

miger Garten voll mit Bäumen, von denen aber nicht Segel, sondern Äpfel hängen. Die Stadt selber ist freilich durch ihre drei Namen berühmt geworden und steigt aus dreifacher Position empor: Die erste ist Ravenna, die entlegenste Classis und die in der Mitte zwischen Stadt und Meer befindliche Caesarea, welche vollgefüllt mit Reichtum ist. Der am Strand anzutreffende Sand ist fein und für das Reiten gut geeignet.

XXX

152 Verum enim vero cum in eius vicinitate Vesegotharum applicuisset exercitus et ad Honorium imperatorem, qui intus residebat, legationem misisset, quatenus si permitteret, ut Gothi pacati in Italia residerent, sic eos cum Romanorum populo vivere, ut una gens utraque credere possit: sin autem aliter, bellando quis quem valebat expellere, et iam securus qui victor existeret imperaret. Sed Honorius imperator utraque pollicitatione formidans suoque cum senatu inito consilio, quomodo eos fines Italos expelleret, deliberabat.

(152) Nachdem aber in der Tat das Heer der Visigoten in deren unmittelbarer Nähe aufgetaucht war und einen Gesandten zu Kaiser Honorius, welcher in dieser Stadt residierte, geschickt hatte, übermittelte der folgende Botschaft: Wenn der Kaiser gestatten würde, dass die Goten friedlich in Italien siedeln könnten, würden sie mit dem römischen Volk so leben, dass man glauben könnte, es handle sich bei beiden Völkern um einen Stamm; wenn er aber nicht zustimmen würde, sollte einer stark genug sein, um den anderen durch Kriegsführung zu vertreiben, und derjenige, welcher als Sieger feststehen würde, sollte unbesorgt herrschen. Kaiser Honorius aber empfand Grauen gegenüber jeder der beiden Verheißungen und beriet mit seinem Senat nach Einberufung der Ratsversammlung, wie man die Goten aus den italischen Gebieten vertreiben könnte.

153 Cui ad postremum sententia sedit, quatenus provincias longe positas, id est Gallias Spaniasque, quas pene iam perdidisset Gizericique eas Vandalorum regis vastaret inruptio, si valeret, Halaricus sua cum gente sibi tamquam lares proprias vindicaret. Donationem sacro oraculo confirmatam consentiunt Gothi hac ordinatione et ad patriam sibi traditam proficiscuntur.

(153) Ihm kam schlussendlich der Gedanke, dass Alarich mit seinem Stamm, wenn er es denn könnte, die weit entfernten Provinzen Gallien und Spanien für sich als Siedlungsgebiete sichern sollte. Diese Regionen hatte er bereits beinahe aufgegeben, und sie wurden zudem nach einem Einfall des Vandalenkönigs Geiserich vollständig verwüstet. Die Goten stimmten der durch einen heiligen Spruch bekräftigten Schenkung zu, und gemäß dieser Regelung brachen sie zu der ihnen überlassenen Heimat auf.

154 Post quorum discessu nec quicquam mali in Italia perpetrato Stilico patricius et socer Honorii imperatoris nam utramque eius filiam, id est Mariam et Thermantiam, sibi princeps unam post unam consocians utramque virginem et intactam deus ab hac luce vocavit hic ergo Stilico ad Polentiam civitatem in Alpes Cottiarum locatam dolose accedens, nihilque male suspicantibus Gothis ad necem totius Italiae suamque deformitatem ruit in bello.

(154) Nach deren Abzug ohne Verrichtung irgendwelchen Unheils in Italien eilte Stilicho, Patrizier und Schwiegervater des Kaisers Honorius (Der Kaiser heiratete nämlich dessen beide Töchter, Maria und Thermantia, nacheinander, und Gott rief beide als unbefleckte Jungfrauen von dieser Welt.), voller Arglist nach Pollentia, einer in den Cottischen Alpen gelegenen Siedlung. Dort brach er zum Unheil ganz Italiens und zu seiner Herabwürdigung in einem Krieg auf die nichts Böses ahnenden Goten herein.

155 Quem ex inproviso Gothi cernentes primum perterriti sunt, sed mox recollectis animis et, ut solebant, hortatibus excitati omnem pene exercitum Stiliconis in fuga conversum usque ad internicionem deiciunt furibundoque animo arreptum iter deserunt et in Liguria post se, unde iam transierant, revertuntur; eamque prae-

(155) Als die Goten diesen unvermutet erkannten, wurden sie zunächst von Schrecken erfasst. Nachdem sich aber bald wieder ihre Herzen gesammelt und sie sich wie gewohnt gegenseitig durch laute Rufe angefeuert hatten, schlugen sie beinahe das gesamte Heer Stilichos in die Flucht und bescherten ihm fast den völligen Un-

dis spoliisque potiti Emiliam pari tenore devastant Flamminiaeque aggerem inter Picenum et Tusciam usque ad urbem Romam discurrentes, quidquid in utrumque latus fuit, in praeda diripiunt.

156 Ad postremum Romae ingressi Halarico iubente spoliant tantum, non autem, ut solent gentes, igne supponunt nec locis sanctorum in aliquo paenitus iniuria inrogare patiuntur. Exindeque egressi per Campaniam et Lucania simili clade peracta Brittios accesserunt; ubi diu resedentes ad Siciliam et exinde ad Africae terras ire deliberant. Bryttiorum si quidem regio in extremis Italiae finibus australi interiacens parti angulus eius Appinini montis initium fecit Adriaeque pelagus velut lingua porrecta a Tyrreno aestu seiungens nomen quondam a Bryttia sortitus regina.

157 Ibi ergo veniens Alaricus rex Vesegotharum cum opibus totius

tergang. Mit von Wut erfüllter Seele verließen sie den eingeschlagenen Weg und kehrten wieder nach Ligurien zurück, von wo sie einst aufgebrochen waren. Nachdem sie dieses geplündert und ausgeraubt hatten, verwüsteten sie im gleichen Zuge auch die Aemilia und eilten daraufhin entlang des Flaminischen Grenzwalls zwischen Picenum und Tuscia bis nach Rom. Was immer sie auch auf beiden Seiten fanden, nahmen sie als Beute mit.

(156) Schlussendlich marschierten sie in Rom ein und raubten es auf Befehl des Alarich vollständig aus, ohne es jedoch nach Gewohnheit wilder Stämme in Brand zu setzen oder zu erdulden, dass an heiligen Stätten irgendein Unrecht geschehe. Daraufhin zogen sie über Kampanien ab, und nachdem in Lucinia ein ähnlicher Verwüstungszug vonstattengegangen war, erreichten sie die Bruttii. Dort verweilten sie lange Zeit, ehe sie sich dazu entschlossen, nach Sizilien und von dort zu den afrikanischen Ländern zu marschieren. Das Reich der Bruttii ist am äußersten Ende des südlichen Teils Italiens gelegen, und eine Ecke dessen markiert den Beginn des Apennin-Gebirges. Es erstreckt sich wie eine Zunge zum adriatischen Meer und trennt dieses von der Tyrrhenischen See ab. Seinen Namen erhielt es einst von einer Königin mit dem Namen Bruttia.

(157) Dorthin aber gelangte Alarich, König der Visigoten, mit den

102

Italiae, quas in praeda diripuerat, et exinde, ut dictum est, per Siciliam ad Africam quietam patriam transire disponens. Cuius, quia non est liberum quodcumque homo sine notu dei disposuerit, fretus ille horribilis aliquantas naves submersit, plurimas conturbavit. Qua adversitate depulsus Halaricus, dum secum, quid ageret, deliberaret, subito inmatura morte praeventus rebus humanis excessit.

158 Quem nimia sui dilectione lugentes Busento amne iuxta Consentina civitate de alveo suo derivato nam hic fluvius a pede montis iuxta urbem dilapsus fluit unda salutifera huius ergo in medio alvei collecta captivorum agmina saepulturae locum effodiunt, in cuius foveae gremium Haliricum cum multas opes obruunt, rursusque aquas in suo alveo reducentes, et ne a quoquam quandoque locus cognosceretur, fossores omnes interemerunt, regnumque Vesegotharum Atauulfo eius consanguineo et forma menteque conspicuo tradent; nam erat quamvis non adeo proceritate staturae formatus, quantum pulchritudine corporis vultuque decorus.

Reichtümern ganz Italiens, welche er sich zur Beute gemacht hatte, und von dort, wie bereits berichtet worden ist, beabsichtigte er über Sizilien zum ruhigen Land Afrika überzusetzen. Weil es aber keinem Menschen freisteht, irgendetwas ohne den Willen Gottes zu unternehmen, zog jene schreckliche Meerenge etliche seiner Schiffe in die Tiefe und sorgte bei den meisten für Verwirrung. Während der durch diesen Rückschlag aus Afrika ferngehaltene Alarich mit sich selbst rang, was er nun tun sollte, wich er durch einen plötzlichen und unerwarteten Tod aus dem Leben.

(158) Die Gefolgsleute betrauerten diesen mit außerordentlichem Mitleid, und nachdem sie am Fluss Busentus in der Nähe der Stadt Consentina von ihrem Kurs abgewichen waren (Dieser am Fuße des Berges nahe der Stadt entspringende Fluss strömt nämlich mit geheiligtem Wasser.), ließen sie eine in der Mitte dieses Flussbettes versammelte Schar von Gefangenen einen Platz für das Königsgrab ausheben. Im Inneren dieser Grube bestatteten sie Alarich mit zahlreichen Schätzen und führten daraufhin das Wasser wieder zurück in sein Flussbett. Und damit die Stelle nicht irgendwann einmal von irgendjemand ausfindig gemacht werden konnte, töteten sie alle Grabenden. Sie übertrugen das Königreich der Visigoten dessen Blutsverwandten Athaulf, dessen Körpergestalt und Geist

hervorstechend waren; er war nämlich keineswegs durch einen allzu hohen Wuchs seines Körpers gekennzeichnet, jedoch vielmehr durch die Schönheit von Gestalt und Antlitz gesegnet.

XXXI

159 Qui suscepto regno revertens item ad Romam, si quid primum remanserat, more locustarum erasit, nec tantum privatis divitiis Italiam spolians, immo et publicis, imperatore Honorio nihil resistere praevalente, cuius et germanam Placidiam Theodosii imperatoris ex altera uxore filiam ab urbe captivam abduxit.

(159) Nachdem Athaulf die Königskrone in Besitz genommen hatte, kehrte er wiederum nach Rom zurück, und alles, was beim ersten Raubzug noch übriggeblieben war, graste er nach der Art von Wanderheuschrecken ab. So beraubte er Italien nicht nur seiner privaten Reichtümer, sondern auch all seiner öffentlichen Ressourcen. Kaiser Honorius vermochte gegen diesen Überfall keinen Widerstand zu leisten, und sogar seine Schwester Placidia, die Tochter des Kaisers Theodosius aus der zweiten Ehe, führte man als Gefangene aus der Stadt weg.

160 Quam tamen ob generis nobilitatem formeque pulchritudine et integritate castitatis adtendens in Foro Iuli Aemiliae civitate suo matrimonio legitime copulavit, ut gentes hac societate conperta quasi adunatam Gothis rem publicam efficacius terrerentur, Honorioque Augusto quamvis opibus exausto tamen iam quasi cognatum grato animo derelinquens, Gallias tendit.

(160) Aber Athaulf, der dieser wegen ihrer edlen Abstammung, der Schönheit ihres Körpers und der Bewahrung ihrer Jungfräulichkeit Beachtung schenkte, nahm sie in Forum Iulii, einer Stadt in Aemilia, durch rechtmäßige Heirat zur Ehefrau, so dass die fremden Stämme, nachdem sie dieses Bündnis, gleichsam eine Vereinigung des römischen Staates mit den Goten, in Erfahrung gebracht hatten, wirksamer abgeschreckt werden konnten. Dann verließ Athaulf mit dankbarem Herzen Honorius Augustus, der zwar all seiner Reichtümer beraubt, aber

161 Vbi cum advenisset, vicinae gentes perterritae in suis se coeperunt finibus continere, qui dudum crudeliter Gallias infestassent, tam Franci, quam Burgondiones. Nam Vandali vel Alani, quos superius diximus permissu principum Romanorum utramque Pannoniam resedere, nec ibi sibi metu Gothorum arbitrantes tutum fore, si reverterentur, ad Gallias transierunt.

162 Sed mox a Galliis, quas ante non multum tempus occupassent, fugientes, Spanias se recluserunt, adhuc memores ex relatione maiorum suorum, quid dudum Geberich Gothorum rex genti suae prestitisset incommodi vel quomodo eos virtute sua patrio solo expulisset. Tali ergo casu Galliae Ataulfo patuere venienti.

163 Confirmato ergo Gothus regno in Gallis Spanorum casu coepit dolere, eosque deliberans a Vandalorum incursibus eripere, suas opes Barcilona cum certis fidelibus derelictas plebeque inbelle, interiores Spanias introibit, ubi

dennoch gleichsam ein Verwandter zu ihm war, und zog in Richtung Gallien.

(161) Nachdem er dort eingetroffen war, wurden die benachbarten Stämme der Franken und Burgunder, welche Gallien lange Zeit auf grausame Weise überfallen hatten, in großen Schrecken versetzt, wodurch sie begannen, sich innerhalb ihrer eigenen Grenzen aufzuhalten. Die Vandalen und Alanen nun, welche wir bereits weiter oben genannt haben, siedelten per Dekret der römischen Kaiser in beiden pannonischen Provinzen, und aus Furcht glaubend, dass sie dort bei einer Rückkehr der Goten nicht sicher sein würden, zogen sie weiter nach Gallien.

(162) Aber bald darauf flohen sie aus Gallien, welches sie kurze Zeit zuvor erobert hatten, und riegelten sich in Spanien ab. Dabei war ihnen von den Erzählungen ihrer Vorfahren immer noch in Erinnerung geblieben, dass der Gotenkönig Geberich vor langer Zeit auf unerfreuliche Art an der Spitze ihres Stammes gestanden war und auf welche Weise dieser sie mit seiner Macht aus ihrem Heimatland vertrieben hatte. Aus diesem Grund also stand Gallien für Athavulf bei dessen Ankunft offen.

(163) Nachdem daher der Gote seine Herrschaft in Gallien gefestigt hatte, begann er Mitgefühl für die Notlage der Spanier zu entwickeln und fasste den Beschluss, diese vor den Angriffen der Vandalen zu beschützen. Nachdem

105

saepe cum Vandalis decertans tertio anno, postquam Gallias Spaniasque domuisset, occubuit gladio ilia perforata Euervulfi, de cuius solitus erat ridere statura. Post cuius mortem Segericus rex constituitur, sed et ipse suorum fraude peremptus ocius regnum cum vita reliquid.

Athaulf all seine Schätze gemeinsam mit etlichen getreuen Gefolgsleuten und dem friedlichen Volk in Barcelona zurückgelassen hatte, betrat er das Innere der spanischen Halbinsel. Dort kämpfte er oftmals mit den Vandalen, und im dritten Jahr, nachdem Gallien und Spanien vollends bezwungen worden waren, erlitt er den Tod, nachdem seine Eingeweide mit dem Schwert des Euerulf durchbohrt worden waren. Über den Körperbau des zuletzt genannten Mannes pflegte man zu lachen. Nach dessen Tod wurde Sigerich zum König erhoben; aber auch er selbst fiel einem Hinterhalt seiner eigenen Leute zum Opfer und ließ das Königreich gemeinsam mit seinem Leben noch früher als Athavulf zurück.

XXXII

164 Dehinc iam quartus ab Alarico rex constituitur Valia nimis destrictus et prudens. Contra quem Honorius imperator Constantium virum industria militari pollentem multisque proeliis gloriosum cum exercitu dirigens, veritus, ne foedus dudum cum Atauulfo inito ipse turbaret et aliquas rursus in re publica insidias moliretur vicinas sibi gentes expulsas, simulque desiderans germanam suam Placidiam subiectionis obprobrio liberare, paciscens cum Constantio, ut, aut bello aut pace vel quo modo si eam potuisset ad suum regnum reducere, ei eam in matrimonio sociaret.

(164) Und danach wurde bereits Wallia als Vierter nach Alarich zum König erhoben. Dieser, gegen welchen Kaiser Honorius ein Heer unter der Leitung des Constantius, eines durch seine militärische Tätigkeit mächtigen und seine zahlreichen Schlachten ruhmreichen Mannes, entsandte, war sehr streng und weise. Der Kaiser fürchtete, dass Wallia selbst den lange zuvor ausverhandelten Friedensvertrag mit Athaulf lösen und nach Vertreibung der angrenzenden Stämme wieder irgendwelche Anschläge gegen den römischen Staat planen könnte. Ferner begehrte er, seine Schwester Placidia von der Schande der Knechtschaft zu befreien und traf zu diesem Zweck mit Constantius die Vereinbarung, dass er, wenn jener diese durch Krieg oder Frieden oder auf irgendeine andere Weise in sein Königreich zurückbringen könnte, sie ihm zur Heirat überlassen würde.

165 Quo placito Constantius obans cum copia armatorum et pene iam regio apparatu Spanias petit. Cui Vallias rex Gothorum non cum minori procinctu ad claustra Pyrenei occurrit; ubi ab utraque parte legatione directa ita convenit pacisci, ut Placidiam sororem principis redderet suaque solacia Romanae rei publicae, ubi usus exegerit, non denegaret. Eo namque tempore Constantinus quidam apud Gallias invadens imperium filium suum Constantem ex monacho fecerat Caesarem; sed non diu tenens regno praesumpto mox foederatos Gothos Romanosque ipse occiditur Arelato, filius vero eius Vienna. Post quos item Iovinus ac Sebastianus pari temeritate rem publicam occupandam existimantes pari exitio perierunt.

(165) Durch dieses Angebot angenehm berührt zog Constantius mit bewaffnetem Heer und fast schon königlichem Prunk nach Spanien. Der Gotenkönig Wallia stieß auf diesen mit um nichts geringerer Schlagfertigkeit bei einem Pass in den Pyrenäen; dort wurden von beiden Kriegsparteien Botschafter entsandt, und ein Friedensvertrag wurde unter der Bedingung, dass Placidia, die Schwester des Kaisers, zurückkehren könnte und dass man dem römischen Gemeinwesen seine Unterstützung, wo auch immer sie benötigt würde, nicht versagen dürfte, ausgehandelt. Zu dieser Zeit aber usurpierte ein gewisser Constantinus die kaiserliche Macht in Gallien und machte seinen Sohn Constans vom Mönch zum Cäsar; er behielt aber nicht lange das an sich gerissene Königreich, da er selbst bald darauf durch die vereinigten Kräfte der Goten und Römer in Arles niedergestreckt wurde, sein Sohn aber in Vienne den Tod fand. Nach diesen beiden ereilte auch Jovinus und Sebastianus, welche den römischen Staat mit gleicher Leichtfertigkeit einzunehmen gedachten, ein ähnliches Schicksal.

166 Nam duodecimo anno regni Valiae, quando et Hunni post pene quinquaginta annorum invasam Pannoniam a Romanis et Gothis expulsi sunt, videns Valia Vandalos in suis finibus, id est Spaniae solum, audaci temeritate ab interioribus partibus Galliciae, ubi eos fugaverat dudum Ataulfus, egressos et cuncta in praedas vastare, eo fere tempore, quo Hierius et Ardabures consules processissent, nec mora mox contra eos movit exercitum.

(166) Im zwölften Jahr der Regentschaft des Wallia wurden auch die Hunnen von den Römern und Goten aus Pannonien vertrieben, nachdem sie dieses Gebiet etwa 50 Jahre zuvor erobert hatten. Wallia erkannte daraufhin, dass die Vandalen mit tollkühner Leichtfertigkeit von den zentralen Regionen Galiziens in seine Territorien – es handelt sich dabei um das spanische Land – einmarschierten. Aus diesem hatte sie Athaulf lange zuvor in die Flucht geschlagen. Etwa zu jener Zeit, als Hierus und Ardabures die Konsulnwürde erhielten, verwüsteten und plünderten sie alle dort befindlichen Siedlungen. Unverzüglich ließ er sein Heer gegen diese in Bewegung setzen.

XXXIII

167 Sed Gyzericus rex Vandalorum iam a Bonifatio in Africam invitatus, qui Valentiniano principi veniens in offensa non aliter se quam malo rei publicae potuit vindicare. Is ergo suis praecibus eos invitans per traiectum angustiarum, qui dicitur fretus Gaditanus et vix septem milibus Africam ab Spaniis dividet ostiaque maris Tyrreni in Oceani estu egeritur, transposuit.

(167) Aber der Vandalenkönig Geiserich wurde bereits von Bonifacius, welcher bei Kaiser Valentinian in Ungnade gefallen war und sich nicht anders als durch einen niederträchtigen Anschlag auf das römische Staatswesen rächen konnte, nach Afrika eingeladen. Dieser also lud sie mit seinen Bitten ein und ließ sie über eine Meerenge, welche Straße von Gades genannt wird, über eine Breite von kaum sieben Meilen Afrika von Spanien trennt und die Mündung des Tyrrhenischen Meeres in das Gewässer des Ozeans führt, verschiffen.

168 Erat namque Gyzericus iam Romanorum clade in urbe notissimus, statura mediocris et equi ca-

(168) Geiserich war nämlich durch die Niederlage der Römer in der Stadt schon sehr bekannt, ver-

su claudicans, animo profundus, sermone rarus, luxoriae contemptor, ira turbidus, habendi cupidus, ad sollicitandas gentes providentissimus, semina contentionum iacere, odia miscere paratus.

169 Tali Africa rem publicam praecibus Bonifatii, ut diximus, invitatus intravit, ubi a divinitate, ut fertur, accepta auctoritate diu regnans, ante obitum suum filiorum agmine accito ordinavit, ne inter ipsos de regni ambitione intentio esset, sed ordine quisque et gradu suo, alii si superviveret. id est, seniori suo fieret sequens successor et rursus ei posterior eius. Quod observantes per annorum multorum spatia regnum feliciter possiderunt, nec, ut in reliquis gentibus adsolet, intestino bello foedati sunt, suoque ordine unus post unum regnum excipiens in pace populis imperavit.

fügte über eine mittelgroße Statur und hinkte aufgrund eines Sturzes vom Pferd. Er galt als ein Mann von klarem Verstand und wenigen Worten, der Reichtum gering schätzte, durch seinen Zorn ungestüm wirkte und äußerst habsüchtig war. Er war sehr vorausschauend bei der Erschütterung fremder Stämme und dazu bereit, den Samen des Streits zu säen und Hass zu verbreiten.

(169) Als solcher kam er, wie wir bereits gesagt haben, auf die dringliche Einladung des Bonifacius hin in das staatliche Gemeinwesen Afrikas. Wie überliefert ist, herrschte er dort lange Zeit mit der von Gott erhaltenen Autorität. Vor seinem Tod ließ er die Schar seiner Söhne herbeirufen und ordnete an, dass unter diesen kein Streit in Bezug auf den Erhalt des Königreiches ausbrechen sollte, sondern dass jeder einzelne der Reihe nach und gemäß seines Ranges zu herrschen hätte, wenn er denn die anderen überlebte. Dies bedeutete, dass der Nächstjüngere seinem älteren Bruder und ihm wiederum der unmittelbar Nachgeborene folgen sollte. Die Söhne, welche diese väterliche Weisung respektierten, hatten das Königreich über einen Zeitraum von vielen Jahren glücklich in Besitz und wurden zudem nicht durch einen Bürgerkrieg, wie er unter den übrigen Stämmen üblich war, entehrt. Einer nach dem anderen übernahm das Königreich und herrschte in Frieden über das

109

170 Quorum ordo iste ac successio fuit: primum Gyzericus, qui pater et dominus, sequens Hunericus, tertius Gunthamundus, quartus Thrasamundus, quintus Ilderich. Quem malo gentis suae Gelimer inmemor atavi praeceptorum de regno eiectum et interemptum tyrannide praesumpsit.

171 Sed non ei cessit inpune quod fecerat. Nam mox Iustiniani imperatoris ultio in eum apparuit et cum omne genus suum opibusque, quibus more praedonis incubabat, Constantinopolim delatus per virum gloriosissimum Belesarium mag. mil. Orientalem, exconsolem ordinarium atque patricium, magnum in circo populo spectaculum fuit seraque suae paenitudinis gerens cum se videret de fastigio regali deiectum, privatae vitae, cui noluit famulari, redactus occubuit.

172 Sic Africa, quae in divisione urbis terrarum tertia pars mundi describitur, centesimo fere anno a Vandalico iugo erepta in libertate revocata est regni Romani, et quae dudum ignavis dominis ducibusque infidelibus a rei publicae

Volk.

(170) Dies nun war deren Herrscherreihe: Zuerst Geiserich, welcher Vater und Hausherr war; als nächster Hunirich; als dritter Gunthamund; als vierter Thrasamund; als fünfter Hildirich, welchen Gelimer in Missachtung der Weisungen seines Urahns und zur Schande seines Stammes vom Königsthron stieß und tötete, um mit dem System einer Gewaltherrschaft selbst an die Spitze des Staates zu treten.

(171) Aber für das, was er getan hatte, wurde ihm eine Strafe zuteil, da nämlich bald darauf die Rache des Kaisers Justinian gegen ihn folgte. Mit seiner gesamten Familie und allen Reichtümern, in deren Besitz er nach Art eines Räubers gelangt war, wurde er durch den äußerst ruhmreichen Krieger Belisarius, Magister des östlichen Heeres, Ex-Konsul, Ordinarius und Patrizier, nach Konstantinopel überführt, wobei dem Volk in der Zirkusarena ein großes Spektakel bereitet wurde. Als er sah, dass er von der königlichen Spitze herabgestoßen wird, kam seine Reue zu spät, und er starb schließlich als ein auf den Stand eines Bürgerlichen Herabgesetzter, dem er bis dahin nichts abgewinnen konnte.

(172) So wurde Afrika, welches in der Einteilung des Erdkreises als dritter Teil der Welt beschrieben wird, nach etwa hundert Jahren aus dem Joch der Vandalen befreit und in die Freiheit des Römischen Reiches zurückgebracht. Das Land,

Romanae corpus gentilis manus abstulerat, a sollerte domino et fideli ductore nunc revocata hodieque congaudet, quamvis et post haec aliquantulum intestino proelio Maurorumque infidelitate adtrita sese lamentaverit, tamen triumphus Iustiniani imperatoris a deo sibi donatus, quod inchoaverat, ad pacem usque perduxit. Sed nobis quid opus est, unde res non exeget, dicere? Ad propositum redeamus.

173 Vallia si quidem, rex Gothorum, adeo cum suis in Vandalos saeviebat, ut voluisset eos etiam et in Africa persequi, nisi eum casus, qui dudum Halarico in Africa tendenti contigerat, revocasset. Nobilitatus namque intra Spanias incruentamque victoriam potitus Tolosam revertitur, Romano imperio fugatis hostibus aliquantas provincias, quod promiserat, derelinquens, sibique adversa post longum valitudine superveniente rebus humanis excessit,

174 eo videlicet tempore, quo Be-

welches die barbarische Hand vor langer Zeit infolge von feigen Herrschern und treulosen Anführern aus dem Körper des römischen Staates herausgelöst hatte, wurde daraufhin durch einen geschickten Fürsten und einen treuen Anführer wieder hergestellt und ist heute mit Freude erfüllt. Und obwohl es daraufhin kurzzeitig durch einen Bürgerkrieg und die Illoyalität der Mauren seinen Fall zu beklagen hatte, führte der von Gott geschenkte Triumph des Kaisers Justinian schließlich das zu einer friedlichen Lösung, was er angefangen hatte. Warum aber ist es uns ein Anliegen, über etwas zu sprechen, was die Sache nicht verlangt? Lasst uns zum Hauptgegenstand der Schrift zurückkehren.

(173) Der Gotenkönig Wallia wütete nun so sehr mit seinem Gefolge gegen die Vandalen, dass er diese auch noch nach Afrika verfolgen hätte können, wäre ihm nicht dasselbe Unglück zugestoßen, welches einst Alarich bei dessen Afrikazug erfasst hatte. Er nämlich, der in Spanien berühmt geworden war und einen unblutigen Sieg über die Vandalen erlangt hatte, kehrte nach Tolosa zurück; er hinterließ den durch das Römische Reich vertriebenen Feinden einige Provinzen, weil er dies zuvor versprochen hatte, und nach einer langen Periode, während der ihm eine schlechte körperliche Verfassung zur Last fiel, schied er aus den menschlichen Geschäften.

(174) Gerade zu dieser Zeit wan-

remud, Thorismundo patre progenitus, de quo in catalogo Amalorum familiae superius diximus,
cum filio Vitiricho ab Ostrogothis,
qui adhuc in Scythiae terras Hunnorum oppressionibus subiacebant, ad Vesegotharum regnum
migravit. Conscius enim virtutis et
generis nobilitate facilius sibi credens principatum a parentibus
deferre, quem heredem regum
constabat esse multorum. Quis
namque de Amalo dubitaret, si va-
casset elegere? Sed nec ipse adeo
voluit, quis esset, ostendere.

175 Et illi iam post mortem Val-
liae Theoderidum ei dederant successorem. Ad quem veniens Beremud animi pondere qua valebat
eximio generis sui amplitudine
commoda taciturnitate suppressit,
sciens regnantibus semper regali
stirpe genitos esse suspectos. Passus est ergo ignorari, ne faceret
ordinata confundi. Susceptusque
cum filio suo a rege Theodorido
honorifice nimis, adeo ut nec consilio suo expertem nec convivio
faceret alienum, non tamen pro
generis nobilitate, quam ignora-
bat, sed pro animi fortitudine et
robore mentis, quam non poterat
occultare.

derte Beremud, der Sohn des Thorismud (Über diesen haben wir
weiter oben in der Genealogie der
Familie der Amaler berichtet.), mit
seinem Sohn Widirich von den
Ostgoten, welche im Skythenland
noch immer den Unterdrückungen
der Hunnen unterlagen, zum Königreich der Visigoten. Im vollen
Bewusstsein seiner Tapferkeit und
edlen Abstammung vertrat er den
Glauben, dass es für ihn leichter
sei, die oberste Stelle im Staat von
den Eltern übertragen zu bekom-
men, wobei er als Erbe vieler Könige galt. Wer nämlich würde zö-
gern, jemand von den Amalern auf
den Thron zu wählen, wenn dieser
leer wäre? Er selbst aber wollte
keineswegs öffentlich darlegen,
wer er wirklich war.

(175) Und nach dem Ableben des
Wallia erhoben sie Theoderich zu
dessen Nachfolger. Zu diesen kam
Beremud und unterdrückte durch
seine Geisteskraft, durch welche er
mächtig war, und durch vornehme
Verschwiegenheit die außeror-
dentliche Erhabenheit seiner Abstammung, weil er wusste, dass
die von königlichen Wurzeln Ab-
stammenden den Herrschenden
immer verdächtig erscheinen. Daher ertrug er es, unerkannt zu
bleiben, damit er die bestehende
Ordnung nicht aus der Fassung
brachte. Er wurde gemeinsam mit
seinem Sohn von König Theoderich unter so großen Ehren aufgenommen, dass der Regent ihn
sowohl zum Mitstreiter seines Ra-
tes als auch zum Gast seines Ge-

lages erhob. Er tat dies freilich
nicht wegen der edlen Abstammung, welche er nicht kannte,
sondern wegen der Tapferkeit des
Herzens und der Kraft des Geistes,
welche Beremud nicht verbergen
konnte.

XXXIV

176 Quid plurimum? Defuncto
Vallia, ut superius quod diximus
repetamus, qui parum fuerat felix
Gallis, prosperrimus feliciorque
Theodoridus successit in regno,
homo summa moderatione com-
positus, animi corporisque utilitate habendus. Contra quem Theodosio et Festo consulibus pace
rupta Romani Hunnis auxiliaribus
secum iunctis in Galliis arma moverunt. Turbaverat namque eos
Gothorum foederatorum manus,
qui cum Gaina comite Constantinopolim efferasset. Aetius ergo
patricius tunc praeerat militibus,
fortissimorum Moesium stirpe
progenitus in Dorostorena civitate
a patre Gaudentio, labores belli-
cos tolerans, rei publicae Romanae singulariter natus, qui super-
bam Suavorum Francorumque
barbariem immensis caedibus
servire Romano imperio coegis-
set.

(176) Was gibt es noch mehr zu
sagen? Nachdem Wallia (um das zu
wiederholen, was wir bereits weiter oben gesagt haben), welcher
mit wenig Glück gegen die Gallier
gesegnet war, verstorben war,
folgte ihm der wesentlich glückli-
chere und erfolgreichere Theoderich auf den Thron nach. Dieser
war ein mit höchster Selbstbeherr-
schung gesegneter Mann, der den
Vorteil von Geist und Körper zu
nutzen wusste. Gegen diesen zogen die Römer unter den Konsuln
Theodosius und Festus nach dem
Bruch des Friedensvertrages be-
waffnet nach Gallien, wobei die
Hunnen mit ihnen als Hilfstruppen
verbunden waren. Eine Schar von
alliierten Goten nämlich, welche
zuvor unter ihrem Anführer Gaina
Konstantinopel ins Chaos gestürzt
hatte, war für deren Zerschlagung
verantwortlich gewesen. Zu dieser
Zeit stand der Patrizier Aetius an
der Spitze der Soldaten. Dieser
entstammte der Linie der tapfersten Mösier und wurde von seinem
Vater in der Stadt Durostorum gezeugt. Er vermochte die Anstrengungen des Krieges zu ertragen,
wurde einzig und allein für das
Wohl des römischen Staates gebo-

ren und zwang die überheblichen Sueben und das Barbarentum der Franken durch riesige Gemetzel dazu, dem römischen Reich zu dienen.

177 Hunnis quoque auxiliariis Litorio ductante contra Gothos Romanus exercitus movit procinctum, diuque ex utraque parte acies ordinatae cum utrique fortes et neuter infirmior esset, datis dextris in pristina concordia redierunt, foedusque firmatum ab alterutrum fida pace peracta recessit uterque.

(177) Das in Kampfbereitschaft befindliche römische Heer zog auch mit den hunnischen Hilfstruppen unter der Führung des Litorius gegen die Goten. Als sich die Schlachtreihen beider Seiten lange Zeit geordnet gegenüberstanden, wobei jede von ihnen tapfer und keine von beiden die unterlegenere war, kehrten sie nach durchgeführtem Handschlag zur ehemaligen Eintracht zurück. Nachdem von beiden Seiten ein Bündnis beschlossen und ein zuverlässiger Frieden ausverhandelt worden war, zogen sich beide Parteien zurück.

178 Qua pace Attila, Hunnorum omnium dominus et paene totius Scythiae gentium solus in mundo regnator, qui erat famosa inter omnes gentes claritate mirabilis. Ad quem in legatione se missum a Theodosio iuniore Priscus istoricus tali voce inter alia refert: ingentia si quidem flumina, id est Tisia Tibisiaque et Dricca transientes venimus in loco illo, ubi dudum Vidigoia Gothorum fortissimus Sarmatum dolo occubuit; indeque non longe ad vicum, in quo rex Attila morabatur, accessimus, vicum inquam ad instar civitatis amplissimae, in quo lignea moenia ex tabulis nitentibus fabricata repperimus, quarum compago ita solidum mentiebatur, ut vix ab in-

(178) Durch diesen Frieden stieg Attila, der Beherrscher aller Hunnen und einzige Regent auf der Welt von beinahe allen Skythenstämmen, zu einem Mann auf, welcher unter allen Völkern für seinen glanzvollen Ruhm geschätzt wurde. Der Geschichtsschreiber Priscus, welcher zu diesem in einer Gesandtschaft geschickt worden war, berichtet unter anderem das Folgende: Indem wir mächtige Flüsse, nämlich Tisia, Tibisia und Dricca, überquerten, gelangten wir zu jenem Ort, wo einst Widigoja, der tapferste aller Goten, durch eine List der Sarmater aus dem Leben schied. Nicht weit von dort entfernt gelangten wir zu einem Dorf, in welchem König Attila

tentu possit iunctura tabularum conpraehendi.

179 Videres triclinia ambitu prolixiore distenta porticusque in omni decore dispositas. Area vero curtis ingenti ambitu cingebatur, ut amplitudo ipsa regiam aulam ostenderet. Hae sedes erant Attilae regis barbariae tota tenenti; haec captis civitatibus habitacula praeponebat.

weilte. Ich behaupte, dass dieses Dorf gleichwertig mit einer sehr großen Stadt war, und darin fanden wir hölzerne, aus glänzenden Brettern gefertigte Wände, deren Verbindungen so starke Festigkeit vorgaben, dass man die Trennfugen selbst bei genauerem Blick kaum erkennen konnte.

(179) Beim Rundgang kann man dort Speisesäle von ausgedehnter Länge und mit allem Schmuck ausgestattete Säulenhallen sehen. Das Hofareal aber wurde von einem Rundgang eingefasst, dass allein seine Größe es schon als königlichen Palast auswies. Dies also war der Hauptsitz von Attila, dem das gesamte Barbarentum beherrschenden König; er zog diesen gegenüber den eingenommenen Städten als Wohnort vor.

XXXV

180 Is namque Attila patre genitus Mundzuco, cuius fuere germani Octar et Roas, qui ante Attilam regnum tenuisse narrantur, quamvis non omnino cunctorum quorum ipse. Post quorum obitum cum Bleda germano Hunnorum successit in regno, et, ut ante expeditionis, quam parabat, par foret, augmentum virium parricidio quaerit, tendens ad discrimen omnium nece suorum.

181 Sed librante iustitia detestabili remedio crescens deformes

(180) Dieser Attila nämlich war der Sohn des Mundzuk, und seine Brüder waren Octar und Ruas, von welchen erzählt wird, dass sie vor Attila das Königreich regiert hatten (obwohl bei Weitem nicht über so viele Stämme wie er selbst). Nach deren Tod folgte er gemeinsam mit seinem Bruder Bleda auf den Thron der Hunnen, und damit er dem Kriegszug, welchen er vorbereitete, gewachsen sein würde, ersann er die Vergrößerung seiner Macht durch Mord. So ging er von der Ermordung der Seinen zur Bedrohung aller anderen über.

(181) Obwohl er aber Justitia stets abwägen ließ, vergrößerte er

115

exitus suae crudelitatis invenit. Bleda enim fratre fraudibus interempto, qui magnae parti regnabat Hunnorum, universum sibi populum adunavit, aliarumque gentium, quas tunc in dicione tenebat, numerositate collecta, primas mundi gentes Romanos Vesegothasque subdere praeoptabat.

182 Cuius exercitus quingentorum milium esse numero ferebatur. Vir in concussione gentium natus in mundo, terrarum omnium metus, qui, nescio qua sorte, terrebat cuncta formidabili de se opinione vulgata. Erat namque superbus incessu, huc atque illuc circumferens oculos, ut elati potentia ipso quoque motu corporis appareret; bellorum quidem amator, sed ipse manu temperans, consilio validissimus, supplicantium exorabilis, propitius autem in fide semel susceptis; forma brevis, lato pectore, capite grandiore, minutis oculis, rarus barba, canis aspersus, semo nasu, teter colore, origenis suae signa restituens.

durch dieses verabscheuungswürdige Hilfsmittel seine Macht und wurde mit einem hässlichen Ausgang seiner Grausamkeit konfrontiert. Nachdem nämlich sein Bruder Bleda, welcher über einen großen Teil des Hunnenreiches herrschte, durch Täuschungen beseitigt worden war, vereinnahmte er das gesamte Volk für sich. Nachdem eine Vielzahl anderer Stämme versammelt worden war, welche er dann in seine Gewalt brachte, geriet die Unterwerfung der führenden Völker der Welt, nämlich der Römer und Visigoten, zu seinem vordringlichen Ziel.

(182) Sein Heer wurde mit einer Größe von 500.000 Soldaten überliefert. Er war ein Mann, der zur Erschütterung der Volksstämme in die Welt gesetzt worden war, der Schrecken aller Länder, welcher durch ein unbekanntes Schicksal und durch Verbreitung einer schrecklichen Meinung über sich alle in Angst versetzte. Er war nämlich stolz in Bezug auf seinen Gang und ließ die Augen hin- und herschweifen, so dass die Macht des erhabenen Mannes auch durch die Bewegung des Körpers selbst zum Vorschein gelangen konnte. Er war zwar ein Verfechter des Krieges, hielt sich jedoch selbst mit der Gewalt zurück, war besonders stark in der Ratsversammlung, nachsichtig mit Bittstellern und wohlgesonnen gegenüber jenen, die sich einst in seinen Schutz begeben hatten. Er war von ge-

drungener Statur mit breiter Brust, größerem Kopf und kleinen Augen; sein Bart war dünn und mit grauen Strähnen durchsetzt; er verfügte über eine Stumpfnase und eine abstoßende Hautfarbe, welche als Zeichen seiner Abstammung galten.

(183) Obwohl sein Wesen so gestrickt war, dass er immer großes Selbstvertrauen ausstrahlte, stärkte der Fund des Schwertes des Kriegsgottes Mars, welcher bei den Königen der Skythen immer als Heiliger verehrt wurde, noch zusätzlich seine Dreistigkeit. Der Geschichtsschreiber Priscius berichtet, dass dieses unter den folgenden Umständen entdeckt worden war: Als ein gewisser Hirte eine lahmende Färse in seiner Herde erblicke und keinen Grund für die so große dahinterstehende Verwundung fand, folgte der besorgte Mann den Spuren des Blutes und kam letztendlich zu dem Schwert, auf welches das unbekümmerte und Kräuter äsende Tier getrampelt war. Der Hirte grub das Schwert aus und brachte es geradewegs zu Attila. Jener bedankte sich für das Geschenk, und so hochherzig wie er war, glaubte er, dass er der vorbestimmte Herrscher der ganzen Welt wäre und dass ihm durch das Schwert des Mars Macht in allen Kriegen beschieden wäre.

183 Qui quamvis huius esset naturae, ut semper magna confideret, addebat ei tamen confidentia gladius Martis inventus, sacer apud Scytharum reges semper habitus, quem Priscus istoricus tali refert occasione detectum. Cum pastor, inquiens, quidam gregis unam boculam conspiceret claudicantem nec causam tanti vulneris inveniret, sollicitus vestigia cruoris insequitur tandemque venit ad gladium, quem depascens herbas incauta calcaverat, effossumque protinus ad Attilam defert. Quo ille munere gratulatus, ut erat magnanimis, arbitratur se mundi totius principem constitutum et per Martis gladium potestatem sibi concessam esse bellorum.

XXXVI

184 Huius ergo mentem ad vastationem orbis paratam comperiens

(184) Als der Vandalenkönig Geiserich, den wir kurz zuvor be-

Gyzericus, rex Vandalorum, quem paulo ante memoravimus, multis muneribus ad Vesegotharum bella precipitat, metuens, ne Theodoridus Vesegotharum rex filiae suae ulcisceretur iniuriam, quae Hunerico Gyzerici filio iuncta prius quidem tanto coniugio laetaretur, sed postea, ut erat ille et in sua pignora truculentus, ob suspicionem tantummodo veneni ab ea parati, naribus abscisam truncatamque auribus, spolians decore naturali, patri suo ad Gallias remiserat, ut turpe funus miseranda semper offerret et crudelitas, qua etiam moverentur externi, vindictam patris efficacius impetraret.

185 Attila igitur dudum bella concepta Gyzerici redemptione parturiens, legatos in Italia ad Valentinianum principem misit, serens Gothorum Romanorumque discordia, ut, quos proelio non poterat concutere, odiis internis elideret, asserens, se rei publicae eius amicitias in nullo violare, sed contra Theoderidum Vesegotharum regem sibi esse certamen. Vnde cum excipi libenter optaret, citera epistula usitatis salutationum blandimentis oppleverat, studens fidem adhibere mendacio.

schrieben haben, in Erfahrung brachte, dass sich dessen Gedanke um die Zerstörung der Welt drehte, verleitete er Attila mit vielen Geschenken zum Krieg gegen die Visigoten, weil er fürchtete, dass Theoderich, König der Visigoten, das an seiner Tochter begangene Unrecht rächen würde. Diese war ehelich mit Hunirich, dem Sohn des Geiserich, verbunden und erfreute sich zunächst an dieser so bedeutenden Ehe. Später aber war jener selbst zu seinen Kindern grob, und wegen des bloßen Verdachts, dass von ihr Gift für ihn zubereitet worden war, schnitt er ihr die Nase ab, verunstaltete ihre Ohren, beraubte sie ihrer natürlichen Schönheit und schickte sie zurück zu ihrem Vater nach Gallien, damit die Klagende für immer ihren entstellten Körper zeigen konnte. Und die Grausamkeit, durch welche sogar Fremde in Entsetzen versetzt würden, trieb den Vater noch stärker zur Rache. **(185)** Attila, der nach der begangenen Anstachelung des Geiserich sogleich an den Krieg heranging, schickte Gesandte nach Italien zu Kaiser Valentinian und säte Zwietracht zwischen Goten und Römern, um die, welchen er durch Schlachten nicht beikommen konnte, durch innere Gehässigkeiten zu zerschmettern. Er erklärte, dass er in keiner Weise seine Freundschaft zum römischen Stadt verletzen wolle, aber sich mit Theoderich, dem König der Visigoten, in Streit befinde. Weil er wünschte, dort freundlich wahrgenommen zu werden, füllte der den Rest des Briefes mit den üblichen schmeichelnden Grüßen und versuchte, durch seine Verlogenheit das Vertrauen zu erschleichen.

186 Pari etiam modo ad regem Vesegotharum Theoderidum dirigit scripta, hortans, ut a Romanorum societate discederet recoleretque proelia, quae paulo ante contra eum fuerant concitata. Sub nimia feritate homo subtilis ante quam bella gereret arte pugnabat.

(186) In der gleichen Weise richtete er eine Nachricht an den Visigotenkönig Theoderich, in dem er ihn dazu aufforderte, die Allianz mit den Römern zu brechen und sich an die Schlachten zu erinnern, zu welchen ihn die Römer vor nicht allzu langer Zeit angestachelt hatten. Trotz seiner Wildheit war er ein außergewöhnlich scharfsinniger Mann, der mit List kämpfte, eher er Krieg führte.

187 Tunc Valentinianus imperator ad Vesegothas eorumque regem Theoderidum in his verbis legationem direxit: '*Prudentiae vestrae est, fortissimi gentium, adversus orbis conspirare tyrannum, qui optat mundi generale habere servitium, qui causas proelii non requirit, sed, quidquid commiserit, hoc putat esse legitimum, ambitum suum brachio metitur, superbiam licentia satiat; qui ius fasque contemnens, hostem se exhibet et naturae. Cunctorum etenim meretur hic odium, qui in commune omnium se adprobat inimicum.*

(187) Daraufhin richtete Kaiser Valentinian an die Visigoten und deren König Theoderich eine Botschaft mit den folgenden Worten: *„Oh tapferster aller Stämme, es ist eure Einsicht, ein Komplott gegen den Beherrscher der Erde zu stiften, welcher die ganze Welt in Knechtschaft zu halten wünscht, welcher keine Gründe für den Krieg benötigt, sondern das, was immer er auch bewirkt, für rechtmäßig hält. Er bemisst seinen Ehrgeiz durch die Länge seines Armes, Zügellosigkeit nährt seinen Stolz. Dieser, welcher Recht und Gesetz verspottet, zeigt sich selbst auch als ein Feind der Natur. Und dieser Mann, welcher sich als Feind für das Gemeinwohl von jedem erwies, verdient in der Tat den Hass aller.*

188 Recordamini, quaeso, quod certe non potest oblivisci, ab Hunnis non per bella, ubi communis

(188) *Bitte erinnert euch an das, was sicherlich nicht vergessen werden kann: Ich wurde von den Hu*

119

casus est, fusum, sed, quod graviter anget, insidiis appetitum. Vt de nobis taceamus, potestis hanc inulti ferre superbiam? Armorum potentes favete propriis doloribus et communes iungite manus. Auxiliamini etiam rei publicae, cuius membrum tenetis. Quam sit autem nobis expetenda vel amplexanda societas, hostis interrogate consilia'.

189 His et similia legati Valentiniani regem permoverunt Theodoridum. Quibus ille respondit: '*Habetis*, inquid, *Romani, desiderium vestrum; fecistis Attilam et nobis hostem. Sequimur illum quocumque vocaverit, et quamvis infletur de diversis gentium victoriis, norunt tamen Gothi confligere cum superbis, nullum bellum dixerim grave, nisi quod causa debilitat, quando nil triste pavet, cui maiestas adriserit'*.

190 Adclamant responso comites duci, laetus sequitur vulgus. Fit omnibus ambitus pugnae, hostes iam Hunni desiderantur. Producitur itaque a rege Theodorido Vesegotharum innumerabilis multi-

nnen nicht etwa durch Kriege, wo sich beiden Parteien die gleiche Gelegenheit bietet, geschlagen, sondern – was noch schwerer wiegt – durch Hinterhalte bedrängt. Um über uns selbst zu schweigen, könnt ihr es ertragen, dass diese Überheblichkeit ungestraft bleibt? An Waffen mächtig widmet euch euren eigenen Kränkungen und verbindet eure Hände mit unseren. Leistet auch dem römischen Staat, von dem ihr einen Teil besitzt, Hilfe. Wie sehr wir aber das Bündnis zu suchen und zu besiegeln haben, erkennt ihr an den Plänen des Feindes."

(189) Mit diesen und ähnlichen Worten zogen die Gesandten des Valentinian zu König Theoderich. Diesen antwortete er folgendes: „Römer, ihr habt euren Wusch vorgetragen; ihr habt Attila auch zu unserem Feind gemacht. Wir werden jenem folgen, wohin er uns auch immer ruft, und obwohl er durch die verschiedenen Siege über Stämme hochmütig geworden ist, verstehen sich die Goten dennoch gut im Kampf gegen überhebliche Feinde. Ich würde keinen Krieg außer den, bei welchem ein schwacher Grund vorliegt, als schwierig bezeichnen, während derjenige, welchem Seine Majestät zulächelt, sich vor nichts Unerfreulichem fürchtet."

(190) Die Gefolgsleute des Kriegsfürsten bejubelten die Antwort, und die Masse folgte fröhlich. Es gab bei allen den Wunsch nach einem Kampf, und die Hunnen wurden als Feinde begehrt. Und so

tudo; qui quattuor filios domi dimissos, id est Friderichum et Eurichum, Retemerim et Himnerith secum tantum Thorismud et Theodericum maiores natu participes laboris adsumit. Felix procinctum, auxilium tutum, suave collegium habere solacia illorum, quibus delectat ipsa etiam simul subire discrimina.

191 A parte vero Romanorum tanta patricii Aetii providentia fuit, cui tunc innitebatur res publica Hesperiae plagae, ut undique bellatoribus congregatis adversus ferocem et infinitam multitudinem non impar occurreret. Hi enim adfuerunt auxiliares: Franci, Sarmatae, Armoriciani, Liticiani, Burgundiones, Saxones, Ripari, Olibriones, quondam milites Romani, tunc vero iam in numero auxiliarium exquisiti, aliaeque nonnulli Celticae vel Germanie nationes.

192 Convenitur itaque in campos Catalaunicos, qui et Mauriaci nominantur, centum leuvas, ut Galli vocant, in longum tenentes et septuaginta in latum. Leuva autem Gallica una mille et quingentorum passuum quantitate metitur. Fit ergo area innumerabilium populorum pars illa terrarum. Conseruntur acies utraeque fortissimae;

wurde ein aus unzähligen Kriegern bestehendes Heer von König Theoderich in Gang gesetzt; dieser ließ vier seiner Söhne, nämlich Friderich, Eurich, Retemer und Imnerith, zuhause zurück und nahm lediglich die beiden älteren Söhne Thorismund und Theoderich als Arbeitskameraden mit. Oh tapfere Kampfbereitschaft, sichere Abwehr und süße Kameradschaft, sie alle gelten als Trost für jene, denen es Freude bereitet, sich den gleichen Gefahren zu unterziehen!

(191) Auf der Seite der Römer war zwischenzeitlich die Voraussicht des Patriziers Aetius, auf welchen sich damals das Staatswesen der westlichen Ausläufer stützte, so groß, dass er nach Aufsammlung der Krieger von allen Seiten nicht unterlegen gegen eine wilde und unendlich große Menschenmasse aufmarschieren würde. Dies nämlich waren seine Hilfstruppen: Franken, Sarmaten, Armoriciani, Liticiani Burgunder, Sachsen, Riparii, Olibriones (einst römische Soldaten, nun aber der Menge an Hilfstruppen zugehörig) und einige andere keltische und germanische Stämme.

(192) Und so trafen sie auf den Katalaunischen Feldern, welche auch Mauriazische Felder genannt werden, zusammen, welche sich in ihrer Länge über 100 Leugen, wie die Gallier sagen, und in ihrer Breite über 70 Leugen erstrecken. Eine gallische Leuge aber misst eine Distanz von 1.500 Doppelschritten. Jener Teil der Erde wurde zu

nihil subreptionibus agitur, sed aperto Marte certatur.

193 Quae potest digna causa tantorum motibus invenire? Aut quod odium in se cunctos animavit armari? Probatum est humanum genus regibus vivere, quando unius mentis insano impetu strages sit facta populorum et arbitrio superbi regis momento defecit quod tot saeculis natura progenuit.

einem Schauplatz unzähliger Völker. Die beiden äußerst starken Schlachtreihen traten in den Krieg ein. Nicht wurde durch Anschleichen gehandelt, sondern es wurde im offenen Kampf gefochten.

(193) Welcher geeignete Grund kann für die Heeresbewegungen so vieler Stämme gefunden werden? Oder welcher Hass trieb sie alle dazu, die Waffen gegen den jeweils anderen zu erheben? Es ist erwiesen, dass die menschliche Rasse für ihre Könige lebt, weil das Gemetzel von ganzen Völkern nur dem wahnsinnigen Einfall eines einzelnen Geistes zu verdanken ist und die Willkür eines überheblichen Königs in einem kurzen Augenblick das zerstört, was die Natur in vielen Jahrhunderten hervorgebracht hat.

XXXVII

194 Sed antequam pugnae ipsius ordinem referamus, necessarium videtur edicere, quae in ipsis bellorum motibus acciderunt, quia sicut famosum proelium, ita multiplex atque perplexum. Sangibanus namque rex Alanorum metu futurorum perterritus Attilae se tradere pollicetur et Aurelianam civitatem Galliae, ubi tunc consistebat, in eius iura transducere.

195 Quod ubi Theodoridus et Aetius agnoverunt, magnis aggeribus

(194) Bevor wir uns aber der Schlachtordnung selbst zuwenden, scheint es notwendig bekanntzugeben, welche Dinge sich in den Unruhen vor den Kriegen ereigneten, weil ein Kampf genauso vielfältig und verworren wie berühmt war. Sangibanus, der König der Alani, wurde nämlich von großer Furcht bezüglich der zukünftigen Ereignisse erfasst und versprach deshalb, dass er sich Attila ausliefern und Aureliana, eine gallische Stadt, wo er damals Stellung bezog, in dessen Besitz überführen würde.

(195) Als Theoderich und Aetius von dieser Sache Kenntnis erlang-

eandem urbem ante adventum Attilae struunt, suspectumque custodiunt Sangibanum et inter suos anxiliares medium statuunt cum propria gente. Igitur Attila rex Hunnorum tali perculsus eventu diffidens suis copiis metuit inire conflictum. Inter que fugam revolvens ipso funere tristiorem, statuit per aruspices futura inquirere.

196 Qui more solito nunc pecorum fibras, nunc quasdam venas in abrasis ossibus intuentes Hunnis infausta denuntiant; hoc tamen quantulum praedixere solacii, quod summus hostium ductor de parte adversa occumberet relictamque victoriam sua morte triumphum foedaret. Cumque Attila necem Aetii, quod eius motibus obviabat, vel cum sua perditione duceret expetendam, tali praesagio sollicitus, ut erat consiliorum in rebus bellicis exquisitor, circa nonam diei horam proelium sub trepidatione committit, ut, si secus cederet, nox imminens subveniret.

ten, ließen sie rund um dieselbe Stadt vor der Ankurft Attilas noch mächtige Erdwälle auftürmen. Zudem ließen sie den unter Verdacht stehenden Sangibanus überwachen und mit dessen eigenem Stamm inmitten ihrer Hilfstruppen aufstellen. Der Hunnenkönig wurde durch eine derartige Maßnahme in Gefahr gebracht, begann daraufhin an seinen eigenen Truppen zu zweifeln und fürchtete den Beginn eines Zusammenstoßes. Während er die Flucht als etwas Bedauernswerteres als den Tod selbst auffasste, beschloss er, durch die Weissager in die Zukunft zu blicken.

(196) Diese nun untersuchten nach üblichem Brauch die Eingeweide von Vieh und bestimmte Blutgefäße in den abgekratzten Knochen und sagter den Hunnen daraufhin großes Unheil voraus. Dennoch prophezeiten sie als kleinen Trost, dass der oberste Anführer des Feindes von der gegnerischen Seite fallen und trotz des verfehlten Sieges der Triumph durch dessen Tod zunichte gemacht würde. Und Attila erwog den Tod des Aetius, welcher sich seinen Manövern entgegenstellte, auch wenn er dafür mit seinem Untergang zu bezahlen hatte. Der durch diese Prophezeiung sichtlich erregte Hunnenkönig – er galt als sorgfältiger Studierer in kriegerischen Angelegenheiten – begann etwa in der neunten Stunde des Tages unter großer Unruhe den Kampf, so dass die plötzlich he-

reinbrechende Nacht zu Hilfe kommen konnte, wenn sich die Ereignisse zum Schlechten wandten.

XXXVIII

197 Convenere partes, ut diximus, in campos Catalaunicos. Erat autem positio loci declivi tumore in editum collis excrescens. Quem uterque cupiens exercitus obtinere, quia loci oportunitas non parvum benificium confert, dextram partem Hunni cum suis, sinistram Romani et Vesegothae cum auxiliariis occuparunt, relictoque de cacumine eius iugo certamen ineunt. Dextrum itaque cornum cum Vesegothis Theoderidus tenebat, sinistrum Aetius cum Romanis, conlocantes in medio Sanguibanum, quem superius rettulimus praefuisse Alanis, providentes cautioni militari, ut eum, de cuius animo minus praesumebant, fidelium turba concluderent. Facile namque adsumit pugnandi necessitatem, cui fugiendi inponitur difficultas.

198 E diverso vero fuit Hunnorum acies ordinata, ut in medio Attila cum suis fortissimis locaretur, sibi potius rex hac ordinatione prospiciens, quatenus inter

(197) Wie wir gesagt haben, trafen die beiden Kriegsparteien auf den Katalaunischen Feldern aufeinander. Das Kriegsterrain wuchs über eine abschüssige Aufwallung zur Anhöhe eines Hügels empor, welchen beide Heere einzunehmen gedachten, weil der Vorteil der Stellung eine große Hilfe bietet. Die Hunnen mit ihren Streitkräften nahmen den rechten Teil des Hügels ein, die Römer und Visigoten mit ihren Hilfstruppen hingegen den linken Teil; nach dem Verlassen der Anhöhe begannen sie den Kampf um dessen Spitze. Theoderich hatte mit den Visigoten den rechten Flügel inne, Aetius mit den Römern hingegen den linken, und im Zentrum positionierten sie Sangibanus, über den wir weiter oben berichtet haben, dass er an der Spitze der Alani stand. Sie sorgten mit militärischer Vorsicht dafür, dass sie ihn, von dessen Loyalität sie wenig hielten, in eine Schar getreuer Soldaten einschlossen. Für jemanden, dem Schwierigkeiten bei der Flucht bereitet werden, ergibt sich nämlich die Notwendigkeit des Kämpfens.

(198) Auf der gegnerischen Seite aber war die Schlachtreihe der Hunnen so aufgestellt, dass Attila mit seinen tapfersten Gefolgsleuten in deren Zentrum positioniert

gentis suae rubor positus ab imminenti periculo redderetur exceptus. Cornua vero eius multiplices populi et diversae nationes, quos dicioni suae subdiderat, ambiebant.

199 Inter quos Ostrogotharum praeminebat exercitus Valamire et Theodemire et Videmere germanis ductantibus, ipso etiam rege, cui tunc serviebant, nobilioribus, quia Amalorum generis eos potentia inlustrabat; eratque et Gepidarum agmini innumerabili rex ille famosissimus Ardaricus, qui ob nimiam suam fidelitatem erga Attila eius consiliis intererat. Nam perpendens Attila sagacitate sua, eum et Valamerem, Ostrogotharum regem, super ceteros regulos diligebat.

200 Erat namque Valamir secreti tenax, blandus alloquio, dolis gnarus; Ardaricus fide et consilio, ut diximus, clarus. Quibus non inmerito contra parentes Vesegothas debuit credere pugnaturis. Reliqua autem, si dici fas est, turba regum diversarumque nationum ductores ac si satellites notibus Attilae attendebant, et ubi oculo annuisset, absque aliqua murmuratione cum timore et tremore

war. Der König traf durch diese Aufstellung mehr für sich selbst Vorsorge, weil er durch die Stellung inmitten seiner Kerntruppen von einer plötzlich auftretenden Gefahr ausgenommen blieb. Die zahlreichen Völker und unterschiedlichen Stämme, welche er unter seine Gewalt gebracht hatte, suchten aber die Flügel des Heeres auf.

(199) Unter diesen trat in besonderer Weise das Heer der Ostgoten unter der Führung der drei Brüder Valamir, Thiudimir und Vidimir hervor, welche mit größerem Edelmut als der König selbst dienten, weil ihnen die Macht des Stammes der Amali Glanz verlieh. Und es gab noch Ardarich, jenen überaus berühmten König des aus zahllosen Kräften bestehenden Heeres der Gepidae, welcher wegen seiner außerordentlichen Treue zu Attila all dessen Kriegspläne teilte. Attila nämlich, der dessen Scharfsinnigkeit erkannte, stellte ihn und den Ostgotenkönig Valamir über die anderen Oberhäupter.

(200) Valamir war nämlich ein guter Hüter von Geheimnissen, gefällig in der Ansprache und kundig der List; Ardarich war, wie wir bereits sagten, berühmt für seine Loyalität und seinen Ratschlag. Attila schuldete diesen mit vollem Recht den Glauben, dass sie gegen die verwandten Visigoten in die Schlacht ziehen würden. Die übrige Schar der Könige, wenn es Recht ist, sie so zu nennen, und die

unusquisque adstabat, aut certe, quod iussus fuerat, exequebatur.

201 Solus Attila rex omnium regum super omnes et pro omnibus sollicitus erat. Fit ergo de loci, quem diximus oportunitate certamen. Attila suos diriget, qui cacumen montis invaderent, sed a Thorismundo et Aetio praevenitur, qui eluctati collis excelsa ut conscenderent, superiores effecti sunt, venientesque Hunnos montis benificio facile turbaverunt.

Anführer der unterschiedlichen Stämme aber folgten Attilas Befehlen wie Leibwächter, und wenn er mit dem Auge zwinkerte, stand jeder einzelne von ihnen ohne irgendein Gemurmel mit Furcht und Zittern bereit oder leistete zuverlässig all dem Folge, was ihm befohlen worden war.

(201) Attila alleine war der König aller Könige, stand über allen und sorgte sich um alles. Dann also begann der Kampf um jene vorteilbringende Stellung, welche wir oben erwähnt haben. Attila ordnete seinen Männern an, dass sie den Gipfel des Berges einnehmen sollten. Er wurde daran jedoch von Thorismund und Aetius gehindert, welche die Höhe des Hügels mühsam überwanden, so dass sie diesen umstellen konnten. Sie gelangten weiter nach oben und trieben durch den Vorteil des Berges die ankommenden Hunnen mit Leichtigkeit auseinander.

XXXIX

202 Tunc Attila cum videret exercitum causa praecedente turbatum, tali eum ex tempore credidit alloquio confirmandum. *'Post victorias tantarum gentium, post orbem, si consistatis, edomitum, ineptum iudicaveram tamquam ignaros rei verbis acuere. Quaerat hoc aut novus ductor aut inexpertus exercitus.*

(202) Als dann Attila sah, wie sein Heer durch die gegnerische Maßnahme in Verwirrung gestürzt wurde, glaubte er, dass er es durch folgende Ansprache aus seiner traurigen Lage befreien müsse: *„Wenn ihr nach dem Sieg über so große Völker und nach der Unterwerfung der Welt haltmacht, würde ich es als töricht verurteilen, euch mit Worten anzutreiben, als ob ihr unerfahren in der Sache wärt. Soll doch entweder ein neuer Anführer oder ein unerfahrenes Heer danach*

203 *Nec mihi fas est aliquid vulgare dicere, nec vobis oportet audire. Quid autem aliud vos quam bellare consuetum? Aut quid viro forti suavius, quam vindicta manu querere? Magnum munus a natura animos ultione satiare.*

204 *Adgrediamur igitur hostem alacres: audaciores sunt semper, qui inferunt bellum. Adunatas dispicite dissonas gentes: indicium pavoris est societate defendi. En ante impetum nostrum terroribus iam feruntur, excelsa quaerunt, tumulos capiunt et sera paenitudine in campos monitiones efflagitant. Nota vobis sunt quam sint levia Romanorum arma: primo etiam non dico vulnere, sed ipso pulvere gravantur, dum in ordine coeunt et acies testudineque conectunt.*

205 *Vos confligite perstantibus animis, ut soletis, despicientesque eorum aciem Alanos invadite, in Vesegothas incumbite. Inde nobis cita victoria quaerere, unde se continet bellum. Abscisa autem nervis mox membra relabuntur, nec potest stare corpus, cui ossa subtraxeris. Consurgant animi, furor solitus intumescat. Nunc consilia, Hun-*

verlangen.

(203) *Es ist weder mein Recht, etwas Gewöhnliches zu sagen, noch gestattet es sich für euch, dieses zu hören. Was aber seid ihr anderes gewohnt als Krieg zu führen? Oder was ist für einen tapferen Mann angenehmer als mit der eigenen Hand die Rache zu suchen? Es ist eine große Gabe der Natur, die Seele mit Rachsucht zu stillen.*

(204) *Lasst uns daher den Feind mit allem gebotener Eifer angreifen; es sind immer die Kühneren, welche den Krieg beginnen. Blickt geringschätzig auf die ungleichen Stämme herab! Es ist ein Zeichen von Furcht, durch eine Allianz verteidigt zu werden. Siehe da, bereits vor unserem Angriff werden sie von Schrecken erfasst. Sie suchen die Anhöhen, nehmen die Hügel ein und fordern durch späte Reue heftigst die Befestigung in den Feldern. Es ist euch bekannt, wie unbedeutend die Waffen der Römer sind: Sie werden niedergedrückt, ich möchte nicht sagen durch die erste Wunde, sondern durch den Staub selbst, während sie sich in der Formation zusammenfinden und die Schlachtreihen und Schilddächer verbinden.*

(205) *Nun kämpft mit beharrlichen Herzen, wie ihr es gewohnt seid, und verachtet deren Schlachtreihe! Greift die Alanen an, stürzt euch auf die Visigoten! Wir müssen dort den raschen Sieg suchen, wo der Krieg zusammengehalten wird. Nachdem nämlich die Sehnen durchschnitten worden sind, werden die Körperglieder niedersinken;*

127

ni, nunc arma depromite: aut vulneratus quis aduersarii mortem reposcat aut inlaesus hostium clade satietur.

206 *Victuros nulla tela conveniunt, morituros et in otio fata praecipitant. Postremo cur fortuna Hunnos tot gentium victores adseret, nisi ad certaminis huius gaudia praeparasset? Quis denique Meotidarum iter maiores nostros aperuit tot saeculis clausum secretum? Quis adhuc inermibus cedere faciebat armatos? Faciem Hunnorum non poterat ferre adunata collectio. Non fallor eventu: hic campus est, quem nobis tot prospera promiserunt. Primus in hoste tela coiciam. si quis potuerit Attila pugnante otio ferre, sepultus est'.* His verbis accensi, in pugna cuncti praecipitantur.

und ein Körper kann auch nicht stehen, wenn man ihm die Knochen entfernt hat. Die Herzen sollen anschwellen, die Wut soll zu gewohnter Höhe getrieben werden! Holt nun eure Überlegenheit und Waffen hervor, Hunnen! Jeder Verwundete soll den Tod seines Gegners verlangen, und jeder Unverletzte soll sich an der Niederlage des Feindes ergötzen.

(206) *Kein Speer soll diejenigen treffen, welche leben wollen; und die, welche sterben wollen, erfasst das Schicksal ohnedies in Friedenszeiten. Zuletzt, warum soll Fortuna die Hunnen zu Siegern über so viele Völker erklärt haben, wenn nicht zur Bereitung der Vorfreude auf diese Auseinandersetzung? Wer schließlich eröffnete unseren Vorfahren den Weg durch die maeotischen Sümpfe, ein für viele Zeitalter gehütetes Geheimnis? Wer zudem schaffte es, dass bewaffnete Männer vor euch zurückwichen, als ihr selbst noch unbewaffnet wart? Nicht einmal ein zusammengewürfelter Völkerbund konnte den Anblick der Hunnen ertragen. Ich täusche mich bezüglich des Ausgangs nicht: Hier ist das Feld, das uns so viele günstige Momente versprochen haben. Ich werde als Erster den Speer gegen den Feind schleudern. Wenn irgendjemand es vorzieht, zu ruhen, während Attila kämpft, ist er ein toter Mann."* Durch diese Worte angestachelt stürzten sich alle in die Schlacht.

XL

207 Et quamvis haberent res ipse formidinem, praesentia tamen regis cunctatione merentibus auferebat. Manu manibus congrediuntur; bellum atrox multiplex immane pertinax, cui simile nulla usquam narrat antiquitas, ubi talia gesta referantur, ut nihil esset, quod in vita sua conspicere potuisset egregius, qui huius miraculi privaretur aspectu.

208 Nam si senioribus credere fas est, rivulus memorati campi humili ripa praelabens, peremptorum vulneribus sanguine multo provectus est, non auctus imbribus, ut solebat, sed liquore concitatus insolito torrens factus est cruoris augmento. Et quos illic coegit in aridam sitim vulnus inflictum, fluenta mixta clade traxerunt: ita constricti sorte miserabili sorvebant putantes sanguinem quem fuderant sauciati.

209 Hic Theodoridus rex dum adhortans discurrit exercitum, equo depulsus pedibusque suorum conculcatus vitam maturae senectutis

(207) Und obwohl die Situation an und für sich angsteinflößend war, nahm die Anwesenheit des Königs den dort Verweilenden die Zurückhaltung. Hand in Hand schritten sie in die Schlacht; der Krieg geriet grausam, wirr, gewaltig und hartnäckig, ein Krieg, von dem das Altertum erzählt, dass es bislang keinen ähnlichen gegeben hat. Dort wurden solche Taten vollbracht, dass es nichts Vorzüglicheres gab, was jemand, der des Anblickes dieses wunderbaren Spektakels beraubt wurde, in seinem Leben hätte betrachten können.

(208) Wenn es nämlich Recht ist, den Älteren zu glauben, wurde ein mit niedrigem Ufer fließender Bach des zuvor genannten Feldes so sehr mit dem Blut aus den Wunden der Gefallenen gefüllt; er vergrößerte sich nicht etwa durch Regenfälle, wie das ansonsten bei Bächen üblich war, sondern schwoll durch eine ungewöhnliche Flüssigkeit an und verwandelte sich durch den stetigen Zufluss an Blut zu einem reißenden Fluss. Und jene, die dort durch eine erlittene Wunde zur Löschung ihres brennenden Durstes gezwungen wurden, tranken Wasser vermischt mit Unheil. So wurden die durch ihr elendes Schicksal Gezeichneten dazu getrieben, jenes Blut zu trinken, welches die Verwundeten vergossen.

(209) An dieser Stelle wurde König Theoderich, während er mit aufmunternden Worten durch seine Armee ritt, vom Pferd geworfen

129

conclusit. Alii vero dicunt eum interfectum telo Andagis de parte Ostrogotharum, qui tunc Attilanis sequebantur regimen. Hoc fuit, quod Attilae praesagio aruspices prius dixerant, quamvis ille de Aetio suspicaret.

210 Tunc Vesegothae dividentes se ab Alanis invadunt Hunnorum caterva et pene Attilam trucidarent, nisi providus prius fugisset et se suosque ilico intra septa castrorum, quam plaustris vallatum habebat, reclusisset; quamvis fragili munimine, eo tamen quaesierunt subsidium vitae, quibus paulo ante nullus poterat muralis agger obsistere.

211 Thorismud autem regis Theodoridi filius, qui cum Aetio collem anticipans hostes de superiore loco proturbaverat, credens se ad agmina propria pervenire, nocte caeca ad hostium carpenta ignarus incurrit. Quem fortiter demicante quidam capite vulnerato equo deiecit, suorumque providentia liberatus a proeliandi intentione desivit.

und unter den Füßen seiner eigenen Männer zertrampelt, wodurch er sein Leben in reifem höheren Alter beendete. Die anderen aber sagen, dass er durch den Speer des Andagis aus der feindlichen Partei der Ostgoten getötet wurde, welche dann unter die Herrschaft Attilas folgten. Dies war es, was die Weissager Attila früher in einer Prophezeiung verkündet hatten, obwohl jener es als Schicksal des Aetius verstand.

(210) Dann griffen die Visigoten, welche sich von den Alani trennten, die Horde der Hunnen an und hätten dabei fast Attila getötet, wenn er nicht vorher vorsorglich geflohen wäre und sich und seine Gefolgsleute sofort innerhalb der Barrieren des Lagers, welches einen Ring aus Fuhrwerken besaß, verschanzt hätte. Obwohl es eine zerbrechliche Verteidigung war, suchten sie, denen bis vor kurzem kein Erdwall Widerstand leisten konnte, dort dennoch Schutz für ihr Leben.

(211) Thorismund aber, der Sohn des Königs Theoderich, welcher gemeinsam mit Aetius den Hügel eingenommen und die Feinde vom erhöhten Terrain zurückgeschlagen hatte, lief in der Dunkelheit der Nacht unwissend und in dem Glauben, er würde sich zu den eigenen Schlachtreihen begeben, in die Wägen der Feinde. Diesen tapfer kämpfenden zerrte irgendjemand, nachdem jener am Kopf verwundet worden war, vom Pferd. Er wurde durch die Voraus-

212 Aetius vero similiter noctis confusione divisus cum inter hostes medius vagaretur, trepidus, ne quid incidisset adversi, Gothos inquiret, tandemque ad socia castra perveniens, relicuum noctis scutorum defensione transegit. Postera die luce orta cum tumulatos cadaveribus campos aspicerent nec audere Hunnos erumpere, suam arbitrantes victoriam scientesque Attilam non nisi magna clade confossum bella confugere, cum tamen nil ageret vel prostratus abiectum, sed strepens armis, tubis canebat incursionemque minabatur, velut leo venabulis praessus speluncae aditus obambulans nec audet insurgere nec desinet fremetibus vicina terrere: sic bellicosissimus rex victores suos turbabat inclusus.

213 Conveniunt itaque Gothi Romanique et quid agerent de superato Attila, deliberant. Placet eum obsidione fatigari, quia annonae

sicht seiner Gefolgsleute gerettet und zog sich daraufhin aus dem anstrengenden Kampf zurück.

(212) Aetius aber wurde auf ähnliche Weise in der Verwirrung der Nacht von seinen Männern getrennt und geriet dabei inmitten des Feindes. In tiefer Sorge darüber, dass etwas Schreckliches geschehen war, suchte er die Goten auf. Schließlich schlug er sich zum alliierten Lager durch und verbrachte den Rest der Nacht unter dem Schutz der Schilde. Als die Römer zu Anbruch des folgenden Tages die mit Leichenstapeln bedeckten Felder erblickten und sahen, dass die Hunnen keinen weiteren Vorstoß wagten, glaubten sie an ihren Sieg und wussten zugleich, dass Attila sich nicht vom Krieg zurückzöge, wenn er nicht durch eine schwere Niederlage vernichtet würde. Noch tat er nichts Nachlässiges wie einer, der überwältigt wurde, sondern ließ die Waffen schmetternd die Trompeten blasen und drohte mit einem Angriff. Er war wie ein von Wurfspießen durchbohrter Löwe, der am Eingang seiner Höhle aufund abschreitet und weder einen Sprung wagt noch davon ablässt, die Umgebung mit seinem Gebrüll zu erschrecken. So brachte der sehr kriegserfahrene König seine siegreichen Gegner sogar als Eingeschlossener auf.

(213) Daher traten die Goten und Römer zusammen und überlegten, was sie mit dem besiegten Attila anfangen sollten. Man beschloss,

copiam non habebat, quando ab ipsorum sagittariis intra septa castrorum locatis crebris ictibus arceretur accessus. Fertur autem desperatis rebus praedictum regem adhuc et suppraemo magnanimem equinis sellis construxisse pyram seseque, si adversarii inrumperent, flammis inicere voluisse, ne aut aliquis eius vulnere laetaretur aut in potestate hostium tantarum gentium dominus perveniret.

dass er durch eine Belagerung mürbe gemacht wird, weil er keinen Getreidevorrat hatte und durch Pfeilschwärme, welche von innerhalb des Lagerwalls positionierten Bogenschützen abgefeuert wurden, an seiner Annäherung gehindert wurde. Es ist überliefert, dass der bis zum Ende heldenhafte König in dieser verzweifelten Situation die Aufstapelung der Pferdesättel zu einem Scheiterhaufen befahl; wenn die Feinde angreifen würden, wollte er sich selbst in die Flammen werfen, so dass niemand an dessen Verwundung Freude haben könnte und der Beherrscher so vieler Stämme in die Hände des Feindes fallen würde.

XLI

214 Verum inter has obsidionum moras Vesegothae regem, fili patrem requirunt, admirantes eius absentiam, dum felicitas fuerit subsecuta. Cumque diutius exploratum, ut viris fortibus mos est, inter densissima cadavera repperissent, cantibus honoratum inimicis spectantibus abstulerunt. Videres Gothorum globos dissonis vocibus confragosos adhuc inter bella furentia funeri reddidisse culturam. Fundebantur lacrimae, sed quae viris fortibus inpendi solent. Nam mors erat, sed Hunno teste gloriosa, unde hostium putaretur inclinatam fore superbiam, quando tanti regis efferri cadaver cum suis insignibus conspiciebant.

(214) Während dieser Verzögerungen der Belagerungen aber suchten die Visigoten ihren König, den Vater des Sohnes, und staunten über dessen Abwesenheit, während sich der Erfolg eingestellt hatte. Nachdem sie den schon länger Verschollenen nach der Sitte von tapferen Männern unter einem Berg von Leichen gefunden hatten, entfernten sie den angesehenen Mann unter Gesängen aus dem Blickfeld des Feindes. Man konnte Scharen von Goten erkennen, welche mit wirren Stimmen dahinstammelten und dem Toten während des nach wie vor wütenden Krieges die letzte Ehre erwiesen. Tränen wurden vergossen, aber solche, welche gewöhnlich von tapferen Männern vergossen werden. Es war nämlich der Tod, aber nach hunnischem Zeugnis ein glorreicher, wobei man glauben konnte, dass der Übermut der Feinde ins Wanken kommen würde, wenn diese erblicken, wie der Leichnam des so großen Königs mit all den Insignien zu Grabe getragen wurde.

215 At Gothi Theodorito adhuc iusta solventes armis insonantibus regiam deferunt maiestatem fortissimusque Thorismud bene gloriosos manes carissimi patris, ut decebat filium, patris exequias prosecutus. Quod postquam peractum est, orbitatis dolore commotus et virtutis impetu, qua valebat, dum in reliquis Hunnorum mortem patris vindicare contendit, Aetium patricium ac si seniorem prudentiaeque maturum de hac parte consuluit, quid sibi esset in tempore faciendum.

(215) Und die Goten, welche dem König bis zum Schluss die letzte Ehre erwiesen, trugen die königliche Hoheit mit klirrenden Waffen weg, und der sehr tapfere Thorismund geleitete treu den ruhmreichen Leichnam des äußerst berühmten Vaters und, wie es sich für den Sohn geziemte, auch die Leichenprozession des Vaters. Nachdem dieses Ereignis sein Ende gefunden hatte, sann der vom Schmerz des Verwaistseins und vom Streben nach Tapferkeit, durch welches er stark war, tief Gerührte nach Rache an den noch verbliebenen Goten für den Tod seines Vaters. Er beriet sich mit dem Patrizier Aetius als älteren und an Weisheit reiferen Mann darüber, was er in Zukunft zu tun habe.

216 Ille vero metuens, ne Hunnis funditus interemptis a Gothis Romanum praemeretur imperium, praebet hac suasione consilium, ut ad sedes proprias remearet regnumque, quod pater reliquerat, arriperet, ne germani eius opibus adsumptis paternis Vesegotharum regno pervaderent graviterque dehinc cum suis et, quod peius est, miseriterque pugnaret.

(216) Jener aber fürchtete, dass, nachdem die Hunnen ausgelöscht worden waren, das Römische Reich von den Goten unterdrückt werden könnte. Gemäß dieser Überzeugung gab er ihm den Rat, dass er zu seinen eigenen Besitzungen zurückkehren sollte, um das Königreich, welches der Vater hinterlassen hatte, unter seine Kontrolle zu bringen. Er sollte dies

Quod responsum non ambiguae, ut datum est, sed pro sua potius utilitate susceptum relictis Hunnis redit ad Gallias.

tun, damit nicht seine Brüder nach Inbesitznahme der väterlichen Reichtümer in das Reich der Visigoten einfallen konnten und er mit den Seinen von da an nicht in schwere und, was schlechter war, erfolglose Kämpfe verwickelt würde. Nachdem Thorismund diese zweideutige, aber für sein eigenes Wohl bessere Antwort so, wie sie gegeben wurde, angenommen hatte, kehrte er bei gleichzeitiger Abkehr von den Hunnen nach Gallien zurück.

217 Sic humana fragilitas dum suspicionibus occurrit. magna plerumque agenda rerum occasione intercepit. In hoc etenim famosissimo et fortissimarum gentium bello ab utrisque partibus clxv milia caesa referuntur, exceptis quindecim milibus Gepidarum et Francorum, qui ante congressionem publicam noctu sibi occurrentes mutuis concidere vulneribus, Francis pro Romanorum, Gepidas pro Hunnorum parte pugnantibus.

(217) So zerstört die menschliche Hinfälligkeit, solange sie den Verdächtigungen entgegentritt, meistens die Gelegenheit zur Vollbringung großer Dinge. In diesem berühmtesten Krieg der tapfersten Stämme sollen den Überlieferungen zufolge auf beiden Seiten 165.000 Soldaten gefallen sein. Davon ausgenommen sind 15.000 Gipedari und Franken, welche in der Nacht vor dem offiziellen Aufeinandertreffen der Kriegsparteien zusammenstießen und durch die gegenseitig beigebrachten Verwundungen umkamen. Die Franken kämpften dabei für die Römer, die Gepiden hingegen für die Kriegspartei der Hunnen.

218 Attila igitur cognita discessione Gothorum, quod de inopinatis collegi solet, inimicorum magis aestimans dolum diutius se intra castra continuit. Sed ubi hostium absentia sunt longa silentia consecuta, erigitur mens ad victoriam, gaudia praesumuntur atque potentis regis animus in antiqua fata

(218) Als Attila aber in Kenntnis über den Rückzug der Goten gesetzt wurde, vermutete er eher eine List des Feindes dahinter, welche gewöhnlich von unerwarteter Seite gesponnen wird, und weilte etwas länger in seinem Lager. Als aber auf die Abwesenheit der Feinde eine lange Phase der Stille folg-

revertitur. Thorismud ergo, patre mortuo in campis statim Catalaunicis, ubi et pugnaverat, regia maiestate subvectus Tolosam ingreditur. Hic licet fratrum et fortium turba gauderet, ipse tamen sic sua initia moderatus est, ut nullius repperiret de regni sucessione certamen.

te, wurde der Geist des mächtigen Königs ermutigt, wurden Gefühle der Freude wach und kehrte der Gedanke Attilas zu den alten Schicksalsprophezeiungen zurück. Thorismund aber wurde nach dem Tod seines Vaters auf den Katalaunischen Feldern, wo er zuvor gekämpft hatte, sofort mit königlichem Geleit weggeführt und gelangte nach Tolosa. Obwohl er sich dort auch an einer Schar tapferer Brüder erfreuen konnte, war er selbst von Anfang seiner Regierungszeit an so gemäßigt, dass niemand einen Streit über die Nachfolge der Herrschaft vom Zaun brach.

XLII

219 Attila vero nancta occasione de secessu Vesegotharum, et, quod saepe optaverat, cernens hostium solutione per partes, mox iam securus ad oppressionem Romanorum movit procinctum, primaque adgressione Aquileiensem obsidet civitatem, quae est metropolis Venetiarum, in mucrone vel lingua Atriatici posita sinus, cuius ab oriente murus Natissa amnis fluens a monte Piccis elambit.

(219) Nachdem die Gelegenheit des Abzugs der Visigoten genutzt worden war, erkannte Attila aber die teilweise Auflösung des Feindes, was er oft gewünscht hatte. Bald darauf ließ er sein in Kampfbereitschaft befindliches Heer siegessicher zum Angriff gegen die Römer vorrücken. Beim ersten Angriff ließ er die Stadt Aquileia belagern, welche die Provinzialhauptstadt von Venetien darstellt und an der Nordspitze oder auf einer Landzunge des adriatischen Golfs positioniert ist. Entlang ihrer östlichen Mauern fließt der Fluss Natissa, der vom Berg Piccis herunterströmt.

220 Ibique cum diu multumque obsidens nihil paenitus praevaleret, fortissimis intrinsecus Romanorum militibus resistentibus, ex-

(220) Und weil die dort sehr lange andauernde Belagerung aufgrund des Widerstands durch die in der Stadt befindlichen tapfersten rö-

ercitu iam murmurante et discedere cupiente, Attila deambulans circa muros, dum, utrum solveret castra an adhuc remoraretur, deliberat, animadvertit candidas aves, id est ciconias, qui in fastigia domorum nidificant, de civitate foetos suos trahere atque contra morem per rura forinsecus conportare.

221 Et ut erat sagacissimus inquisitor, presensit et ad suos: 'Respicite, inquid, *aves futurarum rerum providas perituram relinquere civitatem casurasque arces periculo imminente deserere. Non hoc vacuum, non hoc credatur incertum; rebus presciis consuetudinem mutat ventura formido'.* Quid plura? Animos suorum rursus ad oppugnandam Aquileiam inflammat. Qui machinis constructis omniaque genera tormentorum adhibita, nec mora et invadunt civitatem, spoliant, dividunt vastantque crudeliter, ita ut vix eius vestigia ut appareat reliquerunt.

mischen Soldaten fast nichts auszurichten vermochte, begann das hunnische Heer bereits zu murren und den Rückzug zu fordern. Attila schritt die Mauern ab und erwog, ob er entweder das Lager abbrechen oder dort verweilen sollte. Er richtete seine Aufmerksamkeit auf weiße Vögel – nämlich Störche, die ihre Nester in den Giebeln der Häuser bauen – und sah, wie diese ihre Jungen aus der Stadt beförderten und – entgegen ihrer Gepflogenheit – nach draußen auf das Land brachten.

(221) Und weil er ein sehr scharfsinniger Beobachter von Naturereignissen war, bekam er eine Ahnung von dem Gesehenen und sprach zu den Soldaten: *„Blickt auf die zukünftige Dinge voraussehenden Vögel, welche die dem Untergang geweihte Stadt verlassen und sich von durch ständige Gefahr zu Fall gebrachten Mauern abwenden. Dies soll weder für ein bedeutungsloses noch für ein unsicheres Zeichen gehalten werden; Das durch die Vorhersehung von Dingen entstandene Entsetzen über zukünftige Geschehnisse verändert ihre Gewohnheit."* Was soll noch mehr gesagt werden? Er entflammte die Herzen seiner Soldaten für einen neuerlichen Angriff auf Aquileia. Nachdem sie Kriegsmaschinen erzeugt und alle Arten von Geschützen zum Einsatz gebracht hatten, fielen sie ohne jegliche Verzögerung in die Stadt ein, und plünderten, zerspalteten und verwüsteten diese so grausam, dass

222 Exhinc iam audaciores et necdum Romanorum sanguine satiati per reliquas Venetum civitates Hunni bacchantur. Mediolanum quoque Liguriae metropolim et quondam regiam urbem pari tenore devastant nec non et Ticinum aequali sorte deiciunt vicinaque loca saevientes allidunt demoliuntque pene totam Italiam. Cumque ad Romam animus fuisset eius adtentus accedere, sui eum, ut Priscus istoricus refert, removerunt, non urbi, cui inimici erant, consulentes, sed Alarici quondam Vesegotharum regis obicientes exemplo, veriti regis sui fortunam, quia ille post fractam Romam non diu supervixerit, sed protinus rebus humanis excessit.

223 Igitur dum eius animus ancipiti negotio inter ire et non ire fluctuaret secumque deliberans tardaret, placida ei legatio a Roma advenit. Nam Leo papa per se ad eum accedens in agro Venetum Ambuleio, ubi Mincius amnis commeantium frequentatione transitur. Qui mox deposuit exercitatu furore et rediens, quo venerat, iter ultra Danubium promissa pace discessit, illud pre omnibus denuntians atque interminando de-

sie kaum Spuren von deren ursprünglichem Erscheinungsbild zurückließen.

(222) Die seitdem noch waghalsigeren und noch nicht vom Blut der Römer gestillten Hunnen rasten wütend durch die übrigen Städte der Veneter. In der gleichen Art verwüsteten sie auch Mediolanum, Hauptstadt Liguriens und einst kaiserliche Stadt, und stürzten Ticium in das gleiche Schicksal. Die Tobenden verübten Anschläge auf benachbarte Orte und zerstörten beinahe ganz Italien. Während der Geist Attilas danach strebte, die Stadt Rom anzugreifen, rieten ihm seine Gefolgsleute, wie der Geschichtsschreiber Priscus berichtet, zwar nicht zum Rückzug aus der Stadt, für welche sie Feinde waren, konfrontierten ihn aber mit dem Beispiel von Alarich, dem König der Visigoten. Sie fürchteten um das Schicksal ihres Königs, weil jener nach dem Überfall auf Rom nicht mehr lange lebte, sondern unmittelbar danach aus seinem Leben schied.

(223) Während daher Attilas Geist im Zweifel zwischen Gehen und nicht Gehen schwankte und er im Gedanken mit sich ringend zögerte, fand sich eine friedliche Gesandtschaft aus Rom bei ihm ein. Papst Leo nämlich kam persönlich zu ihm auf das ambuleische Feld der Veneter, wo der Fluss Minucius von einer großen Menge an Fahrenden überschritten wird. Daraufhin legte Attila seine ausgeübte Wut ab und zog sich mit dem

137

cernens, graviora se in Italia inlaturum, nisi ad se Honoriam Valentiniani principis germanam, filiam Placidiae Augustae, cum portione sibi regalium opum debita mitterent.

224 Ferebatur enim, quia haec Honoria, dum propter aulae decus ad castitatem teneretur nutu fratris inclusa, clam eunucho misso Attilam invitasse, ut contra fratris potentiam eius patrociniis uteretur: prorsus indignum facinus, ut licentiam libidinis malo publico conpararet.

Versprechen des Friedens jenseits der Donau dorthin zurück, von wo er einst gekommen war. Vor allen anderen Dingen verkündete er jenes und drohte er, dass er schlimmeres Unheil nach Italien bringen würde, wenn sie nicht Honoria, die Schwester des Kaisers Valentinian, und Placidia, die Tochter des Augustus, mit einem an sie abgetretenen Anteil des königlichen Vermögens schicken würden.

(224) Es wurde nämlich überliefert, dass diese Hornoria, während sie auf Geheiß des Bruders wegen der Verpflichtung des Hofstaates zur Keuschheit gefangengehalten wurde, heimlich durch Entsendung eines Eunuchen Attila dazu aufgefordert hätte, dass sie dessen Schutz gegen die Macht des Bruders in Anspruch nehmen könnte: Es war schlichtweg eine schändliche Tat, dass sie die Zügellosigkeit ihrer Lust dem Wohle des Staates vorzog.

XLIII

225 Reversus itaque Attila in sedes suas et quasi otii penitens graviterque ferens a bello cessare, ad Orientis principem Marcianum legatos dirigit, provinciarum testans vastationem, quod sibi promissum a Theodosio quondam imperatore minime persolveretur, et inhumanior solito suis hostibus appareret. Haec tamen agens, ut erat versutus et callidus, alibi minatus alibi arma sua commovit, et, quod restabat indignationi, faciem in Vesegothas convertit.

(225) Attila kehrte wieder in seine Heimat zurück, fand großen Missfallen an seinem Privatleben und ertrug den Abzug aus dem Krieg nur schwer. Er schickte Gesandte zum Herrscher des Osten, Marcianus, und verkündete die Zerstörung der Provinzen, weil das, was ihm vom einstmaligen Kaiser Theodosius versprochen worden war, ganz und gar nicht eingelöst wurde, so dass er sich gegenüber seinen Feinden unmenschlicher als je zuvor zeigte. Während er diese

226 Sed non eum, quem de Romanis, reportavit eventum. Nam per dissimiles anteriores vias recurrens, Alanorum partem trans flumen Ligeris considentem statuit suae redigere dicioni, quatenus mutata per ipsos belli facie terribilior immineret. Igitur ab Dacia et Pannonia provinciis, in quibus tunc Hunni cum diversis subditis nationibus insidebant, egrediens Attila in Alanos movit procinctum.

227 Sed Thorismud rex Vesegotharum, fraudem Attilae non inpari subtilitate presentiens, ad Alanos tota velocitate prius advenit, ibique supervenientis Attilae iam motibus preparatus occurrit, consertoque proelio pene simili eum tenore, ut prius in campos Catalaunicos, ab spe removit victoriae fugatumque a partibus suis sine triumpho remittens in sedes proprias fugire compulit. Sic Attila famosus et multarum victoriarum dominus dum quaerit famam per-

Dinge betrieb, drohte er, verschlagen und geübt wie er war, in die eine Richtung und ließ sein Heer in die andere Richtung in Bewegung setzen, und er richtete seine Aufmerksamkeit auf die Visigoten, weil er noch Reste von Missfallen gegen diese übrig hatte.

(226) Hier trug er aber nicht denselben Erfolg davon, welchen er bei den Römern verzeichnen konnte. Während er nämlich über Routen, welche unterschiedlich zu den früheren waren, zurückeilte, setzte er fest, dass der jenseits des Flusses Ligeris siedelnde Teil der Alani seiner Herrschaft eingegliedert wird, weil er nach veränderter Gestalt des Krieges für die Visigoten selbst eine schrecklichere Bedrohung darstellen sollte. Daher brach Attila von den Provinzen Dakien und Pannonien, in welchen die Hunnen damals mit verschiedenen unterworfenen Völkern hausten, auf und ließ seine Streitkraft gegen die Alani in Bewegung setzen.

(227) Aber Thorismund, der König der Visigoten und an Scharfsinnigkeit Attila keineswegs unterlegen, sah die List vorher und gelangte durch einen schnelleren Marsch früher zu den Alani. Dort stellte er sich rechtzeitig den beginnenden Kriegsbewegungen Attilas entgegen. Nachdem man sich auf den Kampf eingelassen hatte, entzog Thorismund Attila auf eine ähnliche Art und Weise wie zuvor auf den Katalaunischen Feldern die Hoffnung auf den Sieg, indem er

139

ditoris abicere et quod prius a Vesegothis pertulerat abolere, geminata sustenuit ingloriosusque recessit.

228 Thorismud vero repulsis ab Alanis Hunnorum catervis sine aliqua suorum lesione Tolosa migravit suorumque quieta pace conposita tertio anno regni sui egrotans, dum sanguinem tollit de vena, ab Ascalc suo clienti inimico nuntiante arma subtracta peremptus est. Vna tamen manu, quam liberam habebat, scabillum tenens sanguinis sui extitit ultor, aliquantos insidiantes sibi extinguens.

ihn in die Flucht schlug, ohne Triumph von seinem Land vertrieb und zum Rückzug in dessen Heimat zwang. Während Attila, der glorreiche Anführer und Herr zahlreicher Siege, den Ruhm seines Zerstörers abzuwenden und das, was er früher durch die Visigoten erlitten hatte, zu beseitigen versuchte, erlitt er eine weitere Niederlage und zog sich ohne jeden Ruhm zurück.

(228) Nachdem die Scharen der Hunnen ohne gröbere Reduktion der eigenen Männer von den Alanen zurückgeschlagen worden waren, zog Thorismund nach Tolosa, wo er einen ungestörten Frieden für seine Leute festlegte und im dritten Jahr seiner Regentschaft von einer Krankheit befallen wurde. Während er Blut aus einer Vene abfließen ließ, wurde er von Ascalc, seinem Hörigen, getötet, indem dieser den König nach Entfernung der Waffen an die Feinde verriet. In der einen Hand, welche er frei hatte, hielt er aber einen Schemel und wurde zum Rächer seines Blutes, indem er einige der ihm Auflauernden tötete.

XLIV

229 Post cuius decessum Theoderidus germanus eius Vesaegotharum in regno succedens, mox Riciarium Suavorum regem cognatum suum repperit inimicum. Hic etenim Riciarius affinitate Theoderidi presumens, universam pene Spaniam sibi credidit occupandam, iudicans oportunum tempus

(229) Nach dessen Ableben folgte dessen Bruder Theoderich auf den Thron der Visigoten nach, und dieser machte bald darauf den Suebenkönig Riciarius, seinen Blutsverwandten, als Feind aus. Dieser Riciarius nämlich, der sich die Verwandtschaft zu Theoderich als hoffnungsvoll vorstellte und glaubte,

140

subreptionis incomposita initia temptare regnantis.

230 Quibus antea Gallicia et Lysitania sedes fuere, quae in dextro latere Spaniae per ripani Oceani porriguntur, habentes ab oriente Austrogonia, ab occidente in promuntorio sacrum Scipionis Romani ducis monumentum, a septentrione Oceanum, a meridie Lysitaniam et fluvium Tagum, qui harenis suis permiscens auri metalla trahit cum limi vilitate divitias. Exinde ergo exiens Riciarius rex Suavorum nititur totas Spanias occupare.

231 Cui Theodoridus cognatus suus, ut erat moderatus, legatos mittens, pacifice dixit, ut non solum recederet a finibus alienis, verum etiam nec temptare presumeret, odium sibi tali ambitione adquirens. Ille vero animo pretumido ait: '*Si hic murmuras et me venire causaris, Tolosam, ubi tu sedes, veniam; ibi, si vales, resiste*'. His auditis aegre tulit Theodoridus compacatusque cum citeris gentibus arma movit in Suavos, Burgundzonum quoque Gnudiuchum et Hilpericum reges auxiliarios habens sibique devotos.

beinahe ganz Spanien einnehmen zu müssen, beurteilte die Zeit für eine heimliche Einnahme des Landes als günstig, um die plumpen Anfänge des Regierens auf die Probe zu stellen.

(230) Sie besaßen zuvor Galizien und Lusitanien, welche sich auf der rechten Seite der iberischen Halbinsel entlang der Meeresküste erstrecken, als Heimatgebiete. Östlich davon befand sich Autrigonia, westlich davon hingegen auf einem Bergvorsprung das heilige Monument des römischen Generals Scipio. Im Norden grenzten die Ländereien an den Ozean, im Süden hingegen an Lusitania und den Fluss Tagus, welcher in seinen Sanden Goldkörner verborgen hält und Reichtum mit seinem wertlosen Schlamm führt.

(231) Dessen Verwandter Theoderich, welcher gemäßigt war, schickte ihm Gesandte und ließ ihm über diese friedvoll ausrichten, dass jener nicht nur aus den fremden Gebieten zurückzuweichen habe, sondern auch keinen weiteren Versuch zur Einnahme der Gebiete anstellen dürfe, weil sich sein Hass bei derartigen Vorhaben vergrößere. Jener aber antwortete mit überheblichem Geiste: *„Wenn du hier murrst und mein Kommen als Grund dafür angibst, werde ich nach Tolosa, wo du wohnst, eilen; dort leiste mir Widerstand, wenn du kannst."* Nachdem er diese Worte vernommen hatte, geriet Theoderich in Rage, vollzog ein Bündnis mit den übri-

gen Stämmen und ließ seine Truppen gegen die Sueben marschieren. Er hatte zu diesem Zweck auch die Burgunderkönige Gundiwichus und Hilpericus als enge Verbündete.

232 Ventum est ad certamen iuxta flumen Vlbium, qui inter Asturicam Hiberiamque pretermeat, consertoque proelio Theoderidus cum Vesegothis, qui ex iusta parte pugnabat, victor efficitur, Suavorum gente pene cuncta usque ad internicione prosternens. Quorum rex Riciarius relicta infesta hoste fugiens in nave conscendit adversaque procella Tyrreni hoste repercussus Vesegotharum est manibus redditus. Miserabilis non differt mortem, cum elementa mutaverit.

(232) Sie traten nahe dem Fluss Ulbius, welcher zwischen Asturia und Hiberia fließt, in den Krieg ein; nachdem die Auseinandersetzung mit den Visigoten ihren Lauf genommen hatte, ging Theoderid, welcher für die richtige Seite kämpfte, als Sieger hervor und verfolgte beinahe den gesamten Stamm der Sueben bis zum Tod. Nachdem er dem drohenden Feind entkommen war, flüchtete deren König Riciarius und stieg auf ein Schiff. Er wurde aber durch einen anderen Feind, nämlich den Gegenwind des Tyrrhenischen Meeres zurückgeworfen und fiel dadurch den Visigoten wieder in die Hände. Es änderte nichts am Tod des Elenden, dass er vom Meer aufs Land übergewechselt hatte.

233 Theoderidus vero victor existens subactis pepercit nec ultra certamine saevire permisit, preponens Suavis, quos subegerat, clientem proprium nomine Agrivulfum. Qui in brevi animo praevaricatione Suavorum suasionibus commutans neglexit imperata conplere, potius tyrranica elatione superbiens credensque se ea virtute provinciam obtinere, qua dudum cum domino suo ea subigisset. Vir si quidem erat Varnorum stirpe genitus, longe a Gothici sanguinis nobilitate seiunctus, idcirco

(233) Als Theoderich aber als Sieger feststand, verschonte er die Unterworfenen und verbot eine Fortsetzung des Konfliktes bis zum bitteren Ende. Den Sueben, welche er im Krieg unterworfen hatte, stellte er aber einen eigenen Hörigen mit dem Namen Agriulf an die Spitze. Dieser änderte aber innerhalb kurzer Zeit durch die Überredungskünste der Sueben unter Begehung einer Pflichtverletzung seine Gesinnung und vernachlässigte die Befolgung von Befehlen. Er brüstete sich lieber

nec libertatem studens nec patrono fidem reservans.

234 Quo conperto Theodoridus mox contra eum, qui eum de regno pervaso deicerent, destinavit. Qui venientes sine mora in primo eum certamine superantes congruam factorum eius ab eo exigerunt ultionem. Captus namque et suorum solacio destitutus capite plectitur, sensitque tandem iratum, qui propitium dominum crediderat contemnendum. Tunc Suavi rectoris sui interitum contuentes locorum sacerdotes ad Theoderidum supplices direxerunt. Quos ille pontificali reverentia suscipiens non solum inpunitatem Suavorum indulsit, sed ut sibi de suo genere principem constituerent, flexus pietate concessit. Quod et factum est, et Rimismundum sibi Suavi regulum ordinaverunt. His peractis paceque cuncta munitis, tertio decimo regni sui anno Theoderidus occubuit.

mit tyrannischem Stolz und glaubte zudem, dass er die Provinz aufgrund jener Tapferkeit erhalten habe, durch welche er diese jüngst mit seinem Herrn unterworfen hatte. Wenn er auch ein Mann aus dem Geschlecht der Warni war, so befand er sich dennoch weit entfernt von der Edelheit des gotischen Blutes, weshalb er weder die Freiheit anstreben, noch seinem Herrn treu dienen konnte.

(234) Nachdem Theodorich Kenntnis davon erlangt hatte, sandte er bald darauf Truppen aus, welche ihn aus dem eroberten Königreich werfen sollten. Diese kamen ohne jede Verzögerung und besiegten ihn im ersten Kampf. Sie vollzogen an ihm eine angemessene Strafe für dessen Taten. Er wurde nämlich gefangengenommen, aus der Zuflucht seiner Gefolgsleute verschleppt und erthauptet. So schließlich erkannte er, welcher geglaubt hatte, dass sein gewogener Herr verspottet werden musste, dessen Zorn. Als die Sueben über den Tod ihres Anführers unterrichtet wurden, entsandten sie einheimische Priester als Schutzflehende zu Theoderich. Jener nahm diese durch die priesterliche Ehrerbietung auf und gewährte nicht nur Straffreiheit für die Sueben, sondern wies durch die Gottesfürchtigkeit erweicht auch an, dass sie für sich aus ihrem eigenen Stamm einen Anführer auswählen konnten. Dies wurde auch getan, und die Sueben bestellten Rimismund zu ihrem Fürsten. Nachdem

143

dies vollzogen und alles durch Frieden gefestigt worden war, starb Theoderich im dreizehnten Jahr seiner Regentschaft.

XLV

235 Cui frater Eurichus praecupida festinatione succedens sceva suspicione pulsatus est. Nam dum haec circa Vesegotharum gente et alia nonnulla geruntur, Valentinianus imperator dolo Maximi occisus est et ipse Maximus tyrannico more regnum invasit. Quod audiens Gyzericus rex Vandalorum ab Africa armata classe in Italiam venit Romaeque ingressus cuncta devastat. Maximus vero fugiens a quodam Vrso, milite Romano, interemptus est.

(235) Der Bruder Eurich folgte ihm mit solch begieriger Hast nach und wurde durch einen ungünstigen Verdacht angetrieben. Als sich nämlich dies und einige andere Dinge rund um den Stamm der Visigoten ereigneten, wurde Kaiser Valentinian durch einen Hinterhalt des Maximus getötet, und Maximus selbst usurpierte nach gewaltherrschaftlicher Art und Weise das Reich. Der Vandalenkönig Geiserich hörte von diesem Vorfall, fuhr mit seiner Kriegsflotte von Afrika nach Italien, drang in Rom ein und legte alles in Schutt und Asche. Der flüchtende Maximus aber wurde durch einen gewissen Ursus, einen römischen Soldaten, ermordet.

236 Post quem iussu Marciani imperatoris Orientalis Maiurianus Occidentale suscepit imperium gubernandum. Sed et ipse non diu regnans, dum contra Alanos, qui Gallias infestabant, movisset procinctum, Dertona iuxta fluvium Hyra cognomento occiditur. Cuius locum Severus invasit, qui tertio anno imperii sui Romae obiit. Quod cernens Leo imperator, qui in Orientali regno Marciano successerat, Anthemium patricium suum ordinans Romae principem distinavit. Qui veniens ilico Recimerem generum suum contra Ala-

(236) Nach diesem übernahm Maiorianus auf Befehl des Ostkaisers Marcianus die Regierungsgeschäfte der westlichen Reichshälfte. Auch dieser herrschte nicht lange: Nachdem er seine Armee gegen die Alani, welche Gallien angriffen, in Bewegung gesetzt hatte, fand er bei Dertona in der Nähe eines Flusses mit der Bezeichnung Ira den Tod. Severus nahm dessen Platz ein und verstarb in Rom im dritten Jahr seiner Herrschaft. Als Kaiser Leo, welcher Marcianus in der östlichen Reichshälfte nachgefolgt war, davon erfuhr, wählte er

nos direxit, virum egregium et pene tunc in Italia ad exercitum singularem. Qui et multitudine Alanorum et regem eorum Beorgum in primo statim certamine superatos internicioni prostravit.

237 Euricus ergo, Vesegotharum rex, crebram mutationem Romanorum principum cernens Gallias suo iure nisus est occupare. Quod conperiens Anthemius imperator Brittonum solacia postulavit. Quorum rex Riotimus cum duodecim milia veniens in Beturigas civitate Oceano e navibus egresso susceptus est.

238 Ad quos rex Vesegotharum Eurichus innumerum ductans advenit exercitum diuque pugnans Riutimum Brittonum rege, antequam Romani in eius societate coniungerentur, effugavit. Qui amplam partem exercitus amissam cum quibus potuit fugiens ad Burgundzonum gentem vicinam Romanisque in eo tempore foederatam advenit. Eurichus vero rex Vesegotharum Arevernam Galliae civitatem *occupavit* Anthemio principe iam defuncto:

239 qui cum Ricemere genero suo

seinen Patrizier Anthemius aus und bestimmte ihn zum Kaiser von Rom. Nach seiner Ankunft dort ließ dieser seinen Stiefsohn Ricimer, einen vorzüglichen Mann und den nahezu einzigen, der damals zur Führung des Heeres in Italien geeignet war, gegen die Alani aufmarschieren. Schon im ersten Gefecht besiegte und vernichtete er sowohl die Schar der Alani als auch deren König Beorgus.

(237) Eurich, der König der Visigoten, bekam den oftmaligen Wechsel der römischen Kaiser mit und trachtete mit vollem Recht nach der Eroberung Galliens. Kaiser Anthemius hörte davon und ersuchte die Bretonen um Hilfe. Deren König Riotimus kam mit 12.000 Männern über den Ozean und wurde nach Verlassen der Schiffe in Empfang genommen.

(238) Eurich, der König der Visigoten, traf ein, indem er ein aus unzähligen Soldaten bestehendes Heer gegen diese führte, und nach einem langen Kampf flüchtete der Bretonenkönig Riotimus noch ehe die Römer sich mit dessen Kräften vereinigen konnten. Nachdem ein großer Teil des Heeres verlorengegangen war, floh dieser mit allen, die er aufsammeln konnte, und kam schließlich zum benachbarten Stamm der Burgunder, welcher zu dieser Zeit mit den Römern verbündet war. Eurich, der König der Visigoten, eroberte die gallische Stadt Arverna, nachdem Kaiser Anthemius bereits verstorben war.

(239) Nachdem dieser in einem

145

intestino bello saeviens Romam trivisset, ipseque a genero peremptus regnum reliquid Olybrio. Quo tempore in Constantinopolim Aspar primus patriciorum et Gothorum genere clarus cum Ardabure et Patriciolo filiis, illo quidem olim patricio, hoc autem Caesare generoque Leonis principis appellato, spadonum ensibus in palatio vulneratus interiit. Et necdum Olybrio octavo mense in regno ingresso obeunte Glycerius apud Ravennam plus presumptione quam electione Caesar effectus. Quem anno vix expleto Nepus Marcellini quondam patricii sororis filius a regno deiciens in Porto Romano episcopum ordinavit.

240 Tantas varietates mutationesque Eurichus cernens, ut diximus superius, Arevernam occupans civitatem, ubi tunc Romanorum dux praeerat Ecdicius nobilissimus senator et dudum Aviti imperatoris, qui ad paucos dies regnum invaserat, filius (nam hic ante Olybrium paucos dies tenens imperium ultro secessit Placentia, ibique episcopus est ordinatus). Huius ergo filius Ecdicius, diu certans cum Vesegothis nec valens

Bürgerkrieg gegen seinen Stiefsohn Ricimer Rom voller Wut zermalmt hatte, wurde er selbst schließlich durch den Stiefsohn niedergestreckt und hinterließ Olybrius das Reich. Zur gleichen Zeit wurde Aspar, der Erste der Patrizier und ein berühmter Mann vom Stamm der Goten, gemeinsam mit seinen Söhnen Ardabur und Patriciolus – der eine längst ein Patrizier, der andere aber ein ernannter Caesar und Stiefsohn des Kaisers Leo – durch die Schwerter der Eunuchen in seinem Palast in Konstantinopel tödlich verwundet. Und nachdem Olybrius nicht einmal acht Monate nach Antritt der Herrschaft gestorben war, wurde Glycerius bei Ravenna mehr durch Usurpation als durch eine Wahl zum Caesar erhoben. Nachdem kaum noch ein Jahr verstrichen war, stieß Nepos, der Sohn der Schwester des einstmaligen Patriziers Marcellinus, diesen vom Thron und ernannte ihn zum Bischof im römischen Hafen.

(240) Wie wir weiter oben berichtet haben, erkannte Eurich die so großen und vielfältigen Veränderungen und eroberte daraufhin die Stadt Arverna, wo der römische General Ecdicius zur damaligen Zeit das Kommando hatte. Dieser war ein sehr berühmter Senator und Sohn des vorherigen Kaisers Avitus, welcher nur für wenige Tage die Herrschaft usurpiert hatte. Avitus nämlich, der vor Olybrius wenige Tage lang die Herr-

antestare, relicta patria maxime-
que urbem Arevernate hosti, ad
tutiora se loca collegit.

241 Quod audiens Nepus imperator praecepit Ecdicium relictis
Galliis ad se venire loco eius Orestem mag. mil. ordinatum. Qui
Orestes suscepto exercitu et contra hostes egrediens a Roma Ravenna pervenit ibique remoratus
Augustulum filium suum imperatorem effecit. Quo conperto Nepus
fugit Dalmatias ibique defecit privatus a regno, ubi iam Glycerius
dudum imperator episcopatum
Salonitanum habebat.

schaft innehatte, zog sich freiwillig
nach Placentia zurück und wurde
dort zum Bischof ernannt. Dessen
Sohn Ecdicius kämpfte lange Zeit
mit den Visigoten, war aber nicht
stark genug für einen Sieg. So
überließ er das Vaterland und
insbesondere die Stadt Arverna
dem Feind und begab sich selbst
zu geschützteren Orten.
(241) Als Kaiser Nepos davon
Kenntnis erlangte, forderte er Ecdicius zum Verlassen von Gallien
und zur Fahrt zu ihm auf, nachdem
er an dessen Stelle Orestes zum
Anführer des Heeres bestellt hatte.
Dieser Orestes marschierte nach
der Musterung des Heeres auch
gegen die Feinde, gelangte von
Rom nach Ravenna und erhob dort
verweilend seinen Sohn Augustulus zum Kaiser. Nachdem Nepos
davon erfahren hatte, flüchtete er
von seiner Herrschaft beraubt
nach Dalmatien und verstarb
schließlich dort, wo bereits der
ehemalige Kaiser Glycerius den
Bischofssitz Salona unterhielt.

XLVI

242 Augustulo vero a patre Ores-
te in Ravenna imperatore ordinato non multum post Odoacer Tor-
cilingorum rex habens secum Sci-
ros, Herulos diversarumque gentium auxiliarios Italiam occupavit
et Orestem interfectum Augustulum filium eius de regno pulsum
in Lucullano Campaniae castello
exilii poena damnavit.

(242) Nachdem aber Augustulus
durch seinen Vater Orestes in Ravenna zum Kaiser erhoben worden war, eroberte nicht viel später
Odoaker, der König der Torcilingi,
welcher die Skiren, die Heruler
und Hilfstruppen verschiedener
Stämme mit sich führte, Italien.
Nach der Hinrichtung des Orestes
wurde dessen Sohn Augustulus
vom Thron gestoßen und zu einer
Exilstrafe in der Festung des Lu-

243 Sic quoque Hesperium Romanae gentis imperium, quod septingentesimo nono urbis conditae anno primus Augustorum Octavianus Augustus tenere coepit, cum hoc Augustulo periit anno decessorum prodecessorumve regni quingentesimo vicesimo secundo, Gothorum dehinc regibus Romam Italiamque tenentibus. Interea Odoacer rex gentium omnem Italiam subiugatam, ut terrorem suum Romanis iniceret. mox initio regni sui Bracilam comitem apud Ravennam occidit regnoque suo confortato pene per tredecem annos usque ad Theodorici praesentiam, de quo in subsequentibus dicturi sumus, obtenuit.

cullus in Kampanien verurteilt.

(243) So ging auch das westliche Reich des römischen Stammes, welches der erste der Augusti, Octavianus Augustus, im 709. Jahr nach der Gründung der Stadt zu regieren begann, mit diesem Augustulus unter. Dies geschah im 522. Jahr der Herrschaft der Amtsvorgänger und jener, die diesen vorangingen, und von dieser Zeit an regierten die Könige der Goten Rom und Italien. Inzwischen hielt Odoaker, der König der Stämme, nach seiner Machtergreifung ganz Italien, welches im Zuge des Feldzuges unterworfen worden war, über einen Zeitraum von beinahe dreizehn Jahren bis zum Auftreten des Theoderich, über welchen wir in den nachfolgenden Abschnitten berichten werden. Bald nach Beginn seiner Herrschaft tötete er den Gefolgsmann Bracila bei Ravenna, um unter den Römern seinen Schrecken zu verbreiten.

XLVII

244 Interim tamen ad eum ordinem, unde digressi sumus, redeamus, et quomodo Euricus rex Vesegotharum Romani regni vacillationem cernens Arelatum et Massiliam propriae subdidit dicioni. Gyzericus etenim Vandalorum rex suis eum muneribus ad ista committenda inlicuit, quatenus ipse Leonis vel Zenonis insidias, quas contra eum direxerant, praecaveret, egitque, ut Orientalem imperium Ostrogothas, Hesperium Vesegothae vastarent, ut in

(244) Zuerst aber lasst uns zu jener Ordnung zurückkehren, von welcher wir abgekommen sind und berichten, wie Eurich, der König der Visigoten, das Wanken des Römischen Reiches erkannte und Arelatum und Massilia unter seine Herrschaft brachte. Der Vandalenkönig Geiserich nämlich verlockte ihn mit seinen Geschenken zur Durchführung eben dieser Dinge, weil sich jener vor den Hinterhalten des Leo und Zeno, welche sie gegen ihn befohlen hatten,

148

utramque rem publicam hostibus decernentibus ipse in Africa quietus regnaret. Quod Eurichus grato suscipiens animo, totas Spanias Galliasque sibi iam iure proprio tenens, simul quoque et Burgunzones subegit Arelatoque degens nono decimo anno regni sui vita privatus est.

schützen wollte. Daher strebte er danach, dass die Ostgoten die östliche Reichshälfte, die Visigoten dagegen die westliche zerstören sollten, damit er selbst während der Verstrickung seiner Feinde in beiden Reichsteilen in Frieden in Afrika regieren konnte. Eurich nahm dies mit großer Zufriedenheit auf, und als er bereits ganz Spanien und Gallien aus gutem Recht in seinem Besitz hielt, unterwarf er zur selben Zeit auch noch die Burgunder. Im 19. Jahr seiner Regentschaft wurde er in Arelatum, wo er seinen Wohnsitz hatte, seines Lebens beraubt.

245 Huic successit proprius filius Alarichus, qui nonus in numero ab illo Alarico magno regnum adeptus est Vesegotharum. Nam pari tenore, ut de Augustis superius diximus, et in Alaricis provenisse cognoscitur, et in eos saepe regna deficiunt, a quorum nominibus inchoarunt. Quod nos interim praetermisso sic ut promisimus omnem Gothorum texamus originem.

(245) Diesem folgte sein eigener Sohn Alarich nach, welcher als Neunter in der Nachfolge von jenem Alarich den Großen die Herrschaft der Visigoten übernahm. Es ist zu erkennen, dass sich die Ereignisse unter den Alarichen in der gleichen Art und Weise wie unter den Augusti, von welchen wir weiter oben gesprochen haben, abgespielt hatten: Königreiche enden oft unter Herrschen mit denselben Namen wie jene der Regenten, unter denen sie begannen. Nachdem diese Sache in der Zwischenzeit abgehandelt wurde, lasst uns, wie versprochen, nun die ganze Geschichte vom Ursprung der Goten flechten.

XLVIII

246 Et quia, dum utrique gentes, tam Ostrogothae quam etiam Vesegothae, in uno essent, ut valui, maiorum sequens dicta revolvi di-

(246) Und obwohl ich den Ausführungen der Vorfahren folgend nach bestem Vermögen wiedergegeben habe, dass beide Stämme,

149

visosque Vesegothas ab Ostrogothis ad liquidum sum prosecutus, necesse nobis est iterum ad antiquas eorum Scythicas sedes redire et Ostrogotharum genealogia actusque pari tenore exponere. Quos constat morte Hermanarici regis sui, decessione a Vesegothis divisos, Hunnorum subditos dicioni, in eadem patria remorasse, Vinithario tamen Amalo principatus sui insignia retinente.

247 Qui avi Vultulfi virtute imitatus, quamvis Hermanarici felicitate inferior, tamen aegre ferens Hunnorum imperio subiacere, paululum se subtrahens ab illis suaque dum nititur ostendere virtute, in Antorum fines movit procinctum, eosque dum adgreditur prima congressione superatus, deinde fortiter egit regemque eorum Boz nomine cum filiis suis et lxx primatibus in exemplum terroris adfixit, ut dediticiis metum cadavera pendentium geminarent.

248 Sed dum tali libertate vix anni spatio imperasset, non est passus Balamber, rex Hunnorum, sed

sowohl die Ostgoten als auch die Visigoten, einst vereint waren, habe ich die Visigoten klar abgetrennt von den Ostgoten dargelegt. Nun aber ist es notwendig, dass wir wieder zu deren alten skythischen Heimatländern zurückkehren und auf die gleiche Weise den Ursprung und die Taten der Ostgoten ausführen. Es besteht Klarheit darüber, dass diese nach dem Tod ihres Königs Ermanarich durch Abwanderung von den Visigoten getrennt wurden und unter der Herrschaft der Hunnen in ihrer Heimat verblieben, wobei der Amaler Vinitharius die Insignien seines Adelsranges behielt.

(247) Dieser, welcher nach der Tugend seines Großvaters Vultulf strebte, empfand es, obwohl er Ermanarich an Glück unterlegen war, als kränkend, unter dem Befehl der Hunnen zu stehen. Er zog sich von jenen ein wenig zurück und trachtete danach, seine Tapferkeit zur Schau zustellen, indem er seine Streitmacht in das Gebiet der Anten marschieren ließ. Als er diese angriff, wurde er beim ersten Aufeinandertreffen besiegt. Daraufhin agierte er gewaltsam und ließ deren König namens Boz mit dessen Söhnen und 70 Adeligen als abschreckendes Beispiel ans Kreuz nageln, damit die Leichen der Hängenden den Kapitulanten zusätzliche Angst einflößten.

(248) Nachdem er aber über einen Zeitraum von etwa einem Jahr mit solcher Freiheit geherrscht

ascito ad se Gesimundo, Hunnimundi magni filio, qui iuramenti sui et fidei memor cum ampla parte Gothorum Hunnorum imperio subiacebat, renovatoque cum eo foedere super Vinitharium duxit exercitum; diuque certati primo et secundo certamine Vinitharius vincit. Nec valet aliquis commemorare, quanta strage de Hunnorum Venetharius fecit exercitu.

249 Tertio vero proelio subreptionis auxilio ad fluvium nomine Erac, dum utrique ad se venissent, Balamber sagitta missa caput Venetharii saucians interemit neptemque eius Vadamercam sibi in coniugio copulans iam omnem in pace Gothorum populum subactum possedit, ita tamen, ut genti Gothorum semperum proprius regulus, quamvis Hunnorum consilio, imperaret.

250 Et mox defuncto Venethario rexit eos Hunimundus, filius quondam regis potentissimi Hermanarici, acer in bello totoque corpore pulchritudine pollens, qui post haec contra Suavorum gente feliciter dimicavit. Eoque defuncto successit Thorismud filius eius

hatte, duldete dies der Hunnenkönig Balamber nicht mehr länger, sondern ließ Gaisamund, den Sohn von Hunimund dem Großen zu sich zitieren. Dieser auf Gerechtigkeit und Treue bedachte Mann unterwarf sich der hunnischen Herrschaft mit einem großen Teil der Goten. Nachdem Balamber seinen Pakt mit Gaisamund erneuert hatte, führte er sein Heer gegen Vinitharius. Es wurde lange gekämpft, und Vinitharius siegte in der ersten und zweiten Schlacht. Und es vermag sich niemand daran zu erinnern, wie groß jenes Gemetzel war, welches er dem Heer der Hunnen bereitete.

(249) In der dritten Schlacht aber, als beide Seiten sich langsam näher kamen, verwundete Balamber mithilfe eines Hinterhaltes an einem Fluss namens Erac mit einem abgeschossenen Pfeil das Haupt des Vinitharius und tötete ihn daraufhin. Er nahm sich dessen Enkelin Waldamarca zur Ehefrau und nahm dadurch das gesamte unterworfene Volk der Ostgoten friedlich in seinen Besitz, aber auf solche Weise, dass immer ein eigener Anführer, obwohl auf Weisung der Hunnen, über den Stamm der Goten herrschen sollte.

(250) Und nachdem bald darauf Vinitharius versorben war, führte sie Hunimund, der Sohn des einstmals sehr mächtigen Königs Ermanarich an. Er war ein im Krieg rauer Mann, zeichnete sich am ganzen Körper durch Schönheit aus und kämpfte wenig später

flore iuventutis ornatus, qui secundo principatus sui anno contra Gepidas movit exercitum magnaque de illis potitus victoria casu equi dicitur interemptus.

251 Quo defuncto sic eum luxerunt Ostrogothae, ut quadraginta per annos in eius locum rex alius non succederet, quatenus et illius memoriae semperum haberent in ore et tempus accederet, quo Valamer habitum repararet virilem, qui erat ex consubrino eius genitus Vandalario; quia filius eius, ut superius diximus, Beremud iam contempta Ostrogotharum gente propter Hunnorum dominio ad partes Hesperias Vesegotharum fuisset gente secutus, de quo et ortus est Vetericus. Veterici quoque filius natus est Eutharicus, qui iunctus Amalasuenthae filiae Theodorici, item Amalorum stirpe iam divisa coniunxit et genuit Athalaricum et Mathesuentam. Sed quia Athalaricus in annis puerilibus defunctus est, Mathesuenta Constantinopolim allata de secundo uiro, id est Germano fratruele Iustiniani imperatoris, genuit postumum filium, quem nominavit Germanum.

erfolgreich gegen den Stamm der Sueben. Nachdem auch er verstorben war, folgte ihm sein Sohn Thorismund nach, welcher von der Blüte der Jugend geziert wurde und im zweiten Jahr seiner Regentschaft das Heer gegen die Gepiden ziehen ließ, einen großen Sieg über jene erlangte und gemäß Überlieferung durch einen Sturz vom Pferd getötet wurde.

(251) Nachdem dieser verstorben war, betrauerten ihn die Ostgoten so sehr, dass über einen Zeitraum von 40 Jahren kein anderer König an dessen Stelle trat, weil sie ständig über das Andenken von jenem sprachen und der Zeitpunkt nahte, an welchem Valamir, der von Thorismunds mütterlichem Cousin Vandalaharius gezeugt worden war, die männliche Rolle wiederherstellen würde. Weil Beremud, Thorismunds Sohn, nach den obigen Ausführungen durch die Verachtung des Stammes der Ostgoten wegen der hunnischen Vorherrschaft dem Stamm der Visigoten zu den westlichen Ländern gefolgt war, stammte von diesem auch Widerich ab. Widerich wurde auch ein Sohn namens Eutharich geboren, welcher Amalasuntha, die Tochter des Theoderich ehelichte und dadurch das Geschlecht der Amaler, welches lange zuvor getrennt worden war, wieder vereinigen konnte. Eutharich zeugte Athalarich und Mathasuntha. Weil aber Athalarich im Knabenalter verstorben war, wurde Mathasuntha durch ihren zweiten

252 Sed nobis, ut ordo, quem coepimus, decurrat, ad Vandalarii sobulem, quae trino flore pululabat redeundum est. Hic enim Vandalarius, fratruelis Hermanarici et supra scripti Thorismudi consubrinus, tribus editis liberis in gente Amala gloriatus est, id est Valamir Thiudimir Vidimir. Ex quibus per successione parentum Valamir in regno conscendit adhuc Hunnis eos inter alias gentes generaliter optinentibus.

253 Eratque tunc in tribus his germanis contemplatio grata, quando mirabilis Thiudimer pro fratris Valamir militabat imperio, Valamir vero pro altero iubebat ornando, Vidimer servire fratribus aestimabat. Sic eis mutua affectione se tuentibus nulli paenitus deerat regnum, quod utrique in sua pace tenebant. Ita tamen, ut saepe dictum est, imperabant, ut ipsi Attilae Hunnorum regis imperio deservirent: quibus nec contra parentes Vesegothas licuisset recusare certamen, sed necessitas domini, etiam parricidium si iubet, implendum est. Nec aliter ab Hunnorum dominio divelli potuit

Ehemann, nämlich Germanus, einen Cousin ersten Grades von Kaiser Justinian, nach Konstantinopel gebracht und gebar einen Nachkömmling, welchen sie Germanus nannte.

(252) Damit aber die Ordnung, welche wir begonnen haben, nicht von ihrer Richtung abweicht, müssen wir zur Nachkommenschaft des Vandalaharius, welcher drei Sprosse austrieb, zurückkommen. Dieser Vandalaharius nämlich, der Cousin des Ermanarich und Urenkel des oben beschriebenen Thorismund, wurde im Stamm der Amaler verehrt, weil er drei Söhne, nämlich Valamir, Thiudimir und Vidimir, in die Welt gesetzt hatte. Von diesen bestieg Wallamer als Nachfolger der Eltern den Thron, obwohl die Hunnen sie noch immer unter anderen Stämmen allgemein festhielten.

(253) Es war damals eine Freude, die drei Brüder zu betrachten, weil der bewundernswerte Thiudimir für die Herrschaft seines Bruders Valamir als Soldat diente, Valamir ihn aber mit militärischen Ehren schmücken ließ und Vidimir die Dienste an seinen Brüdern schätzte. Weil sie sich so durch gegenseitige Zuneigung schützten, ließ ganz und gar keiner von ihnen das Königreich, welches sie gemeinsam in Frieden führten, im Stich. Wie bereits oft gesagt worden ist, herrschten sie dennoch so, dass sie selbst dem Befehl von Attila, dem König der Hunnen, Folge leisteten. Es wäre ihnen auch nicht erlaubt

gens aliqua Scythica, nisi optata cunctis nationibus in commune et Romanis mors Attilae proveniret, quae tam fuit vilis, ut vita mirabilis.

gewesen, den Kampf gegen die verwandten Visigoten zu verweigern, sondern dem Zwang des Herrn musste nachgegeben werden, auch wenn der den Elternmord befahl. Kein skythischer Stamm konnte sich der Herrschaft der Hunnen entledigen, es sei denn, der von allen Völkern und den Römern gemeinsam gehegte Wunsch nach dem Tod Attilas trat ein. Dieser Tod war genau so wertlos, wie das Leben bewundernswert war.

XLIX

254 Qui, ut Priscus istoricus refert, exitus sui tempore puellam Ildico nomine decoram valde sibi in matrimonio post innumerabiles uxores, ut mos erat gentis illius, socians eiusque in nuptiis hilaritate nimia resolutus, vino somnoque gravatus resupinus iaceret, redundans sanguis, qui ei solite de naribus effluebat, dum consuetis meatibus impeditur, itinere ferali faucibus illapsus extinxit. Ita glorioso per bella regi temulentia pudendos exitos dedit. Sequenti vero luce cum magna pars diei fuisset exempta, ministri regii triste aliquid suspicantes post clamores maximos fores effringunt inveniuntque Attilae sine ullo vulnere necem sanguinis effusione peractam puellamque demisso vultu sub velamine lacrimantem.

(254) Wie der Geschichtsschreiber Priscus berichtet, schloss Attila kurze Zeit vor seinem Tod mit einem sehr schönen Mädchen namens Hildica nach vielen anderen Gattinnen, wie es Brauch jenes Stammes war, den Ehebund. Bei seiner Hochzeit wurde er von außerordentlicher Fröhlichkeit erfasst und legte sich durch Wein und Schlaf beschwert auf den Rücken. Ein Blutstrom, welcher ihm gewöhnlich aus den Nasenlöchern floss, wurde von seinem gewohnten Lauf abgehalten und tötete ihn, indem er auf seinem verderblichen Weg in die Kehle hineinglitt. So bereitete die Trunkenheit dem im Krieg glorreichen König ein schändliches Ende. Am nächsten Tag, als ein großer Teil des Tages bereits verstrichen war, brachen die königlichen Diener, welche nach sehr lauten Rufen irgendetwas Trauriges vermuteten, die Türen auf. Sie fanden Attila un-

255 Tunc, ut gentis illius mos est, crinium parte truncata informes facies cavis turpavere vulneribus, ut proeliator eximius non femineis lamentationibus et lacrimis, sed sanguine lugeretur virile. De quo id accessit mirabile, ut Marciano principi Orientis de tam feroci hoste sollicito in somnis divinitas adsistens arcum Attilae in eadem nocte fractum ostenderet, quasi quod gens ipsa eo telo multum praesumat. Hoc Priscus istoricus vera se dicit adtestatione probare. Nam in tantum magnis imperiis Attila terribilis habitus est, ut eius mortem in locum muneris superna regnantibus indicarent.

256 Cuius manes quibus a sua gente honoratae sunt, pauca de multis dicere non omittamus. In mediis si quidem campis et intra tenturia sirica cadavere conlocato spectaculum admirandum et sollemniter exhibetur. Nam de tota gente Hunnorum lectissimi equites in eo loco, quo erat positus, in

verwundet, aber durch den Bluterguss getötet und das Mädchen mit gesenktem Haupt unter seinem Schleier weinend vor.

(255) Danach schnitten sie, wie es der Brauch jenes Stammes war, einen Teil ihrer Haupthaare ab und verunstalteten ihre hässlichen Gesichter mit tiefen Wunden, so dass der außergewöhnliche Krieger nicht etwa mit weiblichen Wehklagen und Tränen, sondern mit männlichem Blut betrauert wurde. Darüber hinaus ereignete sich der wundersame Umstand, dass in einem Traum dem Ostkaiser Marcianus, der in so großer Sorge über den wilden Feind war, einige Gottheiten zur Seite standen und ihm den Bogen Attilas, welcher in derselben Nacht zerbrochen wurde, zeigten, so als ob der Stamm der Hunnen mit dieser Waffe vieles für sich in Anspruch nehmen würde. Der Geschichtsschreiber Priscus sagt, dass er dies als vertrauenswürdiges Zeugnis anerkennt. Attila wurde von großen Reichen nämlich als so furchteinflößend aufgefasst, dass die himmlischen Mächte dessen Tod den Regierenden in Form eines Geschenkes offenbarten.

(256) Wir sollten nicht vergessen, einige Worte über die zahlreichen Arten zu verlieren, mit welchen dessen Seele von seinem Stamm verehrt wurde. Sein Leichnam wurde nämlich in der Mitte eines Feldes unter seidenen Zelten aufgebahrt, und jedes Jahr wurde ein bewundernswertes Schauspiel auf-

modum circensium cursibus ambientes, facta eius cantu funereo tali ordine referebant.

257 'Praecipuus Hunnorum rex Attila, patre genitus Mundzuco, fortissimarum gentium dominus, qui inaudita ante se potentia solus Scythica et Germanica regna possedit nec non utraque Romani urbis imperia captis civitatibus terruit et, ne praedae reliqua subderentur, placatus praecibus annuum vectigal accepit: cumque haec omnia proventu felicitatis egerit, non vulnere hostium, non fraude suorum, sed gente incolume inter gaudia laetus sine sensu doloris occubuit. Quis ergo hunc exitum putet, quem nullus aestimat vindicandum?'

258 Postquam talibus lamentis est defletus, stravam super tumulum eius quam appellant ipsi ingenti commessatione concelebrant, et contraria invicem sibi copulantes luctu funereo mixto gaudio explicabant, noctuque secreto cadaver terra reconditum copercula primum auro, secundum argento, tertium ferri rigore communiunt, significantes tali argumento potentissimo regi omnia convenisse: ferrum, quod gentes

geführt. Die besten Reiter aus dem gesamten Stamm der Hunnen nämlich eilten in der Art von Zirkusspielen rund um jenen Ort, wo er lag, und gaben dessen Taten in einem Grabgesang der folgenden Form wieder:

(257) „Attila der Große, König der Hunnen, gezeugt durch den Vater Mundzucus, Herr der tapfersten Stämme, der mit vor ihm noch unbekannter Macht alleine die skythischen und germanischen Königreiche beherrschte, beide Reiche der römischen Welt durch die Einnahme von Städten in Schrecken versetzte und durch Gebete beschwichtigt einen jährlichen Tribut entgegennahm, damit der Rest nicht der Plünderung anheimfiel. Und nachdem er all dies durch den Lauf des Schicksals erreicht hatte, fiel er nicht durch eine Wunde des Feindes, nicht durch einen Hinterhalt seiner Gefolgsleute, glücklich in seiner Freude und ohne das Gefühl von Schmerz. Wer aber begreift diesen Tod, welchen niemand als einen zu rächenden beurteilt?"

(258) Nachdem er mit solchen Klagen bemitleidet worden war, feierten sie selbst mit einem gewaltigen Trinkgelage über seinem Grabhügel ein Fest, welches sie strawa nennen. Beide Geschlechter traten gemeinsam in eine Verbindung ein und entfalteten Freude vermischt mit Bestattungstrauer. Und in der Stille der Nacht wurde der Leichnam in der Erde vergraben. Sie befestigten die Sargdeckel, den ersten mit Gold, den zweiten

edomuit, aurum et argentum, quod ornatum rei publicae utriusque acceperit. Addunt arma hostium caedibus adquisita, faleras vario gemmarum fulgore praetiosas et diversi generis insignia, quibus colitur aulicum decus. Et, ut tantis divitiis humana curiositas arceretur, operi deputatos detestabili mercede trucidarunt, emersitque momentanea mors sepelientibus cum sepulto.

mit Silber und den dritten mit der Härte des Eisens und brachten auf diese Art und Weise zur Darstellung, dass diese drei Dinge passend für den mächtigsten aller Könige waren: Eisen weil er die Stämme bezwang, Gold und Silber, weil er den Reichtum beider Reichshälften erhielt. Sie fügten auch Waffen, welche sie nach Ermordung der Feinde an sich gerissen hatten, durch das Aufblitzen verschiedener Edelsteine wertvollen Pferdeschmuck und Insignien unterschiedlicher Art hinzu, durch welche der fürstliche Glanz bewahrt wurde. Und damit die menschliche Neugier von so großen Reichtümern ferngehalten wurde, streckten sie als verabscheuungswürdigen Preis all diejenigen, welche am Werk beteiligt waren, nieder, und so überkam den Begrabenden gemeinsam mit dem Begrabenen ein plötzlicher Tod.

L

259 Talibus peractis, ut solent animi iuvenum ambitu potentiae concitari, inter successores Attilae de regno orta contentio est, et dum inconsulti imperare cupiunt cuncti, omnes simul imperium perdiderunt. Sic frequenter regna gravat copia quam inopia successorum. Nam fili Attilae, quorum per licentiam libidinis pene populus fuit, gentes sibi dividi aequa sorte poscebant, ut ad instar familiae bellicosi reges cum populis mitterentur in sortem.

(259) Nachdem all diese Riten vollzogen worden waren, entstand unter den Nachfolgern Attilas ein Wettstreit um das Königreich, wie ihn die jugendlichen Herzen durch das Streben nach Macht anzustacheln pflegten. Und während viele ratlos nach der Macht griffen, zerstörten sie alle gemeinsam das Reich. So werden Königreiche häufiger durch die Fülle als durch den Mangel an Nachfolgern belastet. Die Söhne Attilas nämlich, deren Zügellosigkeit an Lust beinahe der

260 Quod ut Gepidarum rex conperit Ardarichus, indignatus de tot gentibus velut vilissimorum mancipiorum condicione tractari, contra filios Attilae primus insurgit inlatumque serviendi pudore secuta felicitate detersit, nec solum suam gentem, sed et ceteras qui pariter praemebantur sua discessione absolvit, quia facile omnes adpetunt, quod pro cunctorum utilitate temptatur. In mutuum igitur armantur exitium bellumque committitur in Pannonia iuxta flumen, cui nomen est Nedao.

261 Illic concursus factus est gentium variarum, quas Attila in sua tenuerat dicione. Dividuntur regna cum populis, fiuntque ex uno corpore membra diversa, nec quae unius passioni conpaterentur, sed quae exciso capite in invicem insanirent; quae numquam contra se pares invenerant, nisi ipsi mutuis se vulneribus sauciantes se ipsos discerperent fortissimae nationes. Nam ibi admirandum reor fuisse spectaculum, ubi cernere erat contis pugnantem

eines ganzen Volkes entsprach, forderten, dass sich die Stämme zu gleichen Teilen auftrennen sollten und das kriegserfahrene Könige mit ihren Leuten diesen wie Haushaltssklaven zugelost werden sollten.

(260) Als Ardarich, König der Gepiden, davon erfuhr, geriet er in Wut darüber, dass so viele Stämme wie die niedrigsten Sklaven behandelt werden, und er erhob sich als erster gegen die Söhne Attilas. Nachdem ihn das Glück ergriffen hatte, wischte er die auf ihm lastende Schande der Sklaverei weg. Durch seinen Aufstand befreite er nicht nur seinen eigenen Stamm, sondern auch alle anderen, welche auf ähnliche Weise unterdrückt wurden, weil ja alle bereitwillig das anstrebten, was für den allgemeinen Vorteil nützlich ist. Beide Seiten bewaffneten sich für die gegenseitige Vernichtung, und der Krieg wurde in Pannonien nahe einem Fluss mit dem Namen Nedao ausgetragen.

(261) Dort fand der Zusammenstoß von verschiedenen Stämmen, welche Attila unter seiner Herrschaft gehalten hatte, statt. Die Königreiche mit ihren Völkern wurden geteilt, und aus einem einzelnen Körper entstanden verschiedene Teile, damit diese nicht länger ein gemeinsames Leid ertragen mussten, sondern sich nach Verlust der Besinnung gegenseitig wie Verrückte bekriegten. Sehr tapfere Völker, welche niemals gegen Ebenbürtige antraten, wenn

Gothum, ense furentem Gepida, in vulnere suo Rugum tela frangentem, Suavum pede, Hunnum sagitta praesumere, Alanum gravi, Herulum levi armatura aciem strui.

262 Post multos ergo gravesque conflictos favit Gepidis inopinata victoria. Nam xxx fere milia tam Hunnorum quam aliarum gentium, quae Hunnis ferebant auxilium, Ardarici gladius conspiratioque peremit. In quo proelio filius Attilae maior natu nomine Ellac occiditur, quem tantum parens super citeros amasse perhibebatur, ut eum cunctis diversisque liberis suis in regno preferret; sed non fuit vota patris fortuna consentiens. Nam post multas hostium cedes sic viriliter eum constat peremptum, ut tam gloriosum superstis pater optasset interitum.

263 Reliqui vero germani eius eo occiso fugantur iuxta litus Pontici maris, ubi prius Gothos sedisse descripsimus. Cesserunt itaque

sie selbst sich nicht durch gegenseitige Wunden verletzten, rieben sich selbst auf. Dort nämlich, glaube ich, hat ein bewundernswertes Schauspiel stattgefunden, wo man sehen konnte, wie der Gote mit Wurfspießen kämpft, der Gepide mit dem Schwert wütet, der Rugier den Speer in seiner Wunde abbricht, der Suebe als Fußsoldat auftritt, der Hunne mit Pfeil und Bogen agiert, der Alane eine Schlachtreihe aus schwer bewaffneten Soldaten und der Heruler eine aus leicht bewaffneten Soldaten aufstellt.

(262) Nach vielen schweren Kämpfen erlangten die Gepiden unerwartet den Sieg Das Schwert und das Komplott des Ardarich vernichteten fast 30.000 Männer sowohl der Hunnen als auch der anderen Stämme, welche den Hunnen Hilfe leisteten. In dieser Schlacht fiel Ellac, der älteste Sohn Attilas, von dem berichtet wurde, dass ihn der Vater viel mehr als alle anderen geliebt hatte, so dass er ihn all seinen verschiedenen Kindern im Königreich vorzog. Aber das Schicksal stimmte nicht mit dem Wunsch des Vaters überein. Nachdem nämlich viele Feinde getötet worden waren, ist es Tatsache, dass er so tapfer aus dem Leben schied, dass der Vater, wäre er noch am Leben gewesen, ein so glorreiches Ende gewünscht hätte.

(263) Nach dem Tode Ellacs aber wurden dessen übrige Brüder zur Flucht in die Nähe der Küste des Schwarzen Meeres gezwungen, wo

159

Hunni, quibus cedere putabatur universitas. Adeo discidium perniciosa res est, ut divisi corruerent, qui adunatis viribus territabant. Haec causa Ardarici regis Gepidarum felix affuit diversis nationibus, qui Hunnorum regimini inviti famulabantur, eorumque diu maestissimos animos ad helaritatem libertatis votivam erexit; venientesque multi per legatos suos ad solum Romanum et a principe tunc Marciano gratissime suscepti distributas sedes, quas incolerent, acceperunt.

264 Nam Gepidi Hunnorum sibi sedes viribus vindicantes totius Daciae fines velut victores potiti nihil aliud a Romano imperio, nisi pacem et annua sollemnia, ut strenui viri, amica pactione postulaverunt. Quod et libens tunc annuit imperator et usque nunc consuetum donum gens ipsa a Romano suscipit principe. Gothi vero cernentes Gepidas Hunnorum sedes sibi defendere Hunnorumque populum suis antiquis sedibus occupare, maluerunt a Romano regno terras petere quam cum discrimine suo invadere alienas, accipientesque Pannoniam, quae in longo

unseren Ausführungen zufolge zuerst die Goten gesiedelt hatten. Und so fielen die Hunnen, von denen man glaubte, dass zuerst die ganze Welt fallen würde. Das Zerwürfnis ist eine so zerstörerische Sache, dass diejenigen, welche mit vereinten Kräften Schrecken verbreiten, ins Verderben gestürzt werden, wenn sie getrennt sind. Dieser Beweggrund von Ardarich, dem König der Gepiden, erwies sich als günstig für verschiedene Völker, welche unfreiwillig unter die Herrschaft der Hunnen geraten waren, und er ermutigte deren lange Zeit zutiefst betrübte Herzen zum berechtigten Wunsch nach Freiheit. Viele gelangten über ihre Gesandten auf römischen Boden, wurden daraufhin von Kaiser Marcianus mit aller Freundlichkeit aufgenommen und nahmen die zugewiesenen Ländereien, welche sie bewohnen sollten, an.

(264) Die Gepiden nämlich, welche die Ländereien der Hunnen mit Gewalt an sich rissen, herrschten als Sieger über die Gebiete ganz Dakiens und forderten vom Römischen Reich nichts Anderes als Frieden und, als tapfere Männer, ein der freundschaftlichen Beziehung geschuldetes jährliches Geschenk. Dies gewährte der Kaiser damals gerne, und bis zum heutigen Tage erhält der Stamm das gewohnte Geschenk vom römischen Herrscher. Als die Goten aber sahen, dass die Gepiden der hunnischen Gebiete habhaft geworden waren und das Volk der

porrecta planitiae habet ab oriente Moesiam superiorem, a meridie
Dalmatiam, ab occasu Noricum, a
septentrione Danubium. Ornata
patria civitatibus plurimis, quarum prima Syrmis, extrema Vin-
domina.

265 Sauromatae vero quos Sar-
matas dicimus et Cemandri et quidam ex Hunnis parte Illyrici ad
Castramartenam urbem sedes sibi
datas coluerunt. Ex quo genere fuit Blivila dux Pentapolitanus eiusque germanus Froila et nostri
temporis Bessa patricius. Scyri vero et Sadagarii et certi Alanorum
cum duce suo nomine Candac Scythiam minorem inferioremque
Moesiam acceperunt.

266 Cuius Candacis Alanoviiamu-
this patris mei genitor Paria, id est
meus avus, notarius; quousque
Candac ipse viveret, fuit, eiusque
germanae filio Gunthicis, qui et
Baza dicebatur, mag. mil., filio An-
dages fili Andele de prosapia
Amalorum descendente, ego item
quamvis agramatus Iordannis ante conversionem meam notarius
fui. Rugi vero aliaeque nationes
nonnullae Bizzim et Arcadiopolim
ut incolerent, petiverunt. Hernac
quoque iunior Attilae filius cum

Hunnen ihre alten Heimatländer
eroberten, wollten sie lieber vom
Römischen Reich Territorien ein-
fordern als in fremden Gebieten
auf eigene Gefahr einzufallen, und
so erhielten sie Pannonien. Dieses
erstreckt sich auf einer langen
Ebene und grenzt im Osten an das
obere Mösien, im Süden an Dalmatien, im Westen an Noricum und
im Norden an die Donau. Das Land
ist von zahlreichen Städten ge-
schmückt, deren erste Sirmium
und letzte Vindobona ist.

(265) Die Sauromaten aber, welche wir Sarmaten nennen, und die
Cemandri sowie gewisse Hunnen
besiedelten einen Teil Illyriens bei
der Stadt Castramartena als ihnen
überlassene Heimat. Von diesem
Stamm war Bliwila, der Anführer
von Pentapolis, dessen Bruder
Froila und Bessa, ein Patrizier unserer Tage. Die Sciri aber und Sadagarii und gewisse Alanen mit ihrem Anführer namens Candac erhielten Scythia Minor und das un-
tere Mösien.

(266) Von diesem Candac, Anführer der Alanen, war Paria, der
Vater meines Zeugers Amuth (also
mein Großvater) solange der
Schreiber, wie Candac selbst lebte.
Für den Sohn von dessen Schwester, Gunthigis, welcher auch Baza
genannt wurde, den Magister Militum und Sohn des Andagis, welcher wieder Sohn des Andila war
und aus der Dynastie der Amaler
stammte, arbeitete ich, Jordanes,
vor meiner Konversion als Schreiber, obwohl ich ungelehrt war. Die

161

suis in extrema minoris Scythiae sedes delegit. Emnetzur et Vltzindur consanguinei eius in Dacia ripense Vto et Hisco Almoque potiti sunt, multique Hunnorum passim proruentes tunc se in Romania dediderunt, e quibus nunc usque Sacromontisi et Fossatisii dicuntur.

Rugier und einige andere Völker fragten, ob sie Bizye und Arcadiopolis besiedeln könnten. Auch Hernac, der jüngere Sohn Attilas wählte mit seinen Gefolgsleuten den äußersten Teil des unteren Skythien zu seiner Heimat. Emnetzur und Ultzindur, dessen Blutsverwandte, bemächtigten sich der Städte Utus, Aescus und Almus in Uferdakien, und viele der Hunnen, welche überall verstreut waren, begaben sich nach Romania; es wird berichtet, dass von diesen bis zum heutigen Tag die Sacromontisi und die Fossatisii abstammen.

LI

267 Erant si quidem et alii Gothi, qui dicuntur minores, populus inmensus, cum suo pontifice ipsoque primate Vulfila, qui eis dicitur et litteras instituisse. Hodieque sunt in Moesia regionem incolentes Nicopolitanam ad pedes Emimonti gens multa, sed paupera et inbellis nihilque habundans nisi armenta diversi generis pecorum et pascua silvaque lignarum; parum tritici citerarumque specierum terras fecundas. Vineas vero nec, si sunt alibi, certi eorum cognoscent ex vicina loca sibi vinum negotiantes; nam lacte aluntur plerique.

(267) Denn es gab auch andere Goten, welche die Geringeren genannt wurden, ein unermessliches Volk mit seinem Bischof und Anführer namens Vulfila. Es wird berichtet, dass dieser ihnen auch das gotische Alphabet beibrachte. Und gegenwärtig sind sie in Mösien und bewohnen dort die nicopolitanische Region bis zum Fuße des Berges Haemus. Sie stellen einen aus zahlreichen Menschen bestehenden Stamm dar, sind aber arm und dem Krieg abgeneigt, an nichts außer Herden unterschiedlicher Art, Weiden für das Vieh und Wald für das Holz reich. Ihr Land ist zu wenig fruchtbar für Weizen und andere Getreidesorten. Gewisse Menschen unter ihnen wissen nicht, dass es anderswo Weingärten gibt, und sie kaufen ihren Wein von benachbarten Ländern. Die meisten von ihnen

ernähren sich nämlich von Milch.

LII

268 Ergo, ut ad gentem, unde agimus, revertamur, id est Ostrogotharum, qui in Pannonia sub rege Valamir eiusque germani Thiudimer et Videmir morabantur, quamvis divisa loca, consilia tamen unita (nam Valamer inter Scarniungam et Aqua nigra fluvios, Thiudimer iuxta lacum Pelsois, Vidimer inter utrosque manebant), contigit ergo, ut Attilae fili contra Gothos quasi desertores dominationis suae, velut fugacia mancipia requirentes, venirent ignarisque aliis fratribus super Valamer solum inruerent.

269 Quos tamen ille quamvis cum paucis excepit diuque fatigatis ita prostravit, ut vix pars aliqua hostium remaneret quae in fuga versa eas partes Scythiae petere, quas Danabri amnis fluenta praetermeant, quam lingua sua Hunni Var appellant. Eo namque tempore ad fratris Thiudimeri gaudii nuntium direxit, sed eo mox die nuntius veniens feliciorem in domo Thiudimer repperit gaudium. Ipso si quidem die Theodoricus eius filius, quamvis de Erelieva concubina, bonae tamen spei pu-

(268) Lasst uns deshalb zu dem Stamm zurückkehren, mit welchem wir angefangen haben, nämlich zu den Ostgoten. Diese siedelten unter ihrem König Valamir und dessen Brüdern Thiudimir und Vidimir in Pannonien. Obwohl ihre Territorien voneinander getrennt waren, verfolgten alle drei dennoch einen gemeinsamen Plan. Valamir hauste nämlich zwischen den Flüssen Scarniunga und Aqua Nigra, Thiudimir in der Nähe des Sees Pelso und Widimer zwischen den beiden anderen. Nun ereignete es sich, dass die Söhne Attilas gegen die Goten, welche sie als Abtrünnige ihrer Herrschaft auffassten, marschierten, so als ob sie entflohene Sklaven suchen würden. Sie fielen über Walamer allein her, als die anderen Brüder keine Kenntnis von den Ereignissen hatten.

(269) Obwohl jener nur wenige Mitstreiter hatte, hielt er diesen stand und rieb diese nach einem langen und mühsamen Kampf derart auf, dass kaum irgendein Teil des Feindes übrigblieb. Die verbliebenen Soldaten traten die Flucht an und nahmen jene Teile Skythiens ein, welche durch die Arme des Flusses Danaper umgrenzt werden. Die Hunnen nennen diesen Fluss in ihrer Sprache War. Daraufhin entsandte Valamir einen Boten mit der erfreulichen Neuigkeiten zu seinem Bruder Thi-

163

erolus natus erat.

270 Post tempus ergo non multum rex Valamir eiusque germani Thiudemir et Vidimir, consueta dum tardarent dona a principe Marciano, quae ad instar strenuae acciperent et pacis foedera custodirent, missa legatione ad imperatorem vident Theodericum Triarii filium, et hunc genere Gothico, alia tamen stirpe, non Amala procreatum, omnino florentem cum suis, Romanorumque amicitiis iunctum et annua sollemnia consequentem, et se tantum despici.

271 Ilico furore commoti arma arripiunt et Illyricum pene totum discurrentes in praeda devastant. Sed statim imperator animo mutato ad pristinam recurrit amicitiam missaque legatione tam praeterita cum instantibus munera tribuit quam etiam de futuro sine aliqua controversia tribuere compromittit, pacisque obsidem ab eis, quem supra rettulimus, Theodoricum, infantulum Thiudimeris

udimir, aber der am selben Tag ankommende Bote fand eine noch größere Freude im Haus des Thiudimir vor. An diesem Tag nämlich wurde dessen Sohn Theoderich geboren, welcher ein Kind von guter Hoffnung darstellte, obwohl er von der Konkubine Erelieva gezeugt wurde.

(270) Nach kurzer Zeit aber schickten König Valamir und seine Brüder Thiudimir und Vidimir eine Gesandtschaft zu Kaiser Marcianus, weil die gewohnten Geschenke, welche sie vom Kaiser genauso wie ein Neujahrspräsent erhielten und welche den Friedensvertrag sicherten, nur sehr langsam eintrafen. Sie sahen, dass Theoderich, der Sohn des Triarius, welcher auch von gotischer Herkunft war, jedoch einer anderen Linie und nicht etwa jener der Amaler entstammte, mit seinen Gefolgsleuten in übermäßiger Blüte stand. Er war in Freundschaft mit den Römern verbunden und erhielt die alljährliche Gabe, während sie selbst so sehr verschmäht wurden.

(271) Die von Zorn erfassten Brüder griffen daraufhin zu den Waffen und verwüsteten beinahe ganz Illyrien, während sie sich auf der Suche nach Beute aufteilten. Der Kaiser aber kehrte nach einem Gesinnungswechsel sofort zum früheren Zustand der Freundschaft zurück. Durch Entsendung einer Gesandtschaft versprach er, sowohl die noch ausstehenden Geschenke gemeinsam mit den geg-

accipit; qui iam septem annorum incrementa conscendens octavum intraverat annum. Quem dum pater cunctatur dare, patruus Valamir extitit supplicator tantum, ut pax firma inter Romanos Gothosque maneret. Datus igitur Theodoricus obses a Gothis duciturque ad urbem Constantinopolitanam Leoni principi, et, quia puerulos elegans erat, meruit gratiam imperialem habere.

enwärtigen abzutreten als auch von nun an ohne jede Streitigkeit zu bezahlen. Von den Goten erhielt er als Friedenspfand den oben erwähnten Theoderich, den Sohn des Thiudimir. Dieser war bereits zu einem Alter von sieben Jahren aufgestiegen und betrat das achte Jahr. Während der Vater zögerte, diesen herzugeben, bat ihn der Onkel Valamir eindringlich dazu, nur damit der Frieden zwischen Römern und Goten gesichert blieb. Theoderich wurde deshalb als Pfand von den Goten bereitgestellt und in die Stadt Konstantinopel zu Kaiser Leo gebracht, und weil er ein feiner Knabe war, verdiente er es auch, die kaiserliche Gunst zu erhalten.

LIII

272 Postquam ergo firma pax Gothorum cum Romanis effecta est, videntes Gothi non sibi sufficere ea quae ab imperatore acciperent simulque solitam cupientes ostentare virtutem, coeperunt vicinas gentes circumcirca praedari, primum contra Sadagis, qui interiorem Pannoniam possidebant, arma moventes. Quod ubi rex Hunnorum Dintzic filius Attilae cognovisset, collectis secum qui adhuc videbantur quamvis pauci eius tamen sub imperio remansisse Vltzinzures, Angisciros, Bittugures, Bardores, venientesque ad Basianam Pannoniae civitatem eamque circumvallans fines eius coepit praedare.

(272) Nachdem aber ein dauerhafter Frieden zwischen Goten und Römern entstanden war, erkannten die Goten, dass die Geschenke, welche sie vom Kaiser erhalten hatten, für sie unzureichend waren. Zugleich begehrten sie auch ihre gewohnte Tapferkeit darzubieten und begannen deshalb, ringsum benachbarte Stämme auszuplündern. Zuerst erhoben sie ihre Waffen gegen die Sadagares, welche das innere Pannonien besetzt hielten. Als der Hunnenkönig Dintzic, ein Sohn des Attila, davon Kenntnis erlangte, versammelte er um sich herum diejenigen, welche, obwohl es nur mehr wenige waren, immer noch unter dessen Herrschaft verblieben wa-

ren. Es handelte sich dabei um die Ultzinzures, die Angisciri, die Bittugures und die Bardores. Er kam zur pannonischen Stadt Bassania, belagerte diese und begann deren Territorium zu plündern.

273 Quod conperto Gothi ibi, ubi erant, expeditionemque solventes, quam contra Sadagis collegerant, in Hunnos convertunt et sic eos suis a finibus inglorios pepulerunt, ut iam ex illo tempore qui remanserunt Hunni et usque actenus Gothorum arma formident. Quiescente vero tandem Hunnorum gente a Gothis Hunumundus Suavorum dux dum ad depraedandas Dalmatias transit, armenta Gothorum in campis errantia depraedavit, quia Dalmatia Suaviae vicina erat nec a Pannonios fines multum distabat, praesertim ubi tunc Gothi residebant.

(273) Nachdem die Goten dies dort, wo sie waren, vernommen hatten, ließen sie von dem Kriegszug, welchen sie gegen die Sadagares geplant hatten, ab und wandten sich gegen die Hunnen. Sie vertrieben diese auf so unrühmliche Weise aus ihren Gebieten, dass diejenigen Hunnen, welche dort verblieben, von jener Zeit an bis zum heutigen Tag die Waffen der Goten auf das Heftigste fürchten. Als der Stamm der Hunnen schließlich von den Goten zur Ruhe gebracht wurde, raubte Hunimundus, der Anführer der Sueben, Rinder der Goten, welche auf den Feldern herumirrten, während er zur Plünderung Dalmatiens übersetzte. Dalmatien war nämlich in unmittelbarer Nähe Suebias und lag auch nicht weit von den pannonischen Gebieten entfernt, vor allem nicht von dem Teil, in welchem damals die Goten verweilten.

274 Quid plurimum? Hunimundus cum Suavis vastatis Dalmatiis ad sua revertens, Thiudimer germanus Valameris regis Gothorum non tantum iacturam armentorum dolens quantum metuens, ne Suavi, si inpune hoc lucrarentur, ad maiorem licentiam prosilirent, sic vigilavit in eorum transitu, ut intempesta nocte dormientes in-

(274) Was gibt es noch mehr zu berichten? Als Hunimund mit den Sueben nach der Verwüstung Dalmatiens zu seinem Heimatgebiet zurückkehrte, blickte Thiudimir, der Bruder des Gotenkönigs Valamir, mit wachsamem Auge auf deren Durchzug. Er bedauerte nicht so sehr den Verlust der Rinder, fürchtete aber vielmehr, dass

vaderet ad lacum Pelsodis consertoque inopinato proelio ita eos oppressit, ut etiam ipsum regem Hunimundum captum omnem exercitum eius, qui gladio evadissent, Gothorum subderet servituti. Et dum multum esset amator misericordiae, facta ultione veniam condonavit reconciliatusque cum Suavis eundem, quem ceperat, adoptans sibi filium, remisit cum suis in Suavia.

275 Sed ille inmemor paternae gratiae post aliquod tempus conceptum dolum parturiens Scirorumque gente incitans, qui tunc super Danubium consedebant et cum Gothis pacifice morabantur, quatenus scissi ab eorum foedere secumque iuncti in arma prosilerent gentemque Gothorum invaderent. Tunc Gothis nihil mali sperantibus, praesertim de utrisque amicis vicinis confisi, bellum exurgit ex inproviso coactique necessitate ad arma confugiunt solitoque certamine arrepto se suaque iniuria ulciscuntur.

die Sueben, wenn sie diese Tat ungestraft durchführen könnten, zu noch größerer Willkür gelangen würden. So griff er die Schlafenden in einer ruhigen Nacht am See Pelso an. Durch den Beginn einer unerwarteten Schlacht bedrängte er jene so sehr, dass er nach Gefangennahme von König Hunimund selbst dessen gesamtes Heer, welches dem Schwert entkommen war, in die Sklaverei unter den Goten führte. Und weil er in hohem Maße ein Liebhaber von Barmherzigkeit war, ließ er nach vollzogener Rache Gnade walten und versöhnte sich wieder mit den Sueben. Er adoptierte denselben, welchen er gefangen genommen hatte, als seinen Sohn und schickte ihn mit seinen Gefolgsleuten zurück nach Suebia.

(275) Jener aber war nicht dankbar für die väterliche Gunst. Nach einiger Zeit verwirklichte er einen geplanten Hinterhalt und wiegelte den Stamm der Sciri auf, welche zum damaligen Zeitpunkt oberhalb der Donau siedelten und mit den Goten einen Frieden unterhielten. Er tat dies solange, bis die Sciri ihr Bündnis mit den Goten lösten, sich mit ihm vereinigt zu den Waffen begaben und den Stamm der Goten angriffen. So entstand gegen die nichts Böses ahnenden Goten unversehens ein Krieg, zumal sich diese auf beide benachbarten Völker wie auf Freunde verließen. Durch die Notwendigkeit gezwungen flüchteten sie zu den Waffen und rächten sich

276 In eo si quidem proelio rex eorum Valamir dum equo insidens ad cohortandos suos ante aciem curreret, proturbatus equus corruit sessoremque suum deiecit, qui mox inimicorum lanceis confossus interemptus est. Gothi vero tam regis sui mortem quam suam iniuriam a rebellionibus exigentes ita sunt proeliati, ut pene de gente Scirorum nisi qui nomen ipsud ferrent, et hi cum dedecore, non remansissent: sic omnes extincti sunt.

für das an ihnen begangene Unrecht, indem sie zum gewohnten Krieg zurückkehrten.
(276) Als deren König Valamir auf dem Pferd reitend vor die Schlachtreihe eilte, um seine Männer anzufeuern, stürzte das ungestüme Pferd zu Boden und fiel auf seinen Reiter, welcher bald darauf von den Speeren der Feinde durchbohrt und getötet wurde. Die Goten aber verlangten eine Bestrafung sowohl für den Tod ihres Königs als auch für das an ihnen von den Aufständischen begangene Unrecht. Sie kämpften so verbissen, dass vom gesamten Stamm der Sciri nur wenige, welche diesen Namen trugen, übrigblieben und diese mit Schande. So wurden alle ausgelöscht.

LIV

277 Quorum exitio Suavorum reges Hunimundus et Halaricus vereti, in Gothos arma moverunt freti auxilio Sarmatarum, qui cum Beuca et Babai regibus suis auxiliarii ei advenissent, ipsasque Scirorum reliquias quasi ad ultionem suam acrius pugnaturos accersientes cum Edica et Hunuulfo eorum primatibus habuerunt simul secum tam Gepidas quam ex gente Rugorum non parva solacia, ceterisque hinc inde collectis ingentem multitudinem adgregantes ad amnem Bolia in Pannoniis castra metati sunt.

(277) Die Könige Hunimund und Alarich befürchteten den Untergang der Sueben, richteten ihre Waffen gegen die Goten und verließen sich auf die Unterstützung der Sarmater, welche zu ihnen mit ihren Königen Beuca und Babai als Hilfstruppen gekommen waren. Sie riefen die letzten Reste der Sciri mit deren Häuptlingen Edica und Huniwulfus herbei, weil sie glaubten, dass jene für die eigene Rache härter kämpfen würden. Sie hatten sowohl die Gepiden als auch größere Kräfte vom Stamm der Rugi mit sich und sammelten von anderen Stämmen hier und dort Soldaten auf. So versammelten sie eine große Menge an Krie-

278 Gothi tunc Valamero defuncto ad fratrem eius Thiudimer confugerunt. Qui quamvis dudum cum fratribus regnans, tamen auctioris potestatis insignia sumens, Vidimer fratre iuniore accito et cum ipso curas belli partitus, coactus ad arma prosilivit; consertoque proelio superior pars invenitur Gothorum, adeo ut campus inimicorum corruentium cruore madefactus ut rubrum pelagus appareret armaque et cadavera in modum collium tumulata campum plus per decem milibus oppleverunt.

279 Quod Gothi cernentes, ineffabili exultatione laetantur, eo quod et regis sui Valameris sanguinem et suam iniuriam cum maxima inimicorum strage ulciscerentur. De vero innumeranda variaque multitudine hostium qui valuit evadere, perquaquam effugati vix ad sua inglorii pervenerunt.

gern und schlugen ihr Lager am Fluss Bolia in Pannonien auf.

(278) Nachdem Valamir verstorben war, flüchteten die Goten zu dessen Bruder Thiudimir. Obwohl dieser lange Zeit mit den Brüdern regiert hatte, nahm er dennoch die Insignien der gesteigerten Macht an. Nachdem er seinen jüngeren Bruder Vidimir herbeigeholt hatte, teilte er mit diesem die Kriegsbemühungen und stürmte gezwungenermaßen zu den Waffen. Eine Schlacht wurde geschlagen, und die Kriegspartei der Goten kristallisierte sich als so viel stärker heraus, dass das Schlachtfeld vom Blut der gefallenen Feinde getränkt wurde und wie ein rotes Meer erschien. Waffen und Leichname, welche zu Hügeln aufgehäuft waren, bedeckten das Feld über eine Strecke von mehr als zehn Meilen.

(279) Als die Goten dies erkannten, wurden sie von unbeschreiblicher Freude erfüllt, weil sie mit dem riesigen Gemetzel der Feinde sowohl das Blut ihres Königs Valamir als auch das an ihnen verrichtete Unrecht rächen konnten. Diejenigen aus der riesigen und mannigfaltigen Menge der Feinde aber, welche zur Flucht in der Lage waren, schlugen sich ruhmlos und mit Mühe zu ihrer Heimat durch.

LV

280 Post certum vero tempus instanti hiemali frigore amnemque Danubii solite congelato nam istiusmodi fluvius ille congelascit,

(280) Als nach einer gewissen Zeit aber die winterliche Kälte hereinbrach, fror der Donaustrom in gewohnter Art und Weise zu. Ein

ut in silicis modum pedestrem ve-
hat exercitum plaustraque et tra-
culas vel quidquid vehiculi fuerit,
nec cumbarum indigeat lintres sic
ergo eum gelatum Thiodimer Gothorum rex cernens pedestrem
ducit exercitum emensoque Danubio Suavis inprovisus a tergo apparuit. Nam regio illa Suavorum
ab oriente Baibaros habet, ab occidente Francos, a meridie Burgundzones, a septentrione Thu-
ringos.

281 Quibus Suavis tunc iuncti aderant etiam Alamanni ipsique Alpes erectos omnino regentes, unde nonnulla fluenta Danubium in-
fluunt nimio cum sonu vergentia.
Hic ergo taliterque munito loco
rex Thiudimer hiemis tempore
Gothorum ductavit exercitum, et
tam Suavorum gente quam etiam
Alamannorum, utrasque ad invicem foederatas, devicit, vastavit et
pene subegit. Inde quoque victor
ad proprias sedes, id est Pannonias revertens Theodoricum filium suum, quem Constantinopolim
obsidem dederat, a Leone imperatore remissum cum magnis muneribus gratanter excepit.

282 Qui Theodoricus iam aduli-
scentiae annos contingens expleta

Fluss wie dieser da gefriert nämlich zu so hartem Eis, dass er wie
ein harter Fels die Fußarmee sowie Wagen und alle beliebigen Ge-
fährte trägt und kein Bedarf nach
Bootsfähren besteht. Als daher der
Gotenkönig Theudemer sah, dass
der Fluss zugefroren war, führte er
die Fußarmee über die Donau und
erschien den Sueben unerwartet
von hinten. Jenes Königreich der
Sueben beinhaltete im Osten die
Baiwari, im Westen die Franken,
im Süden die Burgunder und im
Norden die Thuringi.

(281) Gemeinsam mit den Sueben
waren auch die damals verbündeten Alamannen anwesend, welche
selbst die hoch aufragenden Alpen
unter Kontrolle hatten. Von dort
strömen einige Flüsse, welche mit
ungeheurem Rauschen herabstür-
zen, in die Donau. Hierher zu einem gut befestigten Ort führte König Thiudimir in der Winterzeit
sein Gotenheer und besiegte,
vernichtete und unterjochte beinahe den Stamm sowohl der Sueben
als auch der Alamannen, welche
beide ein wechselseitiges Bündnis
besaßen. Von dort kehrte er auch
als Sieger in sein Heimatland,
nämlich Pannonien, zurück und
nahm dankbar seinen Sohn Theoderich, den er als Friedenspfand
nach Konstantinopel abgetreten
hatte und der von Kaiser Leo zu-
rückgesandt worden war, zusammen mit großen Geschenken entgegen.

(282) Dieser Theoderich besaß
bereits das Alter eines jungen

pueritia, decem et octo annos per-
agens, ascitis certis ex satellitibus
patris et ex populo amatores sibi
clientesque consocians, paene sex
milia viros, cum quibus inconscio
patre emenso Danubio super Babai Sarmatarum rege discurrit,
qui tunc de Camundo duce Romanorum victoria potitus superbiae
tumore regnabat, eoque superve-
niens Theodoricus interemit fami-
liaque et censu depraedans ad ge-
nitorem suum cum victoria repedavit. Singidunum dehinc civitatem, quam ipsi Sarmatae occupassent, invadens, non Romanis
reddidit, sed suae subdedit dicioni.

Mannes, da mit dem Erreichen des
18. Lebensjahres die Jugendzeit
abgeschlossen war. So holte er bestimmte Gefolgsmänner seines Vaters herbei und nahm sich aus dem
Volk Freunde und Anhänger zu
Verbündeten – insgesamt rund
6.000 Männer. Mit diesen überquerte er ohne das Wissen seines
Vaters die Donau und fiel über den
Sarmaterkönig Babai her, welche
zum damaligen Zeitpunkt einen
Sieg über den Römergeneral Ca-
mundus errungen hatte und mit
unverschämter Überheblichkeit
herrschte. Daraufhin fielen sie in
der Stadt Singidunum, welche die
Sarmaten selbst erobert hatten,
ein und gaben diese nicht etwa
den Römern zurück, sondern
brachten sie unter ihre eigene Gewalt.

LVI

283 Minuentibus deinde hinc inde
vicinarum gentium spoliis coepit
et Gothis victus vestitusque dees-
se et hominibus, quibus dudum
bella alimonia prestitissent, pax
coepit esse contraria, omnesque
cum magno clamore ad regem
Thiudimer accedentes Gothi
orant, quacumque parte vellit,
tantum ductaret exercitum. Qui
accito germano missaque sorte
hortatus est, ut ille in parte Italiae,
ubi tunc Glycerius regnabat imperator, ipse vero sicut fortior ad
fortiorem regnum accederet Orientalem: quod et factum est.

(283) Nachdem hierauf die Beute
von hier und von den benachbarten Stämmen aufgebraucht war,
begann es, den Goten an Nahrung
und Kleidung zu mangeln, und der
Frieden wurde jenen Männern zu-
wider, für welche der Krieg lange
Zeit den Lebensunterhalt bereitgestellt hatte. So traten alle Goten
mit lautem Rufen an ihren König
Thiudimir heran und flehten ihn
an, dass er das ganze Heer dorthin
führen sollte, wo auch immer er
wollte. Nach Herbeiholung des
Bruders und durchgeführter Aus-
losung forderte Thiudimir jenen
auf, dass er in die Gebiete Italiens
gehe, wo damals Kaiser Glycerius

284 Et mox Vidimer Italiae terras intravit, extremum fati munus reddens rebus excessit humanis, successorem relinquens Vidimer filium suumque synonymum. Quem Glycerius imperator muneribus datis de Italia ad Gallias transtulit, quae a diversis circumcirca gentibus praemebantur, asserens vicinos ibi Vesegothas eorum parentes regnare. Quid multum? Vidimer acceptis muneribus simulque mandata a Glycerio imperatore Gallias tendit seseque cum parentibus Vesegothis iungens unum corpus efficiunt, ut dudum fuerant, et sic Gallias Spaniasque tenentes suo iuri defendunt, ut nullus ibi alius prevaleret.

285 Thiudimer autem, frater senior, cum suis transit Saum amnem Sarmatis militibusque interminans bellum, si aliqui ei obstaret. Quod illi verentes quiescunt, immo nec praevalent ad tantam multitudinem. Videns Thiudimer undique sibi prospera provenire, Naissum primam urbem invadit Illyrici filioque suo Theodorico sociatis Astat et Invilia comitibus

regierte. Er selbst aber würde als stärkerer gegen das stärkere Königreich im Osten marschieren. Und so ereignete es sich auch.

(284) Vidimir betrat bald darauf die Länder Italiens, bezahlte den letzten Preis des Schicksals und wich aus dem Leben. Er hinterließ seinen namensgleichen Sohn Vidimir als Nachfolger. Diesen beorderte Kaiser Glycerius nach Überreichung von Geschenken von Italien nach Gallien, welches ringsum von verschiedenen Stämmen bedroht wurde. Er stellte damit sicher, dass dort die benachbarten Visigoten als Untertanen der Römer regierten. Und was mehr? Nachdem Vidimir Geschenke und zugleich den Oberbefehl von Kaiser Glycerius angenommen hatte, zog er nach Gallien und vereinigte sich dort mit den westgotischen Verwandten. Sie formten wieder einen gemeinsamen Truppenkörper, wie sie das vor langer Zeit getan hatten, und so hielten sie Gallien und Spanien. Sie verteidigten die Länder selbständig, so dass niemand anderer dort zu Macht gelangen konnte.

(285) Der ältere Bruder Thiudimir aber überquerte mit seinen Gefolgsleuten den Fluss Sava und bedrohte die sarmatischen Soldaten mit Krieg, wenn sich ihm irgendjemand in den Weg stellen würde. Jene, die eine Auseinandersetzung scheuten, verhielten sich still, da sie ohnmächtig gegenüber einer so großen Macht des Feindes waren. Thiudimir, der sah, dass ihm von

per castro Herculis transmisit Vl-
piana.

286 Qui venientes tam eam quam
Stobis mox in deditione accipiunt
nonullaque loca Illyrici inaccessi-
bilia sibi primum tunc pervia faciunt. Nam Eracleam et Larissam
civitates Thessaliae primum praedas ereptas, dehinc ipsas iure bel-
lico potiuntur. Thiudimer vero rex
animadvertens felicitatem suam
quam etiam filii nec his tantum
contentus, egrediens Naisitanam
urbem paucis ad custodiam de-
relictis ipse Thessalonicam petiit,
in qua Helarianus patricius a principe directus cum exercitu morabatur.

287 Qui dum videret vallo muniri
Thessalonicam nec se eorum co-
natibus posse resistere, missa legatione ad Thiudimer regem muneribusque oblatis ab excidione
eum urbis retorquet initoque foedere Romanus ductor cum Gothis
loca eis iam sponte, quae incolerent, tradidit, id est Cerru, Pellas,
Europa, Mediana, Petina, Bereu et
alia quae Sium vocatur.

allen Seiten Glück entgegenkam,
griff Naissus, die Hauptstadt von
Illyrien, an. Nachdem sich die Anführer Astat und Inwilia seinem
Sohn Theoderich angeschlossen
hatten, schickte er diese über
Castrum Herculis nach Ulpiana.
(286) Bei deren Ankunft zwangen
sie diese Stadt genauso wie bald
darauf auch die Stobi zur Kapitulation, und sie machten einige Orte
Illyriens, welche für sie zuerst unerreichbar waren, zugänglich. Sie
plünderten nämlich zuerst Hera-
clea und Larissa, Städte Thessali-
ens und bemächtigten sich dieser
daraufhin unter Anwendung des
Kriegsrechtes. König Thiudimir
aber, der bemerkte dass sowohl
sein Glück als auch das des Sohnes
nicht mit diesen Dingen allein zu-
friedengestellt war, verließ die
Stadt Naissus, nachdem er lediglich wenige Männer als Wache zurückgelassen hatte. Er selbst zog
nach Thessalonica, wo der vom
Kaiser abkommandierte Patrizier
Hilarianus mit einem Heer sta-
tioniert war.
(287) Als dieser sah dass Thessalonica mit einem Schutzwall befes-
tigt war und er sich deren Angriffen nicht widersetzen konnte,
schickte er eine Gesandtschaft zu
König Thiudimir und brachte ihn
nach Darbietung von Geschenken
von der Zerstörung der Stadt ab.
Nachdem der römische Anführer
einen Friedensvertrag mit den Goten ausverhandelt hatte, überließ
er ihnen freiwillig Orte, welche sie
besiedeln konnten, nämlich Cyrr-

hus, Pella, Europus, Methone, Pydna, Beroea und eine andere Örtlichkeit, welche Sium genannt wird.

288 Vbi Gothi cum rege suo armis depositis composita pace quiescunt. Nec diu post haec et rex Thiudimer in civitate Cerras fatale egritudine occupatus vocatis Gothis Theodoricum filium regni sui designat heredem et ipse mox rebus humanis excessit.

(288) Dort fanden die Goten und ihr König nach Niederlegung der Waffen und Zustimmung zum Frieden ihre Ruhe. Nicht lange nach diesen Ereignissen wurde auch König Thiudimir in der Stadt Cyrrhus von einer tödlichen Krankheit befallen. Nachdem er die Goten herbeigerufen hatte, ernannte er den Sohn Theoderich zum Erben seines Königreiches und schied bald darauf selbst aus dem Leben.

LVII

289 Theodorico vero gentis suae regem audiens ordinato imperator Zeno grate suscepit eique evocaturia destinata ad se in urbe venire precepit, dignoque suscipiens honore inter proceres sui palatii conlocavit. Et post aliquod tempus ad ampliandum honorem eius in arma sibi eum filium adoptavit de suisque stipendiis triumphum in urbe donavit, factusque consul ordinarius, quod summum bonum primumque in mundo decus edicitur; nec tantum hoc, sed etiam et equestrem statuam ad famam tanti viri ante regiam palatii conlocavit.

(289) Als Kaiser Zeno aber hörte, dass Theoderich zum König seines Stammes bestimmt worden war, nahm er diese Nachricht dankbar auf und, nachdem ihm die Berufung zugesandt worden war, bat er jenen, dass er zu ihm in die Stadt kommen möge. Nachdem er ihn mit gebührenden Ehren empfangen hatte, quartierte er ihn bei den Adeligen seines Palastes ein. Und nach einer gewissen Zeit erwählte ihn Zeno zur Vergrößerung von dessen Ehre zu seinem Waffensohn und spendierte ihm in der Stadt auf seine eigenen Kosten einen Triumphzug. Theoderich wurde auch zum Consul Ordinarius erhoben, welcher als höchstes Gut und erste Zier in der Welt gilt. Dies war aber noch nicht alles, da Zeno vor dem Palasthof auch eine Reiterstatue zu Ehren des so großen Mannes aufstellen ließ.

290 Inter haec ergo Theodoricus Zenonis imperio foedere sociatus, dum ipse in urbe omnibus bonis frueretur gentemque suam in Illyrico, ut diximus, residentem non omnino idoneam aut refertam audiret, elegit potius solito more gentis suae labore querere victum quam ipse otiose frui regni Romani bona et gentem suam mediocriter victitare, secumque deliberans ad principem ait: *'Quamvis nihil deest nobis imperio vestro famulantibus, tamen, si dignum ducit pietas vestra, desiderium mei cordis libenter exaudiat'.*

291 Cumque ei, ut solebat, familiariter facultas fuisset loquendi concessa: *'Hesperia*, inquid, *plaga, quae dudum decessorum prodecessorumque vestrorum regimine gubernata est, et urbs illa caput orbis et domina quare nunc sub regis Thorcilingorum Rogorumque tyrranide fluctuatur? Dirige me cum gente mea, si praecepis, ut et hic expensarum pondere careas et ibi, si adiutus a domino vicero, fama vestrae pietatis inradiet. Expedit namque, ut ego, qui sum servus vester et filius, si vicero, vobis donantibus regnum illud possedeam: haut ille, quem non nostis, tyrranico iugo senatum vestrum par-*

(290) Während Theoderich nun durch einen Friedensvertrag mit dem Kaiserreich des Zeno verbündet war und sich selbst an allen Annehmlichkeiten in der Stadt ergötzte, hörte er, dass sein Stamm, welcher, wie berichtet, in Illyrien hauste, keineswegs würdig oder wohlgenährt war. So entschloss er sich nach gewohntem Brauch seines Stammes, lieber ein mit Anstrengung verbundenes Leben zu suchen als unbeschäftigt die Vorzüge des Römischen Reiches zu genießen und seinen Stamm im Mittelmaß verkommen zu lassen. Nachdem er diese Dinge für sich abgewogen hatte, sprach er zum Kaiser: *„Obwohl es uns, die wir eurem Reich dienen, an nichts fehlt, möge Eure Heiligkeit, wenn sie es für würdig erachtet, dennoch willig auf den Wunsch meines Herzens hören."*

(291) Und als ihm wie gewohnt die Erlaubnis zur freien Meinungsäußerung erteilt wurde, sagte er: *„Das westliche Land, welches vor langer Zeit unter der Herrschaft Eurer Vor- und Vorvorgänger stand, und jene Stadt, welche Haupt und Herrin der Welt war – warum erzittert es nun unter der Gewaltherrschaft des Königs der Thorcilingi und Rugier? Sende mich mit meinem Stamm dorthin, wenn du es möchtest, damit du hier von der Last der Ausgaben befreit wirst und dort, wenn ich vom Herrn unterstützt siegen werde, der Ruhm Eurer göttlichen Ergebenheit erstrahlt. Es ist nämlich besser, dass*

175

temque rei publicae captivitatis
servitio premat. Ego enim si vicero,
vestro dono vestroque munere pos-
sedebo; si victus fuero, vestra pie-
tas nihil amittit, immo, ut diximus,
lucratur expensas'.

ich, der ich Euer Sklave und Sohn
bin, falls ich siegreich sein sollte, jenes Königreich von Euch als Geschenk erhalte. Nicht jener, den Ihr
nicht kennt, soll Euren Senat mit
tyrannischem Joch und einen Teil
des Staates mit Gefangennahmen
und Sklaverei unterdrücken. Ich
nämlich, wenn ich siegreich sein
sollte, werde diesen als Eure Gabe
und Euer Geschenk in Besitz nehmen. Wenn ich besiegt werden sollte, wird Eure Heiligkeit nichts verlieren, sondern, wie wir gesagt haben, jene Kosten, die ich nun verur-
sache, einsparen."

292 Quo audito quamvis egrae
ferret imperator discessum eius,
nolens tamen eum contristare annuit quae poscebat, magnisque ditatum muneribus dimisit a se, senatum populumque ei commen-
dans Romanum. Igitur egressus
urbe regia Theodoricus et ad suos
revertens omnem gentem Gothorum, qui tamen ei prebuerunt
consensum, Hesperiam tendit rec-
toque itinere per Sirmis ascendit
vicina Pannoniae, indeque Venetiarum fines ingressus ad Pontem
Sontii nuncupatum castra metatus
est.

(292) Obwohl der Kaiser über
dessen Weggang betrübt war, ge-
stattete er nach Anhörung der Rede das, was Theoderich forderte,
weil er jenen nicht traurig machen
wollte. Er schickte ihn mit großen
Geschenken bereichert von sich
fort und vertraute ihm den Senat
und das römische Volk an. Daher
verließ Theoderich die königliche
Stadt und kehrte zu seinen Gefolgsleuten zurück. Er lenkte den
gesamten Stamm der Goten, welche ihm das Vertrauen schenkten,
in Richtung Westen. Er gelangte
auf geradem Wege durch Sirmium
hindurch zu den Nachbargebieten
Pannoniens, betrat von dort die
Gebiete Venetiens bis zur sogenannten Isonzo-Brücke und schlug
dort das Lager auf.

293 Cumque ibi ad reficienda corpora hominum iumentorumque
aliquanto tempore resedisset,
Odoacer armatum contra eum direxit exercitum. Quem ille ad cam-

(293) Als er dort eine gewisse Zeit
lang zur Erholung der Körper von
Männern und Packtieren verweilte, entsandte Odoaker ein bewaff-
netes Heer gegen ihn. Dieses, wel-

pos Veronenses occurrens magno strage delevit castraque soluta finibus Italiae cum potiore audacia intrat, transactoque Pado amne ad Ravennam regiam urbem castra componit tertio fere miliario ab urbe locus, qui appellatur Pineta. Quod cernens Odoacer intus se in urbe communit; indeque subreptive noctu frequenter cum suis egrediens Gothorum exercitum inquietat, et hoc non semel nec iterum, sed frequenter et pene molitur toto triennio.

294 Sed frustra laborat, quia cuncta Italia dominum iam dicebat Theodoricum et illius ad nutum res illa publica obsecundabat. Tantum ille solus cum paucis satellitibus et Romanos, qui aderant, et fame et bello cotidie intra Ravennam laborabat. Quod dum nihil proficeret, missa legatione veniam supplicat.

295 Cui et primum concedens Theodoricus postmodum ab hac luce privavit tertioque, ut diximus, anno ingressus sui in Italia Zenonemque imp. consultu privatum abitum suaeque gentis vestitum seponens insigne regio amictu, quasi iam Gothorum Romanorum-

ches jener bei den Feldern von Verona antraf, zerstörte er mit großem Gemetzel. Nachdem er das Lager abgebrochen hatte, betrat er die Gebiete Italiens mit mehr Kühnheit. Nachdem er den Po-Fluss überquert hatte, schlug er bei der königlichen Stadt Ravenna das Lager auf, ungefähr am dritten Meilenstein vor der Stadt – ein Ort, welcher Pineta genannt wird. Als Odoaker dies sah, verschanzte er sich innerhalb der Stadt. Von dort schritt er bei Nacht heimlich mit seinen Gefolgsleuten fort und versetzte das gotische Heer in Unruhe, und er tat dies nicht einmal oder zweimal, sondern oftmals. Uns so mühte man sich über beinahe drei Jahre ab.

(294) Aber er mühte sich umsonst ab, weil bereits ganz Italien Theoderich seinen Herrn nannte und der Staat dessen Befehl folgeleistete. Jener allein aber litt mit seinen wenigen Anhängern und den Römern, welche anwesend waren, sowohl unter dem täglichen Krieg als auch unter dem in Ravenna so sehr um sich greifenden Hunger. Weil er die ganze Zeit nichts erreichen konnte, schickte er eine Gesandtschaft und flehte um Gnade.

(295) Theoderich gestand ihm diese zuerst zu und beraubte ihn daraufhin seines Lebens. Im dritten Jahr seines Einmarsches in Italien, wie wir berichtet haben, legte Theoderich die private Tracht und die Kleidung seines Stammes beiseite und nahm gleichsam als Be-

que regnator, adsumit missaque legatione ad Lodoin Francorum regem filiam eius Audefledam sibi in matrimonio petit.

296 Quam ille grate libenterque concessit suosque filios Celdebertum et Heldebertum et Thiudebertum credens hac societate cum gente Gothorum inito foedere sociari. Sed non adeo ad pacis concordiam profuit ista coniunctio, quia saepenumero propter Gallorum terras graviter inter se decertati sunt, numquamque Gothus Francis cessit, dum viveret Theodoricus.

herrscher von Goten und Römern den Mantel als königliches Ehrenzeichen an. Er schickte eine Gesandtschaft zum Frankenkönig Hlodawichus und forderte dessen Tochter Audefleda für sich als Ehefrau.

(296) Jener übergab ihm diese gerne und freiwillig, weil der glaubte, dass durch die Heirat eine Allianz zustandekäme und dass seine Söhne Hildibertus und Thiudebertus mit dem Stamm der Goten ein Bündnis eingehen würden. Aber dieses Bündnis nützte nicht so sehr der Erhaltung des Friedens, weil sie oftmals wild gegeneinander um das Land der Gallier kämpften; niemals wichen die Goten vor den Franken zurück, solange Theoderich lebte.

LVIII

297 Antequam ergo de Audefledam subolem haberet, naturales ex concubina, quas genuisset adhuc in Moesia, filias, unam nomine Thiudigoto et aliam Ostrogotho. quas mox in Italiam venit, regibus vicinis in coniugio copulavit, id est unam Alarico Vesegotharum et aliam Sigismundo Burgundzonorum.

(297) Bevor er aber ein Kind von Audefleda bekam, hatte Theoderich zwei leibliche Töchter von einer Konkubine, welche er in Mösien gezeugt hatte und von denen die eine Thiudiguto, die andere hingegen Ostroguto hieß. Als er bald darauf nach Italien kam, entließ er diese beiden in die Ehe mit benachbarten Königen, wobei die eine für den Westgotenkönig Alarich und die andere für den Burgunderkönig Sigismundus bestimmt war.

298 De Alarico ergo natus est Amalaricus. Quem avus Theodoricus in annis puerilibus utroque parente orbato dum fovet atque tuetur, comperit Eutharicum Ve-

(298) Von Alarich wurde dann Amalarich gezeugt. Während diesen, der im Knabenalter beide Elternteile verloren hatte, der Großvater Theoderich liebte und be-

terici filium Beretmodi et Thorismodi nepotem, Amalorum de stirpe descendentem, in Spania degi, iuvenili aetate prudentia et virtute corporisque integritate pollentem. Ad se eum facit venire eique Amalasuentham filiam suam in matrimonio iungit.

299 Et ut in plenum suam progeniem dilataret, Amalafridam germanam suam matrem Theodahadi, qui postea rex fuit, Africa, regi Vandalorum coniuge dirigit Thrasamundo filiamque eius neptem suam Amalabergam Thuringorum regi consociat Herminefredo.

300 Pitzamum quoque suum comitem et inter primos electum ad obtinendam Sirmiensem dirigit civitatem. Quam ille expulso rege eius Trasarico, filio Trapstilae, retenta eius matre obtinuit. Inde contra Savinianum Illyricum mag. mil., qui tunc cum Mundone paraverat conflictum, ad civitatem cognomine Margo planum, quae inter Danubium Margumque fluminibus adiacebat, cum duobus milibus ergo peditum; equitibus quingentis in Mundonis solacia veniens Illyricianum exercitum demolivit.

301 Nam hic Mundo de Attilanis

schützte, fand der heraus, dass Eutharich, der Sohn des Widirich, Enkel des Berismund und Thorismund, vom Geschlecht der Amali abstammte und in Spanien lebte – ein junger Mann mächtig an Weisheit, Tapferkeit und körperlicher Unversehrtheit. Theoderich veranlasste, dass Eutharich zu ihm kam, und gab diesem seine Tochter Amalasuntha zur Ehefrau.

(299) Und um seine Familie so viel wie möglich zu erweitern, entsandte er seine Schwester Amalafrida (die Mutter des Theodahad, der später König war) als Ehefrau nach Afrika zum Vandalenkönig Thrasamundus; deren Tochter und seine Nichte Amalaberga verband er mit Erminefredus, dem König der Thuringi.

(300) Auch seinen Gefolgsmann Pitzia, welchen er unter den ersten seines Königreiches auserwählt hatte, schickte er zur Einnahme der Stadt Sirmium fort. Jener nahm diese in seinen Besitz, indem er deren König Thrasaricus, den Sohn von Trapstila, vertrieb und dessen Mutter als Gefangene zurückbehielt. Hierauf kam er mit 2.000 Fußsoldaten und 500 Reitern dem Hunnen Mundo gegen Sabinianus zu Hilfe, welcher als illyrischer Magister Militum zur damaligen Zeit eine Auseinandersetzung bei einer Stadt namens Margoplanum, die zwischen den Flüssen Donau und Margus liegt, vorbereitet hatte, und vernichtete das illyrische Heer.

(301) Dieser Mundo nämlich, der

quondam origine descendens Gepidarum gentem fugiens ultra Danubium in incultis locis sine ullis terrae cultoribus divagatus et plerisque abactoribus scamarisque et latronibus undecumque collectis turrem quae Herta dicitur super Danubii ripam positam occupans ibique agresti ritu praedasque innectens vicinis regem se suis grassatoribus fecerat. Hunc ergo pene desperatum et iam de traditione sua deliberantem Petza subveniens e manibus Saviniani eripuit, suoque regi Theodorico cum gratiarum actione fecit subiectum.

302 Non minore tropeo de Francis per Ibbam, suum comitem, in Galliis adquisivit plus triginta milia Francorum in proelio caesa. Nam et Thiudem suum armigerum post mortem Alarici generi tutorem in Spaniae regno Amalarici nepotis constituit. Qui Amalaricus in ipsa aduliscentia Francorum fraudibus inretitus regnum cum vita amisit. Post quem Thiudis tutor eodem regno ipse invadens, Francorum insidiosam calumniam de Spaniis pepulit, et usque dum viveret, Vesegothas contenuit.

ehemals vom Geschlecht des Attila abstammte, flüchtete vom Stamm der Gepiden und wurde jenseits der Donau in unwirtliche Gebiete ohne irgendeine Bewirtschaftung des Bodens verschlagen. Nachdem er von überall her Viehhirten und Landräuber zusammengesammelt hatte, nahm er einen Turm namens Herta oberhalb des Donauufers ein. Dort führte er auf barbarische Weise Raubzüge gegen seine Nachbarn aus und bestellte sich selbst zum König über seine Wegelagerer. Pitzia aber kam diesem zu Hilfe, als er schon beinahe die Hoffnung aufgegeben und über seine Auslieferung nachgedacht hatte. Er befreite ihn aus den Händen des Sabinianus und machte ihn für seinen König Theoderich zu einem mit großer Dankbarkeit erfüllten Untertan.

(302) Theoderich erlangte in Gallien durch seinen Gefolgsmann Ibba einen nicht weniger glorreichen Sieg über die Franken, wobei mehr als 30.000 Franken in der Schlacht getötet wurden. Nach dem Tod seines Stiefsohnes Alarich betraute er seinen Leibwächter Theudis im spanischen Königreich mit dem Schutz seines Enkels Amalarich. Dieser Amalarich wurde in seiner frühen Jugend in Täuschungen der Franken verstrickt und verlor das Königreich zusammen mit seinem Leben. Nach diesem fiel der Beschützer Theudis selbst in eben dieses Königreich ein, vertrieb die hinterhältige Rechtsverdreherei der Franken aus Spanien und hielt,

303 Post quem Thiudigisglosa regnum adeptus, non diu regnans defecit occisus a suis. Cui succedens hactenus Agil continet regnum. Contra quem Atanagildus insurgens Romani regni concitat vires, ubi et Liberius patricius cum exercitu destinatur. Nec fuit in parte occidua gens, quae Theodorico, dum adviveret, aut amicitia aut subiectione non deserviret.

solange er lebte, die Visigoten zusammen.

(303) Nach diesem übernahm Theudigisel das Königreich, welcher nach kurzer Regierungszeit durch die Hände seiner Gefolgsleute ums Leben kam. Diesem folgte Agila nach, der das Königreich bis zum heutigen Tag zusammenhält. Gegen diesen erhebt sich Athanagild und reizt die Mächte des Römischen Reiches, wo der Patrizier Liberius mit einem Heer ausgestattet ist. Es gab im westlichen Teil keinen Stamm, welcher Theoderich während dessen Lebenszeit nicht entweder in Freundschaft oder durch Unterdrückung diente.

LIX

304 Sed postquam ad senium pervenisset et se in brevi ab hac luce egressurum cognusceret, convocans Gothos comites gentisque suae primates Athalaricum infantulum adhuc vix decennem, filium filiae suae Amalasuenthae, qui Eutharico patre orbatus erat, regem constituit, eisque in mandatis ac si testamentali voce denuntians, ut regem colerent, senatum populumque Romanum amarent principemque Orientalem placatum semper propitiumque haberent post deum.

(304) Nachdem er aber zu hohem Alter gelangt war und erkannte, dass er in naher Zukunft von dieser Welt weichen würde, ließ er die gotischen Gefolgsleute und die Anführer seines Stammes zusammenrufen und ernannte Athalarich, einen noch nicht einmal zehn Jahre alten Knaben und den Sohn seiner Tochter Amalasuntha, zum König. Dieser war seines Vaters Eutharich beraubt worden. Nachdem er ihnen in seinem letzten Willen mit erhobener Stimme Anweisungen erteilt hatte, befahl er weiter, dass sie den König ehren, den Senat und das römische Volk lieben und den Herrscher des Ostens nach Gott immer als friedvollen und gnädigen Menschen betrachten sollten.

305 Quod praeceptum quamdiu Athalaricus rex eiusque mater adviverent, in omnibus custodientes pene per octo annos in pace regnarunt: quamvis Francis de regno puerili desperantibus, immo in contemptu habentibus bellaque parare molientibus quod pater et avus Gallias occupasset, eis concessit. Cetera in pace et tranquillitate possessa. Dum ergo ad spem iuventutis Athalaricus accederet, tam suam aduliscentiam quam matris viduitatem Orientis principi commendavit, sed in brevi infelicissimus inmatura morte praeventus, rebus humanis excessit.

306 Tum mater, ne pro sexus sui fragilitate a Gothis sperneretur, secum deliberans, Theodahadum consubrinum suum germanitatis gratia accersitum a Tuscia, ubi privatam vitam degens in laribus propriis erat, in regno locavit. Qui inmemor consanguinitatis post aliquantum tempus a palatio Ravennate abstractam in insulam laci Bulsiniensis eam exilio religavit, ubi paucissimos dies in tristitia degens ab eius satellitibus in balneo strangulata est.

(305) Sie hielten sich in allen Belangen an diese Weisung, solange König Athalarich und dessen Mutter lebten, und herrschten in Frieden über eine Zeitspanne von etwa acht Jahren. Obwohl die Franken Hoffnungen in die Regentschaft des Knaben legten, allerdings nur Verachtung für ihn übrig hatten und Vorbereitungen für einen Krieg trafen, überließ er ihnen jene Teile Galliens, welche sein Vater und Großvater erobert hatten. Die übrigen Gebiete verblieben in Frieden und Ruhe in seinem Besitz. Als sich Athalarich aber dem Alter eines jungen Mannes näherte, vertraute er dem Herrscher des Ostens sowohl seine eigene Jugend als auch den Witwenstand seiner Mutter an. Der sehr Unglückliche wurde aber innerhalb kurzer Zeit vom viel zu frühen Tod ereilt und wich von den menschlichen Angelegenheiten.

(306) Seine Mutter war daraufhin in Sorge, dass sie wegen der Schwäche ihres Geschlechts verachtet werden könnte. Nach einiger Bedenkzeit hob sie Theodahad, ihren Cousin, welcher wegen der Verwandtschaft aus Tuscia, wo er ein zurückgezogenes Leben führte und auf seinem Anwesen wohnte, hergeholt worden war, auf den Thron. Dieser aber, der sich nicht an die Blutsverwandtschaft erinnerte, verwies sie, welche nach kurzer Zeit aus dem Palast von Ravenna verschleppt wurde, auf eine Insel des Volsinischen Sees ins Exil. Dort verbrachte sie sehr

wenige Tage in Trauer und wurde von ihren Leibwächtern im Bad erdrosselt.

LX

307 Quod dum Iustinianus imperator Orientalis audisset et quasi susceptorum suorum morte ad suam iniuriam redundaret, sic est commotus. Eodem namque tempore de Africa Vandalicum cum per fidelissimum suum patricium Belesarium reportasset triumphum, nec mora in ipso tempore madentibus adhuc armis cruore Vandalico contra Gothos per eundem ducem movit procinctum.

308 Qui dux providentissimus haud secus arbitratus Getarum subicere populum, nisi prius nutricem eorum occupasset Siciliam. Quod et factum est. Trinacriaque ingressus mox Gothi, qui Syracusanum oppidum insidebant, videntes se nihil praevalere cum suo duce Sinderith ultro se Belesario dediderunt. Cumque ergo Romanus ductor Siciliam pervasisset, Theodahadus comperiens Evermud generum suum cum exercitu ad fretum, quod inter Campaniam Siciliamque interiacet et de Tyrreni maris sinu vastissimum Adriaticus aestus evolvitur, custodiendum direxit.

309 Vbi cum Evermud accessisset

(307) Nachdem Justinian, der Kaiser des Ostens, dies gehört hatte, war er so bewegt, wie wenn der Tod seiner Mündel zu seiner Verletzung gereicht hätte. Zu dieser Zeit nämlich, nachdem er in Afrika gerade durch seinen sehr getreuen Patrizier Belisarius einen Triumph über die Vandalen verzeichnet hatte, schickte er ohne Verzögerung seine Armee unter demselben Anführer gegen die Goten, wobei die Waffen noch immer mit dem Blut der Vandalen benetzt waren.

(308) Dieser sehr vorausschauende Anführer glaubte, dass er das Volk der Goten nicht unterwerfen könnte, wenn er nicht vorher Sizilien, deren Ernährerin erobert hätte. So geschah es dann auch. Er marschierte in Trinacria ein, und die Goten, welche die Festung von Syrakus hielten, sahen bald darauf, dass sie nichts mehr vermochten, und ergaben sich Belisarius zuletzt mit ihrem Anführer Sinderith. Nachdem der römische General in Sizilien eingefallen war, entsandte Theodahad dies erkennend seinen Stiefsohn Evermud mit der Armee zur Bewachung der Meerenge, welche zwischen Kampanien und Sizilien liegt und wo die adriatische See aus dem sehr mächtigen thyrrenischen Meerbusen erwächst.

(309) Nachdem Evermud die be-

Regium oppidum, castra composuit. Nec mora deterioratam causam cernens suorum ad partes victoris paucis et fidelissimis famulis consciis movit, ultroque se Belesarii pedes advolvens Romani regni optat servire principibus. Quod Gothorum exercitus sentiens suspectum Theodahadum clamitat regno pellendum et sibi ductorem suum Vitiges, qui armiger eius fuerat, in rege levandum.

310 Quod et factum est; et mox in campos Barbaricos Vitiges in regno levatus Romam ingreditur praemissisque Ravenna fidelissimis sibi viris Theodahadi necem demandat. Qui venientes imperata sibi perficiunt et occiso Theodahado regem qui a rege missus adveniebat (et adhuc in campos Barbaricos erat Vitigis) populis nuntiat.

311 Inter haec Romanus exercitus emenso freto Campaniam accedens, subversumque Neapolim Romae ingreditur; unde ante paucos dies rex Vitigis egressus, Ravenna profectus, Mathesuentam filiam Amalasuenthae Theodorici

festigte Stadt Regium erreicht hatte, ließ er dort das Lager aufschlagen. Als er bald darauf erkannte, dass seine Partei die schwächere war, lief er mit wenigen sehr getreuen Gefolgsleuten, welche von seinem Vorhaben eingeweiht worden waren, zur Seite des Siegers über. Er warf sich aus freien Stücken vor die Füße des Belisarius und wünschte den Anführern des Römischen Reiches zu dienen. Das Heer der Goten, welches dies alles mitbekam, rief wiederholt, dass der in Ungnade gefallene Theodahad vom Thron gestoßen werden müsste und ihm sein Heeresführer Witigis, welcher dessen Leibwächter war, als König nachzufolgen hätte.

(310) Dies ist auch so geschehen; und Witigis wurde bald darauf in den barbarischen Feldern zum König erhoben, marschierte in Rom ein und ordnete nach Entsendung seiner getreuesten Männer nach Ravenna die Ermordung des Theodahad an. Diese kamen und führten ihren Befehl aus. Nach der Tötung des Theodahad traf ein vom König entsandter Mann ein und verkündete den Leuten Witichis, der noch immer auf den barbarischen Feldern weilte, als König.

(311) In der Zwischenzeit überquerte das römische Heer die Meerenge und zog weiter nach Kampanien. Nach der Zerstörung Neapels marschierte es in Rom ein. Einige Tage vor dessen Ankunft brach König Witichis von

184

quondam regis neptem sibi in matrimonio sociarat. Cumque his novis nuptiis delectatus aulam regiam fovit Ravenna, Roma egressus imperialis exercitus munita utriusque Tusciae loca invadit. Quod cernens per nuntios Vitiges, cum Hunila duce Gothorum manu armis conserta mittit Perusia.

312 Vbi dum Magnum comitem cum parvo exercitu residentem obsessione longa evellere cupiunt, superveniente Romano exercitu ipsi evulsi et omnino extincti sunt. Quod audiens Vitiges ut leo furibundus omnem Gothorum exercitum congregat Ravennaque egressus Romanas arces obsidione longa fatigat. Sed frustrata eius audacia post quattuordecim menses ab obsidione Romanae urbis aufugit et se ad Ariminensem oppressionem praeparat.

313 Vnde pari tenore frustratus fugatusque Ravenna se recepit; ubi obsessus nec mora ultro se ad partes dedit victoris cum Mathesuentha iugale regiasque opes. Et sic famosum regnum fortissimamque gentem diuque regnantem tandem pene duomillensimo et tricesimo anno victor gentium di-

dort auf, zog nach Ravenna und heiratete Mathasuntha, die Tochter der Amalasuntha und Enkelin des vormaligen Königs Theoderich. Als er seine noch frische Ehe feierte und den königlichen Hof Ravennas hütete, verließ die kaiserliche Armee Rom und fiel in beiden befestigten Orten von Tuscia ein. Als Witichis dies durch Boten in Erfahrung brachte, schickte er eine gut bewaffnete Schar mit Hunila, dem Anführer der Goten, nach Perusia.

(312) Während sie durch eine lange Belagerung den Großen Anführer, welcher dort mit einer kleinen Streitmacht saß, wegschaffen wollten, wurden sie selbst nach dem Aufmarsch der römischen Armee verjagt und vollständig vernichtet. Als Witichis diese schlechte Nachricht hörte, ließ der wie ein Löwe Wütende das gesamte Heer der Goten antreten. Er marschierte aus Ravenna ab und zehrte die römische Befestigung durch eine lange Belagerung aus. Aber nachdem seine Kühnheit vergeblich gewesen war, ließ er nach 14 Monaten von der Belagerung der Stadt Rom ab und bereitete sich zum Angriff auf Arminium vor.

(313) Hier wurde sein Vorhaben auf die gleiche Weise vereitelt, und nach seiner Flucht begab er sich zurück nach Ravenna. Als er dort belagert wurde, begab er sich rasch und aus freien Stücken zusammen mit seiner Ehefrau Mathasuntha und den königlichen Reichtümern auf die Seite des Sie-

versarum Iustinianus imperator per fidelissimum consulem vicit Belesarium, et perductum Vitiges Constantinopolim patricii honore donavit. Vbi plus biennio demoratus imperatorisque in affectu coniunctus rebus excessit humanis.

314 Mathesuentham vero iugalem eius fratri suo Germano patricio coniunxit imperator. De quibus post humatum patris Germani natus est filius idem Germanus. In quo coniuncta Aniciorum genus cum Amala stirpe spem adhuc utriusque generi domino praestante promittit.

315 Haec hucusque Getarum origo ac Amalorum nobilitas et virorum fortium facta. Haec laudanda progenies laudabiliori principi cessit et fortiori duci manus dedit, cuius fama nullis saeculis nullisque silebitur aetatibus, sed victor ac triumphator Iustinianus impe-

gers. Und so besiegte Kaiser Justinian, der Eroberer zahlreicher Völker, durch seinen sehr getreuen Konsul Belisarius das berühmte Königreich und den tapfersten Stamm, welcher lange herrschte, schließlich im beinahe 2030. Jahr. Er ließ Witichis nach Konstantinopel führen und verlieh ihm den Ehrentitel eines Patriziers. Dort verweilte der für mehr als zwei Jahre und schied durch das Wohlwollen des Kaisers gebunden aus dem Leben.

(314) Dessen Ehefrau Mathasuntha aber verheiratete der Kaiser mit seinem Neffen Germanus Patrizius. Von diesen entstammte nach der Beerdigung des Vaters Germanus ein Sohn, der ebenfalls den Namen Germanus trug. Diese Verbindung des Stammes der Anicii mit der Blutlinie der Amaler verspricht Hoffnung für beide Völker, so es der Herr gewährt.

(Schlusswort)
(315) Dies also war, bis herauf zu unseren Tagen, die Geschichte vom Ursprung der Goten, von der Berühmtheit der Amaler und den Taten tapferer Männer. Diese zu lobende Rasse gab sich einem noch lobenswerteren Herrscher hin und ergab sich dem tapfereren

rator et consul Belesarius Vandalici Africani Geticique dicentur.

316 Haec qui legis, scito me maiorum secutum scriptis ex eorum latissima prata paucos flores legisse, unde inquirenti pro captu ingenii mei coronam contexam. Nec me quis in favorem gentis praedictae, quasi ex ipsa trahenti originem, aliqua addidisse credat, quam quae legi et comperi. Nec si tamen cuncta. quae de ipsis scribuntur aut referuntur, complexus sum, nec tantum ad eorum laudem quantum ad laudem eius qui vicit exponens.

Anführer, dessen Ruhm in keinem Zeitalter und keinem Jahr verschwiegen werden soll; der siegreiche und triumphale Kaiser Justinian und sein Konsul Belisarius sollen Vandalicus, Africanus und Geticus genannt werden.
(316) Du, der du dies liest, sollst wissen, dass ich den Schriften meiner Vorfahren gefolgt bin und einige wenige Blumen aus deren sehr breiter Wiese gepflückt habe, aus welchen ich nach meinen besten Fähigkeiten einen Kranz für das Haupt dessen, der diese Dinge untersucht, geflochten habe. Und niemand soll glauben, dass ich zum Vorteil des beschriebenen Stammes, obwohl ich von diesem abstamme, irgendetwas anderes als das Gelesene und durch Studien in Erfahrung Gebrachte ergänzt habe. Und schließlich habe ich nicht alles, was über diese geschrieben oder berichtet wurde, dargestellt, und meine Ausführungen erfolgten nicht so sehr zu deren Huldigung als vielmehr zum Lob desjenigen, der sie Besiegt hat.

Schlussbemerkungen ■

Wenn man sich in einer abschließenden Synopsis den Inhalt der *Getica* nochmals vergegenwärtigt, kann man eine Unterteilung in einen Fiktiv- und einen Realabschnitt vornehmen. Der ethnografische Teil des Werkes und die in entfernter Vergangenheit angesiedelte Auswanderung der Goten aus Skandinavien (16-25) entbehren jeglicher archäologischen Grundlage. In den Bereich der Mythologie fällt die Einnahme und Plünderung Trojas und Iliums durch die Goten, nachdem sich diese vom Krieg mit Agamemnon ein wenig erholt hatten (108). Eine wesentlich stärkere Nähe zur Wirklichkeit setzt ab jenem Zeitpunkt ein, ab dem sich Jordanes mit der militärischen Auseinandersetzung zwischen Goten und Römern beschäftigt. Dieser Konflikt, welcher sich über einen Zeitraum von etwa drei Jahrhunderten erstreckte, fand unter dem byzantinischen General Belisarius sein Ende, da dem Feldherrn die endgültige Niederschlagung des gotischen Heeres gelang. Die römisch-gotischen Episoden der *Getica* finden in anderen Schrift- und Bildquellen der späten Antike ihre weitgehende Bestätigung und können deshalb nach heutiger Auffassung als großteils realhistorische Ereignisse bewertet werden.

In seinem Vorwort gibt Jordanes klar zu verstehen, dass er die zwölf Bücher des Senators Cassiodorus zu Ursprung und Taten der Goten von alten Zeiten bis zur Gegenwart herauf in einem kleinen Schriftwerk zusammenfassen werde, wobei ihm die Verwendung seines eigenen Stils ein besonderes Anliegen sei. Der Schriftsteller räumt dabei ein, dass er keinen direkten Zugang zu seiner Basisquelle besaß und sich auch nicht an deren exakten Wortlaut erinnern konnte. Bei Beginn der Gotengeschichte glaubte er jedoch, die literarische Substanz in ihrer Gesamtheit im Kopf behalten zu haben. Seinen Ausführungen ist in weiterer Folge zu entnehmen, dass er relevante Passagen aus lateinischen und griechischen Quellen zum Basistext hinzufügte. Einleitung und Schlusswort sowie schriftliche Ergänzungen zu verschiedenen historischen Ereignissen stammten aus seiner eigenen Feder.

Jordanes zitiert etliche Autoren, welche vor seiner Zeit tätig waren (vgl. Kap. 2.2). Einige Werke, zu denen er Zugang hatte, sind für uns nicht mehr greifbar, während andere Schriftquellen bis in die Gegenwart herauf überliefert sind. Gemäß einer Zusammenstellung von Charles Christopher Mierow zählt unter anderem ein gewisser Ablabius zu den im Text erwähnten Schriftstellern; dieser soll ein Werk mit dem Titel *Gothorum gentis* verfasst haben, das jedoch zur Gänze verloren gegangen ist. Der Autor Deuxippus lieferte Informationen über Vandalen und Heruler, während Cassius Dio für die Beschreibung der Insel Britannien herangezogen wurde. Vom unbekannten Autor Fabius, dessen Werk nicht überliefert ist, entnahm Jordanes jene Passage, welche die Belagerung Ravennas durch die Ostgoten beschreibt. Er geht zudem darauf ein, dass Josephus die Goten als Skythen beschreibt (*Getica*, 29). Nur kurze Erwähnung finden die zum größten Teil bekannten Schriftsteller Livius, Lukan, Pompeius Trogus, Pompeius Mela, Priscus, Ptolemäus, Tacitus und Vergil. Zuletzt sei hier auch noch Symmachus erwähnt, den Jordanes bei der Darstellung des Maximinus zitiert und dessen Schriftwerk maßgeblichen Einfluss auf die Gestaltung der *Romana* besaß (vgl. Kap. 1.2).

Wie bereits in Kapitel 2 sehr ausführlich festgehalten werden konnte, weicht die Orthografie, Syntax und Semantik in den *Getica* recht deutlich von der klassischen lateinischen Sprache ab. Von wissenschaftlicher Seite wird die Auffassung vertreten, dass Jordanes mit seinem Schriftwerk eine Verbindung zwischen gehobener Sprache suf der einen Seite und Vulgärlatein auf der anderen schuf. Dies führt in manchen Passagen zu einer geringfügig erschwerten Lesbarkeit des Textes, welche jedoch kaum Auswirkungen auf dei Übersetzung. Wenn man sich in die lateinische Edition eingelesen und mit den Besonderheiten des Autors vertraut gemacht hat, erscheint die Transkription in die deutsche Sprache deutlich vereinfacht.

Natürlich kann man sich abschließend die Frage stellen, inwieweit die Gotengeschichte des Jordanes ihre Eignung als Schullektüre besitzt. Die teilweise deutlich von der Klassischen Latinität abweichende Sprache kann gerade bei Anfängern zu Verständnisproblemen führen, weshalb die *Getica* eher als Lektüre für Fortgeschrittene einzustufen sind. Ein sinnerfassendes Lesen des Textes wird durch die zahlreichen komplexen Verschachtelungen der Sätze, Partizipialkonstruktionen und thematischen Einwürfe erschwert. Dazu kommen noch die zahlreichen in den einzelnen Kapiteln auftretenden Stämme und Namen von Anführern, deren Kenntnis für das Gesamtverständnis des Werkes unentbehrlich ist. Wenn man jedoch an den Goten und deren Geschichte Gefallen findet, sollten diese sprachlichen und genealogischen Komplexitäten keine allzu großen Barrieren darstellen.

Summa summarum können die *Getica* als höchst informatives und über weite Strecken auch spannendes Werk klassifiziert werden, welches unser Wissen zu den historischen Abläufen im Europa der Spätantike und des Frühmittelalters signifikant zu erweitern vermag. Obwohl die von Jordanes geschilderten Ereignisse zu einem guten Teil schon ihren archäologischen Beleg gefunden haben, wird auch in Zukunft noch intensive interdisziplinäre Forschung notwendig sein, um den Werdegang der Goten und deren Aktivitäten möglichst detailsgetreu nachzeichnen zu können. ■

Literaturverzeichnis ■

Ausgaben

Giunta, F./**Grillone**, A.: Iordanis de origine actibusque Getarum. Istituto Storico Italiano per il Medio Evo, Rom 1991.

Goetz, H.-W./**Patzold**, St./**Welwei**, K.-W.: Die Germanen in der Völkerwanderung. Auszüge in den antiken Quellen über die Germanen von der Mitte des 3. Jahrhunderts bis zum Jahre 453 n. Chr. Ausgewählte Quellen zur Deutschen Geschichte des Mittelalters, Freiherr-vom-Stein Gedächtnisausgabe. Teil I, Darmstadt 2006; Teil II, Darmstadt 2007.

Heine, A. (Hrsg.): Jordanis Gotengeschichte nebst Auszügen aus seiner Römischen Geschichte. Übersetzt von Wilhelm Martens. Dunker, Leipzig 1884.

Jordanes: Die Gotengeschichte. Übersetzt, eingeleitet und erläutert von Lenelotte Möller. Marix, Wiesbaden 2012.

Mierow, Ch. Ch.: The Gotic History of Jordanes: In English with an Introduction and a Commentary. Evolution Publishing, London 2006 (Nachdruck).

Mommsen, Th. (Hrsg.): Auctores antiquissimi 5,1: Iordanis Romana et Getica. Bei Weidmann, Berlin 1882 (Monumenta Germaniae Historica).

Sekundärliteratur

Andersson, T./**Bierbrauer**, V./**Pohl**, W./**Scardigli**, P./**Schmitt**, R.: Goten. In: RGA 12 (1998), 402-443.

Ausbüttel, F. M.: Theoderich der Große. Wissensch. Buchgesellsch., Darmstadt 2012.

Barnish, S./**Marazzi**, F. (Hrsg.): The Ostrogoths from the Migration Period to the Sixth Century. London 2007.

Bierbrauer, V.: Archäologie und Geschichte der Goten vom 1.-7. Jahrhundert. In: Frühmittelalterliche Studien 28 (1994), 51-171.

Brodersen, K.: Könige im Karpatenbogen: Zur historischen Bedeutung von Jordanes' Herrscherliste. In: Zeitschrift für Siebenbürgische Landeskunde 36 (2013), 129-146.

Burns, T. S.: A History of the Ostrogoths. Bloomington 1984.

Christensen, A. S.: Cassiodorus, Jordanes and the History of the Goths. Studies in a Migration Myth. Museum Tusculanum Press, Kopenhagen 2002.

Claude, D.: Geschichte der Westgoten. Kohlhammer, Stuttgart 1970.

Collins, R.: Visigothic Spain, 409–711. Blackwell, Oxford u. a. 2004.

Croke, B.: Cassiodorus and the Getica of Jordanes. In: Classical Philology 82 (1987), 117-134.

190

Croke, B.: Jordanes and the Immediate Past. In: Historia 54 (2005), 473-482.

Eger, Ch.: Westgotische Gräberfelder auf der Iberischen Halbinsel als historische Quelle: Probleme der ethnischen Deutung. In: Cum grane salis. Likias, Friedberg 2005, 165-181.

Enßlin, W.: Des Symmachus Historia Romana als Quelle für Jordanes. In: Sitzungsberichte der Bayerischen Akademie der Wissenschaften, Philosophisch-historische Klasse 3 (1948), 1-106.

Fuhrmann, M.: Art. Iordanes. In: DKP II (1967), Sp. 1439.

Giese, W.: Die Goten. Kohlhammer-Urban, Stuttgart 2004.

Goffart, W. A.: The Narrators of Barbarian History (A.D. 550-800). Jordanes, Gregory of Tours, Bede, and Paul the Deacon. Princeton University Press, Princeton 1988.

Heather, P. J.: Goths and Romans. Clarendon, Oxford 1991.

Heather, P. J.: The Goths (The Peoples of Europe). Blackwell, Oxford u. a. 1996.

Kampers, G.: Geschichte der Westgoten. Ferdinand Schöningh, Paderborn 2008.

Kappelmacher, A.: Art. Iordanis. In: RE IX/2 (1916), Sp. 1908-1929.

Kulikowski, M.: Rome's Gothic Wars. Cambridge University Press, Cambridge 2007.

Kulikowski, M. Die Goten vor Rom. Theiss, Stuttgart 2009.

Liebeschuetz, J. H. W. G.: Making Gothic History: Does the Getica of Jordanes preserve genuinely Gothis traditions? In: Journal of Late Antiquity 4 (2011), 185-192.

O'Donell, J. J.: The Aims of Jordanes. In: Historia 31 (1982), 223-240.

Orlandis, J.: Historia del Reino Visigodo Español. Ediciones Rialp, Madrid 1988.

Rübekeil, L.: Suebica. Völkernamen und Ethnos. Institut für Sprachwissenschaft, Innsbruck 1992.

Schwarcz, A.: Bemerkungen zum historischen Forschungsstand in der Geschichte der Goten vom 4. bis zum 8. Jh. n. Chr. In: Archaeologia Baltica VII (1986), 105-123.

Schwarcz, A.: Die Goten in Pannonien und auf dem Balkan nach dem Ende des Hunnenreiches bis zum Italienzug Theoderich des Großen. In: Mitteilungen des Instituts für Österreichische Geschichtsforschung 100 (1992), 84-103.

Sitzmann, A./**Grünzweig** F. E.: Die altgermanische Ethnonyme. Ein Handbuch zu ihrer Etymologie. Fassbaender, Wien 2008.

Stola, R.: Die Goten bei Jordanes und Prokopios von Cäsarea. Dissertation Universität Wien, Wien 1949.

Wagner, N.: Getica. Untersuchungen zum Leben des Jordanes und zur frühen Geschichte der Goten. Berlin 1967.

Weißensteiner, J.: Cassiodor / Jordanes als Geschichtsschreiber. In: Scharrer, A./Scheibelreiter, G. (Hrsg.): Historiographie im frühen Mittelalter. Wien/München 1994, 308-325.

Wolfram, H.: Die Goten. Von den Anfängen bis zur Mitte des sechsten Jahrhunderts. Entwurf einer historischen Ethnographie. Beck, München 2009.

Wolfram, H.: Gotische Studien. Volk und Herrschaft im Frühen Mittelalter. Beck, München 2005.

Anmerkungen ■

1   Kappelmacher, A.: Art. Iordanis. In: RE IX/2 (1916), Sp. 1906 f.; Fuhrmann, M.: Art. Iordanes. In: DKP II (1967), Sp. 1439; siehe ergänzend: Croke, B.: Cassiodorus and the Getica of Jordanes. In: Classical Philology 82 (1987), 117-134; Christensen, A. S.: Cassiodorus, Jordanes and the History of the Goths. Studies in a Migration Myth. Museum Tusculanum Press, Kopenhagen 2002; Croke, B.: Jordanes and the Immediate Past. In: Historia 54 (2005), 473-482.
2   Kappelmacher, Art. Iordanis, Sp. 1909 f.
3   Kappelmacher, Art. Iordanis, Sp. 1910 f.; Fuhrmann, Art. Iordanes, Sp. 1439; ferner: Wagner, N.: Getica. Untersuchungen zum Leben des Jordanes und zur frühen Geschichte der Goten. Berlin 1967.
4   Kappelmacher, Art. Iordanis, Sp. 1912 ff.; ergänzend: Mommsen, Th. (Hrsg.): Auctores antiquissimi 5,1: Iordanis Romana et Getica. Bei Weidmann, Berlin 1882 (Monumenta Germaniae Historica).
5   Kappelmacher, Art. Iordanis, Sp. 1911; Fuhrmann, Art. Iordanes, Sp. 1439.
6   Kappelmacher, Art. Iordanis, Sp. 1914 f.; erganzend: Stola, R.: Die Goten bei Jordanes und Prokopios von Cäsarea. Dissertation Universität Wien, Wien 1949; O'Donell, J. J.: The Aims of Jordanes. In: Historia 31 (1982), 223-240.
7   Kappelmacher, Art. Iordanis, Sp. 1917; Heather, P. J.: Goths and Romans. Clarendon, Oxford 1991.
8   Kappelmacher, Art. Iordanis, Sp. 1917.
9   Enßlin, W.: Des Symmachus Historia Romana als Quelle für Jordanes. In: Sitzungsberichte der Bayerischen Akademie der Wissenschaften, Philosophisch-historische Klasse 3 (1948), 1-106.
10 Kappelmacher, Art. Iordanis, Sp. 1916.
11 Kappelmacher, Art. Iordanis, Sp. 1919; weiter: Weißensteiner, J.: Cassiodor / Jordanes als Geschichtsschreiber. In: Scharrer, A./Scheibelreiter, G. (Hrsg.): Historiographie im frühen Mittelalter. Wien/München 1994, 308-325.
12 Mommsen, Iordanis Romana et Getica, XXXI ff.
13 Kappelmacher, Art. Iordanis, Sp. 1923 f.
14 Kappelmacher, Art. Iordanis, Sp. 1923 f.
15 Zur ausführlichen Beschreibung dieser Problematik siehe: Goffart, W. A.: The Narrators of Barbarian History (A.D. 550-800). Jordanes, Gregory of Tours, Bede, and Paul the Deacon. Princeton University Press, Princeton 1988; Rübekeil, L.: Suebica. Völkernamen und Ethnos. Institut für Sprachwissenschaft, Innsbruck 1992; Sitzmann, A./Grünzweig F. E.: Die altgermanische Ethnonyme. Ein Handbuch zu ihrer Etymologie. Fassbaender, Wien 2008; Liebeschuetz, J. H. W. G.: Making Gothic History: Does the Getica of Jordanes preserve genuinely Gothis traditions? In: Journal of Late Antiquity 4 (2011), 185-192.
16 Mommsen, Iordanis Romana et Getica, XVIII f.; Kappelmacher, Art. Iordanis, Sp. 1917 ff.; Fuhrmann, Art. Iordanes, Sp. 1439; ergänzend: Brodersen, K.: Könige im Karpatenbogen: Zur historischen Bedeutung von Jordanes' Herrscherliste. In: Zeitschrift für Siebenbürgische Landeskunde 36 (2013), 129-146.
17 Kappelmacher, Art. Iordanis, Sp. 1923 ff.
18 Kappelmacher, Art. Iordanis, Sp. 1925 ff.
19 Mommsen, Iordanis Romana et Getica, XLIV ff.
20 Mommsen, Iordanis Romana et Getica, XLV ff.
21 Mommsen, Iordanis Romana et Getica, LXXI.

22 Mommsen, Iordanis Romana et Getica, LXXII.

23 Kappelmacher, Art. Iordanis, Sp. 1928.

24 Zu dieser Thematik sind folgende Überblicksarbeiten zu nennen: Schwarcz, A.: Bemerkungen zum historischen Forschungsstand in der Geschichte der Goten vom 4. bis zum 8. Jh. n. Chr. In: Archaeologia Baltica VII (1986), 105-123; Bierbrauer, V.: Archäologie und Geschichte der Goten vom 1.-7. Jahrhundert. In: Frühmittelalterliche Studien 28 (1994), 51-171; Heather, P. J.: The Goths (The Peoples of Europe). Blackwell, Oxford u. a. 1996; Andersson, T./Bierbrauer, V./Pohl, W./ Scardigli, P./Schmitt, R.: Goten. In: RGA 12 (1998), 402-443; Giese, W.: Die Goten. Kohlhammer-Urban, Stuttgart 2004; Wolfram, H.: Gotische Studien. Volk und Herrschaft im Frühen Mittelalter. Beck, München 2005; Wolfram, H.: Die Goten. Von den Anfängen bis zur Mitte des sechsten Jahrhunderts. Entwurf einer historischen Ethnographie. Beck, München 2009.

25 Siehe dazu exemplarisch: Burns, T. S.: A History of the Ostrogoths. Bloomington 1984; Barnish, S./Marazzi, F. (Hrsg.): The Ostrogoths from the Migration Period to the Sixth Century. London 2007.

26 Schwarcz, A.: Die Goten in Pannonien und auf dem Balkan nach dem Ende des Hunnenreiches bis zum Italienzug Theoderich des Großen. In: Mitteilungen des Instituts für Österreichische Geschichtsforschung 100 (1992), 84-103.

27 Exemplarisch: Ausbüttel, F. M.: Theoderich der Große. Wissensch. Buchgesellsch., Darmstadt 2012.

28 Kulikowski, M.: Rome's Gothic Wars. Cambridge University Press, Cambridge 2007; Kulikowski, M. Die Goten vor Rom. Theiss, Stuttgart 2009.

29 Überblicksliteratur zu den Westgoten: Claude, D.: Geschichte der Westgoten. Kohlhammer, Stuttgart 1970; Orlandis, J.: Historia del Reino Visigodo Español. Ediciones Rialp, Madrid 1988; Collins, R.: Visigothic Spain, 409–711. Blackwell, Oxford u. a. 2004; Eger, Ch.: Westgotische Gräberfelder auf der Iberischen Halbinsel als historische Quelle: Probleme der ethnischen Deutung. In: Cum grane salis. Likias, Friedberg 2005, 165-181; Kampers, G.: Geschichte der Westgoten. Ferdinand Schöningh, Paderborn 2008.

194

Bibliografische Information der Deutschen Nationalbibliothek:
Die Deutsche Nationalbibliothek verzeichnet diese Publikation
in der Deutschen Nationalbibliografie; detaillierte bibliografische
Daten sind im Internet über dnb.dnb.de abrufbar.

Herstellung und Verlag: BoD – Books on Demand, Norderstedt

ISBN 978-3-7481-6642-9